ACCESO GRATIS **a la Lectura en la Nube**

Para visualizar el libro electrónico en la nube de lectura envíe junto a su nombre y apellidos una fotografía del código de barras situado en la contraportada del libro y otra del ticket de compra a la dirección:

ebooktirant@tirant.com

En un máximo de 72 horas laborables le enviaremos el código de acceso con sus instrucciones.

La visualización del libro en **NUBE DE LECTURA** excluye los usos bibliotecarios y públicos que puedan poner el archivo electrónico a disposición de unacomunidad de lectores. Se permite tan solo un uso individual y privado.

LOS DERECHOS DE LOS PUEBLOS INDÍGENAS. LUCHAS POR LA DESCOLONIZACIÓN

LOS DERECHOS DE LOS PUEBLOS INDÍGENAS. LUCHAS POR LA DESCOLONIZACIÓN

Asier Martínez De Bringas

Instituto de Derechos Humanos
Pedro Arrupe
Giza Eskubideen Institutua

tirant lo blanch
Valencia, 2024

En caso de erratas y actualizaciones, la Editorial Tirant lo Blanch publicará la pertinente corrección en la página web www.tirant.com.

La presente obra ha sido sometida a la revisión de pares ciegos según el protocolo de publicación de la editorial a efectos de ofrecer el rigor y calidad correspondiente tanto en su contenido como en su forma, aplicándose los criterios específicos aprobados por la Comisión Nacional E 016 (BOE num. 286, de 26 de noviembre de 2016)

© TIRANT LO BLANCH
EDITA: TIRANT LO BLANCH
C/ Artes Gráficas, 14 - 46010 - Valencia
TELFS.: 96/361 00 48 - 50
FAX: 96/369 41 51
Email: tlb@tirant.com
www.tirant.com
Librería virtual: www.tirant.es
DEPÓSITO LEGAL: V-3224-2024
ISBN: 978-84-1056-840-2

Si tiene alguna queja o sugerencia, envíenos un mail a: *atencioncliente@tirant.com*. En caso de no ser atendida su sugerencia, por favor, lea en *www.tirant.net/index.php/empresa/politicas-de-empresa* nuestro procedimiento de quejas.

Responsabilidad Social Corporativa: http://www.tirant.net/Docs/RSCTirant.pdf

Índice

Prólogo

Hacer este prólogo me resulta muy especial. Lo hago motivado porque tengo el privilegio de comentar el trabajo de un amigo del alma. Son muchos los años que nos conocemos, más de veinticuatro. Al final, tomándome una necesaria licencia y un guiño cómplice, expresaré lo especial que es esta amistad a la que se suma la admiración y el respeto que le tengo como investigador y pensador. Todo ello reforzará la importancia de este libro por su apertura de horizontes para entender y defender la pluralidad y la riqueza de lo humano, a partir de los proyectos de vida, los derechos colectivos y las cosmovisiones de los pueblos indígenas. Pero mejor iré por partes.

El contexto actual en el que vivimos nuestro presente es muy diferente a los contextos del pasado y de otras etapas de nuestra historia. Viene marcado por la globalización que, recreándome en una idea dada por Franz Hinkelammert, hace que la casa Tierra sea tan redonda, tan redonda, tan redonda, que, si lanzamos una piedra desde uno de sus puntos, ésta da la vuelta entera por el planeta y nos da el golpe por detrás. Hoy en día, la especie humana y la Naturaleza están mucho más interconectadas e interrelacionadas, siendo más acentuadamente interdependientes que antes, apareciendo una serie de peligros ontológicos que amenazan con la desaparición y extinción de la Humanidad por los colapsos mundiales de carácter social, económico, ecológico, tecnológico y militar y sus potenciales de exterminio. Nunca antes nos hemos encontrado con esta situación límite que marca la diferencia con otras épocas. De ahí la responsabilidad y la co-responsabilidad que tod@s tenemos para dar las respuestas adecuadas que permitan un presente menos miserable, menos depresivo y menos perverso y un futuro más esperanzador con las debidas garantías para las próximas generaciones y nuestros descendientes, pero anclado y fortalecido por una conciencia aleccionadora de nuestra historia. Debemos reflexionar y, también, hacernos cargo de cuál es el sistema de necesidades y el sistema de capacidades sobre el que queremos construir nuestro *oikos* planetario y la casa terrestre común en condiciones de dignidad.

En el libro de Asier Martínez de Bringas esta problemática está latente y también presente. Con el sistema capitalista vivimos un día a día sin futuro, en donde la especie humana y el planeta están en grave peligro y casi en situación terminal. No ha habido una época de la historia igual y equivalente por el riesgo de destrucción y desaparición total de la Tierra y sus habitantes. La interdependencia y la responsabilidad son máximas. Por esta razón, ahora, con los riesgos y colapsos ontológicos mundiales y globales, todos los seres humanos dependemos unos de otros y tenemos que saber reaccionar para no desaparecer. Nos tenemos que interpelar si queremos construir o un mundo en el que quepan solo unos pocos, excluyente, tal como hace el capitalismo, o construir un mundo en el que realmente quepamos todos y en el que quepan muchos mundos, incluyente, con esperanza de asegurar nuestro presente inmediato y nuestro futuro, sentando las bases que lo garanticen para las próximas generaciones y, simultáneamente, aprendiendo con la memoria del pasado.

La manera de reaccionar ante esta urgencia es la búsqueda de alternativas y de caminos que nos puedan encauzar, nos puedan enderezar y nos permitan desviarnos de este truculento y macabro destino. No se trata ya de buscar una única salida, sino de articular y combinar múltiples opciones que vayan más allá del capitalismo. Asier Martínez de Bringas lo hace abriendo un camino entre otros muchos posibles, como tiene que ser, con el análisis, el reclamo y la reivindicación de los derechos colectivos indígenas junto con las prácticas en común de vida buena de sus pueblos. Ello implica un radical cuestionamiento de la cultura occidental en su faceta infinita depredadora, explotadora, productivista y extractiva, visibilizando las cosmovisiones indígenas enraizadas en el armonioso y melódico cuidado colectivo indígena de la Madre Tierra, en donde lo humano y lo no humano están imbricados complementariamente. No obstante, junto a este contexto más general, todos los capítulos del libro tienen como eje específico una crítica a los derechos humanos liberales propios de la cultura occidental y su poder de *dominus*, de señor dominador, sobre la base de los derechos colectivos indígenas entendidos como prácticas de descolonización.

También yo destacaría otras ideas reflejadas en la obra. Nuestro iusfilósofo y constitucionalista bilbaíno nos explica muy bien cuál es uno de los problemas fundamentales de los derechos humanos liberales y su modo de concebirlos: la separación abismal entre la teoría y la práctica, entre lo que se dice y lo que se hace. Rodolfo Stavenhagen lo llama "gap de implementación". Hay una distancia muy grande entre los discursos de derechos humanos y su praxis. A ello se añade el modo como la cultura occidental se quiebra y se fractura ontológicamente entre lo que considera es el plano moral e ideal del deber ser y el plano de lo real, del ser, de los hechos y de las acciones efectivas y realizadas. En cambio, para los pueblos indígenas, según Asier Martínez de Bringas, no existe esa dicotomía entre lo que se piensa y lo que se hace. Son las prácticas de convivencia y las relaciones de existencia las que marcan el ritmo de la vida individual y colectiva. Dentro de ellas se reflexiona, se medita y se articulan los discursos. Hay un giro copernicano al pasarse de la primacía de lo teórico a la primacía de lo práctico, que marca el ritmo y la pauta de los acontecimientos. En el mismo convivir y vivir, sin divorcios ni separaciones, se reproduce la vida humana y no humana de forma interdependiente y con las contradicciones internas del pensar y el hacer que caminan de la mano socio-materialmente e intrínsecamente.

Asimismo, Asier Martínez de Bringas muestra la diferencia de paradigmas sobre los que se construye el imaginario y el *ethos* cultural de Occidente y de los pueblos indígenas. El primero simplifica, reduce, dualiza bajo el par superior/inferior y abstrae la realidad, la Naturaleza y sus entornos relacionales con los actores y los sujetos que participan en sus procesos bajo la separación epistémica binaria de sujeto/objeto y de cultura/ Naturaleza. La consecuencia es la destrucción, la explotación y el deterioro de los ecosistemas, base del buen vivir, del convivir y de la vida buena. Además, le da a la existencia un sentido altamente egoísta, avaricioso, crematístico, utilitario, propietario, competitivo y antropo-occidentalo-céntrico (palabra que he inventado y uso para sintetizar ese otro cúmulo de procesos implicados). Todo se mercantiliza y debe ser traducido en términos de crecimiento y beneficio económico.

En cambio, los pueblos indígenas con sus concepciones distintas del tiempo y el espacio son más holísticos y más complejos. Desde un soporte profundamente relacional y ponderado con sus semejantes y con la Naturaleza, son más solidarios, más pacíficos y más respetuosos a partir de un fuerte sentido de comunalidad y un *ethos nosótrico* con el que se construye una existencia no crematística, des-mercantilizadora, no competitiva, bio-céntrica y con la que se consolida una cultura autorregulada de equivalencias entre los seres vivos, seres inanimados y la Naturaleza. Hay una interdependencia, no una separación y una fragmentación entre los sujetos, la comunidad y los ecosistemas.

Por otro lado, para Asier Martínez de Bringas los derechos colectivos, le dan un vuelco al imaginario individualista de los derechos humanos. Abre horizontes para posibilitar efectivos espacios de interculturalidad y de reales diálogos entre los pueblos indígenas y los pueblos de Occidente. Partiendo de la premisa de que los actos y las relaciones de poder construyen, en primera y última instancia, toda determinación objetivista del todo social, el iusfilósofo vasco considera que el antagonismo, la resistencia y el contra-poder realizados por los pueblos indígenas como consecuencia de las relaciones de subordinación, de dominación y de desprecio que han sufrido históricamente, han determinado y fortalecido la identidad y el sentido de responsabilidad colectiva, además de sus estructuras de organización comunitarias. Por ello, Asier Martínez de Bringas afirma que la historia de genocidio, de expolio, de humillación y de masacres provoca un sentido de lo colectivo en sus derechos que trascienden lo individual. Por esta fractura de la violencia originaria y de desigualdad inter-grupal sobre estructuras comunitarias y colectivas de vida, el desprecio es el fundamento último de los derechos colectivos indígenas. Incluso eso hace que sus formas de vida vayan más allá de las prácticas de descolonización con las que históricamente han ido enfrentando los etnocidios, los genocidios y los epistemicidios sufridos, aportando caminos y vías que nos aleccionan para intentar no caer en el suicidio colectivo de la Humanidad.

Finalmente, la triada territorialidad-jurisdicción-autonomía, especificada en la tierra, el territorio, los recursos naturales, el patrimonio cultural indígena, las formas de organización social y la soberanía, funcionan de centro y anclaje neurálgico con los que se desbroza y se despliega en este libro, entre otras ideas, los sentidos y los significados de la Naturaleza como sujeto de derechos y su dimensión plural y multi-escalar; del soporte descolonizante de la propuesta indígena de los comunes; del concepto y la cosmovisión de la Pachamama con todo lo que implica; de la necesidad del pluralismo jurídico frente al monismo del derecho del Estado; del empequeñecimiento del sentido de propiedad privada frente a la rica y compleja noción de territorio en tanto trans-generacional, trans-fronteriza y trans-personal; y de la importancia de la autonomía y el derecho a no comunicarse de los pueblos no contactados.

Tengo claro que Asier Martínez de Bringas realiza en su libro aportes imprescindibles y ofrece insumos fundamentales para poder contribuir a fortalecer y consolidar lo que Maristella Svampa denomina las múltiples y plurales narrativas y prácticas relacionales contra-hegemónicas (que yo nomino como prácticas narradas, argumentadas y simbolizadas de liberación), formada por movimientos sociales socio-territoriales y que luchan por la justicia social (que en los pueblos indígenas es justicia eco-sófica y cósmica), tan necesarios para enfrentar la lógica patriarcal, racista, ecocida y desigual del capitalismo.

Termino con la prometida exaltación de amistad que me une a mi estimado Asier. Lo haré por dos vías combinadas: a) una referida a lo común y a la amistad; y b) otra acudiendo a la filosofía andina:

a) Por un lado, últimamente vengo diciendo que una de las fuentes principales para hacer comunidad y para construir comunes y potenciar lo común o lo pro-común es la amistad. Sirve como alternativa y como crítica al mercado capitalista y a un Estado cómplice y colaborador por actuar como su mano derecha y distanciado de su responsabilidad de servicio público. Mucha gente no es consciente de lo que supone la amistad y la tenemos ahí como posibilidad cierta que no admite excusas de realización, promoción y extensión.

b) Por otro lado, una de las preocupaciones que se me presentan con las culturas indígenas, se refiere a la manera como ellas pueden convocar y, de qué manera, pueden influir con eficacia y existencialmente sobre los humanos no indígenas como yo. Creo que, como un ejemplo concreto, la amistad entre Asier y yo se puede relacionar con lo que expresa la estructura de la filosofía andina explicada por Josep Estermann y que Asier recoge en su libro. La estructura se proyecta sobre cuatro principios que nos permite a los dos cultivar una alegre complicidad. Estos son: relacionalidad (comunicación, dialogicidad); correspondencia (reconocimiento mutuo); complementariedad (de lo que nos damos y nos recibimos); y reciprocidad (horizontalidad).

Uniendo la idea de amistad con los principios de la filosofía andina, acudo ahora a Eduardo Galeano, quien afirmaba que la verdadera amistad es decir y saber recibir las cosas que a uno no le gustan, por muy duras que sean, aparte de ser expresión de un amor verdadero, desinteresado, sincero, transparente y colmado de acuerdos. Con Asier, considero que hemos llegado a ese nivel de empatía, afinidad y confianza construido sobre entornos donde siempre están presentes la relacionalidad, la correspondencia, la complementariedad y la reciprocidad, eso sí, en permanentes contextos atenazados por la contingencia y la incertidumbre. Curiosamente, lo que nosotros desarrollamos relacionalmente en nuestra cotidianidad y en nuestro día a día, los pueblos indígenas lo llevan practicando como lecciones de vida de la que todos los humanos deberíamos aprender para construir un mundo más coherente en sus prácticas en favor de la dignidad de cada uno y cada una, junto con la Naturaleza, sin excepciones y sin dar, nunca, buenas razones para matar. Este libro creo que servirá a los lectores no solo para comprender otros modos de enfrentar la existencia, sino para actuar en coherencia con lo que nos permite ser siempre más que lo que dicen que somos. No es poco para recomenzar con cada amanecer y con cada anochecer.

Entre Sevilla y Quito, a 7 de diciembre de 2023

DAVID SÁNCHEZ RUBIO

Profesor Titular de Filosofía del Derecho. Universidad de Sevilla

Introducción[1]

Los derechos colectivos indígenas son importantes para activar procesos de descolonización al otorgar perspectivas y alternativas sobre el reparto del poder en el ámbito de la soberanía, la organización territorial, las prácticas y formas de autonomía, los modelos de jurisdicción, las formas de desarrollo, el pluralismo jurídico y los derechos; todos ellos, puntales desde donde se define un Estado. Los derechos colectivos son un complemento fundamental para construir y complementar la forma de Estado, lejos de los intentos hasta ahora ensayados. Esta es también una manera de descolonizar el Estado, sus procesos y políticas.

Pero ¿cómo hacen esto los derechos colectivos?

En primer lugar, lo hacen al completar el discurso de los derechos desde la perspectiva del sujeto indígena, ayudando a restaurar la universalidad perdida desde la óptica colectiva de los pueblos indígenas. La crítica que ejercen los derechos colectivos pretende provincializar Occidente; enfatizar el carácter local de su manera de entender la Vida, los derechos, el desarrollo. Descolonizar, en este sentido, implica devolver a los derechos individuales su sentido particular, localizado en una cultura, lejos de la pretendida universalidad transversal y emancipatoria que se arrogan. Los pueblos indígenas han evidenciado que el discurso universal de los derechos puede ser una trampa, no sólo por la particular posición de enunciación

---

1 Este trabajo ha sido realizado en el marco de la investigación *Derechos humanos y retos socio-culturales en un mundo en transformación* (IT1468-22)", financiado por el Departamento de Educación, Cultura y Universidades del Gobierno Vasco / Eusko Jaurlaritza a través de la convocatoria de apoyo a las actividades de los grupos de investigación reconocidos del sistema universitario vasco.

de la que se parte -occidentalismo, liberalismo, eurocentrismo-, sino porque implica una definición de lo humano, junto con una exclusión: la de los pueblos indígenas. El discurso de derechos (humanos) -en un sentido multinivel- ha funcionado, como un discurso totalizante. Las totalidades, son, siempre, sistemas cerrados, criaturas producto de la imaginación, del idilio colonial. Dejar de definir una sociedad (Occidente) o un discurso (como el de derechos) como una totalidad cerrada, reconociendo que la realidad es mucho más compleja, plural y diversa, constituye el fundamento último de los derechos colectivos. Por tanto, el discurso de la universalidad resulta colonial siempre que sea portador de dos peligros: el peligro evolutivo, haciendo del modelo occidental de vida un patrón a exportar a los pueblos indígenas; el peligro esencialista, haciendo de la civilización occidental y sus prácticas culturales y normativas, una esencia cerrada e inconmensurable.

Los derechos colectivos proponen una crítica del eurocentrismo, de la particularidad cosmovisional en la manera de entender los procesos de la vida. La producción del "discurso de derechos" es una práctica colonial cuando implica una construcción específica del "sujeto colonial", un régimen de representación del saber que corresponde exclusivamente a Occidente y se proyecta como necesario sobre el resto. Es ahí, donde se ubica la potencia descolonizante de los derechos colectivos; el estatuto de su propuesta crítica y deconstructiva al abrirnos a una comprensión más polifónica de los derechos que no silencie las disonancias (coloniales). Los derechos colectivos son un esfuerzo por incorporar otras voces, otros discursos, otros puntos de vista, una universalidad lateral.

Por todo ello, este trabajo expone y critica las limitaciones que presenta el modelo occidental de vida para representar al sujeto indígena y hablar en su nombre. Los derechos colectivos son herramientas fundamentales para expresar las dificultades y frenos que la lucha anticolonial indígena ha venido exponiendo y desarrollando para articular otra manera de entender el Derecho, lo derechos y el desarrollo.

En segundo lugar, lo hacen al introducir la centralidad de las dimensiones colectivas, culturales y espirituales en la consideración de los derechos. Se trata de pueblos-territorio, donde el sentido colectivo de Vida se recombina con formas y prácticas culturales y espirituales de vivir y habitar el territorio, lo que pone en escena otra manera de entender la vida.

En tercer lugar, lo hacen, también, al poner el foco sobre las dimensiones colectivas de discriminación y desprecio que han sufrido los pueblos indígenas. Las prácticas de discriminación sufridas constituyen el puntal de los derechos indígenas y se formulan como exigencias para abordar formas de descolonización; para evitar que el exterminio sufrido se vuelva a repetir. Los derechos colectivos son herramientas heurísticas que otorgan luz y foco para investigar y evidenciar los patrones de violencia sistemática y daño colectivo sufridos por estos pueblos. Funcionan como límites a la violencia estructural infringida impelen a investigar patrones colectivos de agresión, discriminación y criminalización; a repensar formas de imputabilidad colectiva; a formular normativamente maneras de evaluar, sancionar y reparar las violaciones sobre los derechos colectivos; a tasar la responsabilidad y la memoria que los procesos de justica transicional indígena exigen; a pensar la criminalización indígena como una forma de desprecio colectivo.

En cuarto lugar, los derechos colectivos son palancas para la descolonización al pensar formas de protección, sostenibilidad y transición socio-ecológicas como condiciones de posibilidad para el Buen vivir y la existencia de todos los derechos. Los pueblos indígenas anticipan las grandes medidas precautorias que el Antropoceno ubica políticamente a día de hoy. Sin el respeto a la territorialidad, a su corporalidad, no hay Vida ni posibilidad para la misma. La propuesta indígena parte, en su análisis, de la denuncia radical del colapso ecológico con el que vivimos, para trascender y ubicar el conflicto en el marco de la existencia, más allá de lo indígena. Si no se pone límite al colapso ecológico, la Vida (en cualquiera de sus formas y existencias), no podrá estar garantizada.

Aquí radica la importancia de la reflexión colectiva en torno a la territorialidad y los sistemas ecológicos indígenas, que pretenden poner en el centro de su enfoque la relación inescindible y articulada de subjetividades-territorialidades-corporalidades-vida, elementos fundamentales para afrontar cualquier tipo de transición sostenible. Cuando pensamos desde los derechos indígenas nos confrontamos con la dicotomía que Occidente establece entre Naturaleza y Cultura. Los derechos colectivos indígenas nos obligan a pensar que la única transición posible es aquella en la que lo socio-ecológico no se fragmente ni escinda, sino que se complemente desde la relación interdependiente de estos dos elementos. No se puede seguir sosteniendo la dicotomía derechos humanos vs. derechos de la Naturaleza; dicha dicotomía es una forma de invisibilización del colapso ecológico, de la violencia sobre los territorios. Ambos derechos son dimensiones de un mismo proceso; la reflexión en torno a las responsabilidades planetarias no se puede desvincular de los contextos ecológicos que nos acogen y habitan.

Podemos evidenciar, hoy, la aparición de nuevas formas de colonización y de violencia sobre los pueblos indígenas. Existe una relación interdependiente entre la territorialidad indígena, el extractivismo y la criminalización de defensores territoriales. Las nuevas formas de violencia se cimentan sobre la importancia que la territorialidad tiene para sostener el derecho a la vida indígena, lo que entra en colisión con los intereses del mercado. Han sido, precisamente, las prácticas de sostenibilidad indígena, en la forma de habitar y tratar con el territorio, lo que hace de estos un bien preciado en el mercado global. La criminalización indígena es una exigencia más de este proceso. Los pueblos indígenas, como guardianes de la tierra, constituyen una limitación frontal a las exigencias del extractivismo. Las formas de organización territorial y comunitaria indígena funcionan como palancas de protección del territorio; constituyen un enemigo a destruir en nombre de un desarrollo voraz orientado a la desposesión. La criminalización indígena es el lado oscuro del extractivismo, su consecuencia lógica y necesaria. Por ello, resulta importante repensar las dimensiones garantistas de los derechos colectivos indígenas a partir de la irrupción de estas nuevas formas de violencia y riesgo.

El aprendizaje desde los derechos colectivos indígenas implica elaborar metodologías y herramientas para convivir en un mundo vulnerable, haciendo de la protección y sostenibilidad el eje desde donde interpretar los derechos, el desarrollo y el sentido de convivencia común. Este libro trata de abrir un vitral de luz para la comprensión y análisis de los derechos colectivos como medios para garantizar la vida común.

Como se apreciará a lo largo del texto, los derechos colectivos indígenas –triangularizados sistémicamente en torno a la autonomía, la territorialidad y los sistemas normativos indígenas- no constituyen un "discurso" filosófico, dogmático. Son, más bien, un programa de acción para la Vida y la existencia, lo que incluye una mirada a los territorios, a la vida en el sentido de la cosmogénesis de los pueblos indígenas. Implican compromisos comunitarios y prácticas afectivas y emocionales con lo viviente, humano y no humano.

El trabajo que aquí se presenta pretende abrir una fisura intercultural entre los derechos humanos entendidos como "discurso" y la propuesta indígena de derechos colectivos, actitud existencial traducida como Vida Buena. Dar medida intercultural de esta actitud -la vida entendida como interdependencia de vivientes, territorios, ecosistemas- trascendiendo la mirada reductiva de los derechos como discurso.

Para afrontar todas estas cuestiones el libro recoge una serie de trabajos que han sido realizados los últimos años. Se presentan, ahora, estructurados por capítulos, profundamente reelaborados para poder dar sentido y cuerpo al objetivo central de este libro: mostrar la fisonomía, el sentido y la corporalidad de los derechos colectivos indígenas como estrategias para la descolonización, llamando la atención sobre la importancia que estos tienen para dar protección a la Vida individual y colectiva de los pueblos indígenas.

La importancia de los derechos colectivos no reside sólo en la protección que ofertan a los pueblos indígenas, sino, también, en su dimensión proyectiva: proponer un cambio de vida común para afrontar los retos que las violencias sobre los territorios enuncian. En definitiva, garantizar los derechos y capacidades de los pueblos indígenas, transformando los modos actuales de existencia.

Los derechos colectivos indígenas son expresión señera de luchas por la descolonización, de reparación de las heridas y vulnerabilidades generadas por los procesos coloniales. Son prácticas que desbordan y atraviesan los discursos individuales de derechos, poniendo el eje de reflexión en lo común y en la necesidad de participar en lo que nos es común: los territorios y sus recursos. De ahí la conexión con la idea de los comunes indígenas entendidos como territorios-cuerpos, donde vida territorial, vida humana y vivientes son la secuencia de un mismo proyecto de Vida. Para una articulación relacional de esta vida común, reivindicada desde los derechos colectivos, resulta importante poner la atención sobre las maneras que tienen los pueblos indígenas de concretar esa forma común de entenderla a través del territorio, la autonomía y los sistemas normativos propios.

El libro se divide en siete capítulos que guardan interdependencia y sentido sistémico.

El primer capítulo[2] establece el encuadre desde donde entender y fundamentar los derechos colectivos indígenas. Funcionará como enmarque teórico para entender el resto del trabajo y sus propuestas. Se analizará la diferencia específica que tienen los derechos colectivos respecto a los derechos individuales, así como la novedad que aquellos aportan para entender la *Vida de otra manera* y así poder afrontar la principal herida ontológica de los pueblos indígenas: la herida colonial.

El segundo capítulo[3] tiene una pretensión metodológica. Narrar las maneras de entender la vida y sus procesos por parte de los pueblos indígenas, para acercarnos así a su manera de entender esa actitud existencial (La vida Buena, desde la interdependencia de Naturaleza y Cultura). Narrar la cosmovisión indígena es una herramienta para entender sus discursos (entendidos como prácticas y formas de existencia) que se vehiculan a través de los derechos colectivos.

El tercer capítulo[4] realiza una aproximación a los comunes indígenas para entender la ontología de los derechos colectivos. Se trata de dar medida del carácter expropiante y destructivo que el colonialismo ha tenido y tiene sobre la realidad de los pueblos indígenas, para enfatizar cómo éste continúa proyectando globalmente sus sombras de destrucción en tiempos de aniquilación ecológica. Los comunes-indígenas son el núcleo desde donde entender el planteamiento de transformación y resistencia comunitaria que los pueblos indígenas proponen; el lugar que otorga fundamento y sentido a su práctica política de derechos. El capítulo expone, también, una crítica política

---

2 Publicado en la *Revista General de Derecho Constitucional*, nº 22, 2016.

3 Publicado en *Utopía y Praxis latinoamericana: Revista internacional de filosofía iberoamericana y teoría social*, nº 93, 2021.

4 Publicado por encargo de mi querido amigo David Sánchez Rubio en un número monográfico de la *Revista Internacional de Pensamiento Político*, nº 16, 2021.

del concepto derechos de la Naturaleza, en un doble sentido: como crítica de lo que no es, de su tergiversación por parte del Estado; y como propuesta alternativa para comprender la centralidad que la ecología de vivientes tiene en las cosmovisiones indígenas. Se exponen, también, las principales fracturas y brechas que amenazan la protección de los derechos indígenas por el peligro que estos suponen para los intereses extractivos y productivos.

El cuarto capítulo[5] realiza un análisis exhaustivo de la territorialidad indígena como eje desde donde interpretar la cosmovisión y el sentido de los derechos colectivos. Propone, también, un profuso análisis de cómo es interpretado y reconstruido el derecho de propiedad en la Convención Americana de Derechos Humanos, incluyendo las formas y maneras indígenas de entender la territorialidad, teniendo en cuenta la jurisprudencia de la Corte Interamericana de Derechos humanos, a partir de dos fundamentos jurídicos claros: la interculturalidad y el pluralismo jurídico.

El quinto capítulo[6] realiza un análisis en profundidad del Pluralismo jurídico desde la perspectiva indígena, condición de posibilidad para ejercer los derechos colectivos. Para ello se establecen los fundamentos de lo que entendemos por Sistemas Normativos Indígenas (SNI), expresión referencial del Pluralismo Jurídico en clave indígena. Será importante poner en tensión dialéctica qué se entiende por Justicia indígena en el contexto del discurso de los derechos humanos; qué fracturas, dificultades e inconmensurabilidades irrumpen desde un punto de vista normativo para dar sentido a un concepto eficaz y garantista de justicia indígena. El capítulo pondrá en evidencia la complicidad sistémica e interdependiente que se produce entre los SNI, la autonomía y la territorialidad, expresiones

---

5 Publicado en *Análisis de la Cátedra Francisco Suárez*, nº 42, 2008.

6 Publicado en *Revista de Derecho Político*, nº 86, 2013.

ciclópeas de lo que se entiende por derechos colectivos indígenas. Para ello será necesario evidenciar las dificultades que presentan los diálogos inter-ordinamentales entre el Estado y los pueblos indígenas, señalado las fracturas, incomprensiones y abusos que se producen desde la perspectiva de los Estados para dar especificidad jurídica y legitimidad a los SNI.

El sexto capítulo[7] realiza un análisis de lo que significa la autonomía indígena, en su sentido más densamente político, proponiendo un análisis comparado de la autonomía en Bolivia, Ecuador, Colombia y Perú. Se exponen las principales dificultades con las que nos encontramos en la construcción de los procesos autonómicos indígenas en América Latina, lo que evidencia una comprensión reductiva del Pluralismo jurídico, una consideración asimilativa de los pueblos indígenas como sujetos de derecho y una infravaloración de los sistemas de organización y gobierno político indígena.

El séptimo capítulo[8] aborda la espinosa cuestión de los pueblos indígenas en aislamiento voluntario como expresión paradigmática y liminar de las exigencias de los derechos colectivos: el derecho a mantenerse aislados si así lo exige un patrón existencial comunitario que pretende reproducir y desarrollar la vida en condiciones dignas, frente a los peligros, amenazas y violencias que presionan y atraviesan territorios. El capítulo relata el juego de expropiaciones que han sufrido estos pueblos, lo que ha forzado a enunciar su derecho a la autonomía como derecho al aislamiento voluntario. La figura del indígena como *Homo Sacer*, como vidas sacrificables y susceptibles de ser aniquiladas, funciona como metáfora para dar expresión de las violencias y vulnerabilidades que sufren estos pueblos. De nuevo, la necesidad de arraigarse en los derechos

---

7 Publicado en *Revista d'estudis autonòmics i federals*, nº 28, 2018.

8 Inédito para este libro.

colectivos funciona como criterio necesario para su protección y salvaguarda.

Como no podría ser de otra manera, este libro es el resultado de un trabajo colectivo, de una experiencia común. Son muchas las emociones, pasiones y sabidurías desde donde se han construido las palabras y los sentidos de este trabajo. Son muchas las miradas, escuchas, orientaciones, apoyos que han funcionado como brújula señera e imprescindible para el mismo. Lo escrito es fruto de la memoria colectiva; por eso y desde ahí, pretende, también, ponerse al servicio de lo colectivo y de sus prácticas políticas. De entre ese tejido de memorias, apoyos y soportes quisiera agradecer y recordar especialmente a Carol y Andrea: imprescindibles siempre. A mis colegas del Instituto de Derechos Humanos de la Universidad de Deusto, con una especial ternura a quienes conforman el Programa Indígena.

CAPÍTULO I.

SUSTRATOS DE LOS DERECHOS COLECTIVOS. RAZONES Y ARGUMENTOS DESDE LA EXPERIENCIA DE LOS PUEBLOS INDÍGENAS

1. NATURALEZA DE LO COLECTIVO

La razón de ser de este capítulo es establecer todo un fondo de sentido desde el que orientar la argumentación con relación a la dimensión social y colectiva de los derechos humanos. El punto de arraigue y ubicación será la del pluralismo en cuanto sustrato del todo social. Interrogarse sobre los fundamentos del pluralismo implica centrar el análisis en la tensión y dialéctica que se produce en la relación entre poder y antagonismo. Ese es precisamente el dilema ante el que reaccionan y se posicionan los derechos: la de ubicar, en cuanto sujeto antagónico –excluido, apartado, despreciado, invisibilizado–, reclamaciones de sentido y expectativas generalizables de vida digna ante las relaciones de poder, esto es, ante una manera concreta y específica de concebir la hegemonía social[1].

---

1 MOUFFE CH. y LACLAU E., *Hegemonía y estrategia socialista. Hacia una radicalización de la democracia*, Siglo XXI, Madrid, 1987; MOUFFE, Ch., *El retorno de lo político. Comunidad, ciudadanía, pluralismo y democracia radical*, Paidós, Barcelona, 1999; *La paradoja democrática*, Gedisa, Barcelona, 2003; *En torno a la política*, Fondo de Cultura Económica, Buenos Aires, 2007; CONNOLLY,

Nos separamos, en nuestra aproximación a esta temática, de toda concepción objetivista y esencialista en la manera de concebir la realidad social y, por extensión de ésta, de los derechos humanos[2]. En contraste crítico con esas concepciones, consideramos que toda presunta determinación objetivista del todo social está construida, en primera y última instancia, por actos de poder. En este sentido, con Carl Schmitt, todo es Político. Lo político se define como un acto constitutivo y polémico. Constitutivo, puesto que tiene que ver con lo público y lo colectivo, más que con lo moral y lo individual; conflictivo, porque tratamos de afrontar el pluralismo y la diversidad irreductible de la realidad social, atravesada por relaciones de poder[3]. Más allá de moralizaciones, lo político tiene que ver con el poder.

W., *The Ethos of Pluralization*, University of Minnesota Press, Minnesota, 1995. Así como en la consideración en torno a lo *Político* en la obra de *Carl Schmitt*, como veremos más adelante.

2 Nos referimos más concretamente al iusnaturalismo contemporáneo o a formatos de contractualismo como el de Rawls o Habermas.

3 Nos apoyaremos en las siguientes obras de SCHMITT, C., *El concepto de lo político*, Alianza, Madrid, 1991; *Teología Política*, Trotta, Madrid, 2009; *Legalidad y legitimidad*, Comares, Granada, 2006; así como la magnífica selección de textos realizada por ORESTES, H., *Carl Schmitt, Teólogo de la política*, Fondo de Cultura Económica, México, 2001. Carl Schmitt fue el uno de los primeros alemanes interesado por las teorías pluralistas de G. D. H. Cole, J. N. Figgins y Harold Laski, el primero en darse cuenta del desarrollo antagonista de Weimar y en argumentar a favor de una "ética del Estado" para superarlo. Pero va mucho más allá que ellos al proponer que el pluralismo de estos autores está grávido de individualismo. En su *Teología Política* establece que cuando la unidad de estado se descompone, los diferentes grupos sociales tomarán sus propios acuerdos y decisiones en base a intereses de grupo. Cuando el pluralismo social es opuesto a la unidad del Estado, implica desplazar el conflicto de las obligaciones sociales a la decisión de los grupos sociales. Por ello habla de soberanía de los grupos sociales. Transitaremos por los puntos de conexión que existen entre nuestra propuesta de derechos colectivos y el pensamiento de Schmitt.

Siendo esto así, interrogarse sobre el fundamento y sentido de lo colectivo en los derechos implica rastrear las huellas de exclusión, discriminación y desprecio[4] que rigen la constitución de toda subjetividad y/o forma de hegemonía social. Es lo que Derrida llamó el exterior constitutivo[5]. Desde el interior de toda hegemonía política todo se construye como "diferencia" respecto a una supuesta objetividad esencial. Esa diferencia late como posibilidad en la interioridad de toda objetividad construida[6]. Ese es también el sentido y el modo de caracterización y germinación de los derechos colectivos como oposición diferencial a una objetividad construida: la de los

---

4 En la acertada terminología de Axel Honneth. La obra de Honneth constituye toda una genealogía de las relaciones sociales de reconocimiento y desprecio. Se viene produciendo una evolución en su obra que transita de una teoría del reconocimiento a una auténtica sociología del desprecio. Utilizaremos el concepto de desprecio para evidenciar las tensiones y los conflictos inherentes a los procesos sociales, lo que a su vez reproduce prácticas de insoportable desprecio y humillación sobre personas, grupos y colectividades, entre ellos los pueblos indígenas. Cf. HONNETH, A., *La lucha por el reconocimiento: por una gramática moral de los conflictos sociales*, Crítica, Barcelona, 1997; FRASER N. y HONNETH, A., *¿Redistribución o reconocimiento? Un debate político filosófico*, Ed. Morata, Madrid, 2006; y principalmente, *La sociedad del desprecio*, Trotta, Madrid, 2011.

5 Entre los múltiples méritos del filósofo francés, Jacques Derrida, sin duda se encuentra el de haber señalado la importancia que para la configuración de las identidades colectivas tiene aquello que denominó "exterior constitutivo". Por tal se entiende el hecho de que para definir un "nosotros" es necesario alguna forma de alteridad, un "otro" que nos produce y nos conforma, junto con nuestro deseo de afirmarnos. Disponemos de la capacidad para identificarnos en lo común porque sabemos qué es lo que no somos con independencia de que estemos en condiciones de afirmar qué queremos ser. El sustrato de fondo es la necesidad de constatar y aprehender el antagonismo inherente a toda objetividad, considerando la distinción nosotros-ellos en la constitución de las identidades políticas colectivas. Cf. DERRIDA, J., *Políticas de la amistad*, Trotta, Madrid, 1998, pp. 55 y ss.

6 MOUFFE, CH., "La democracia, el poder y lo político" en *La paradoja democrática, cit.*, pp. 33-50.

derechos individuales. Los derechos individuales son un discurso elaborado por sedimentados actos de contrapoder que en un momento concreto de nuestra historia contemporánea devienen como discurso hegemónico, estando ya latente, en su interior, como posibilidad, el discurso de lo colectivo, que reacciona frente a los actos de exclusión en el que ha derivado el discurso liberal de los derechos individuales. La secuencia genealógica de este proceso es: el discurso individual de los derechos como contrapoder que reacciona frente a los excesos de una realidad autocrática, violenta y excluyente; este discurso, sedimentado como derechos individuales, deviene discurso hegemónico de derechos, y se expone y presenta como una forma concreta de poder; frente a esta insatisfacción complaciente de los derechos individuales, reacciona, desde su interioridad, como parte de ellos y posibilitado desde ellos, el discurso de los derechos colectivos que se presenta como diferencia, antagonismo y contrapoder a un discurso ya hegemonizado de los derechos: discurso occidentalizado y eurocéntrico de los derechos (individuales)[7].

Sin embargo, el discurso de derechos individuales, en cuanto una manera concreta de entender el poder, no mantiene una relación de exterioridad con las identidades colectivas –y por coagulación normativa, con los derechos colectivos-, sino que está ya presente, como posibilidad, en el núcleo esencial de la dogmática de estos derechos. En este sentido defenderemos una postura antiesencialista para comprender los derechos colectivos al entender que sus características y rasgos defi-

---

7 DE SOUSA SANTOS, B., "Hacia una concepción multicultural de los derechos humanos", *El Otro Derecho*, nº 28, julio 2002, ILSA, Bogotá, pp. 59-83; BUTLER, J., "Reescinificación de lo universal: hegemonía y límites del formalismo" y "Universalidades en competencia" en BUTLER, J., ZIZEK, S., LACLAU, E. (eds.), *Contingencia, hegemonía, universalidad*, Fondo de Cultura Económica, México, 2000, pp.17-48 y 141-184; LACLAU, E. "Identidad y hegemonía: el rol de la universalidad", *op. cit.*, pp. 49-93.

nitorios reposan y están presentes en el armazón doctrinal de los derechos individuales. Esta idea será complementada más tarde con argumentos jurídicos.

Partimos de una consideración de los derechos colectivos como límite y posibilidad de impugnación de los excesos de violencia producidos por la hegemonía que impone una consideración individual y propietaria de los derechos. Los derechos colectivos cumplen, por tanto, una función *heurística*: a) son condición de posibilidad para completar un discurso sistemático sobre los derechos individuales en cuanto germen y posibilidad de lo colectivo; b) proporcionan un límite esencial al discurso del universalismo liberal de los derechos, por todo lo que excluyen e invisibilizan; c) otorgan luz sobre los procesos de exclusión-discriminación-desprecio sobre los que se ha venido construyendo cierto discurso hegemónico de derechos, sacrificando, de esta manera, otras posibilidades de construcción y discurso.

Una aproximación así a los derechos colectivos nos permitirá: i) rastrear los conflictos de grupo, en el seno de una lógica individual de los derechos, junto con la develación de los patrones de discriminación intergrupales y las formas de violencia ejercidas contra los derechos colectivos; ii) desentrañar la naturaleza social de los grupos, así como la importancia del tejido comunitario para entender y construir las subjetividades colectivas, de ahí la naturaleza instrumental de los derechos colectivos para complementar y posibilitar la vida de éstas; iii) entender la responsabilidad de las colectividades y grupos, más allá de una comprensión civilista y propietarista de la misma[8]. Profundicemos un poco más en algunas de estas consideraciones.

---

[8] LÓPEZ CALERA, N., *¿Hay derechos colectivos? Individualidad y socialidad en la teoría de los derechos*, Ariel, Barcelona, 2000, p. 133.

Con relación a la discriminación intergrupal es necesario fracturar la falacia jurídica que se instaura sobre la idea de que no hay discriminación si no hay conducta que se pueda imputar de manera individual[9]. Toda discriminación entre grupos está asociada a tres elementos que guardan una relación de interdependencia entre sí: la conducta imputable, lo que implica que en el supuesto de violación de derechos colectivos, existen patrones específicos y paradigmáticos de violación de estos derechos; la existencia de un perjuicio grupal que trasciende el mero daño individual computado como simple adición de fracturas individuales; las relaciones de subordinación-dominio-desprecio que adquieren un perfil netamente colectivo, trascendiendo lo individual.

La discriminación intergrupal tiene perfiles estructurales, colectivos y comunitarios, difícilmente reducibles a pautas individuales de comprobación e indicación. La violación de derechos es muchas veces más una cuestión social, que meramente individual. Lo social no es reducible, por tanto, a meras relaciones contractuales: como simples juegos de maximización o cálculo de utilidades. Sólo desde esta dimensión sistémica, holística y social-colectiva en la consideración de los patrones de discriminación-desprecio es como puede darse encaje y fundamentación a los derechos colectivos en cuanto garantías reparatorias necesarias para estos grupos, en el marco, siempre,

---

9 BARRÈRE, M. "Iusfeminismo y derecho antidiscriminatorio: hacia la igualdad por la discriminación" en MESTRE I MESTRE, R., *Mujeres, derechos y ciudadanías*, Icaria, Madrid, 2008, p. 55; "La interseccionalidad como desafío al mainstreaming de género en las políticas públicas", *Revista Vasca de Administración Pública*, nº 87-88, 2010, pp. 225-252; BARRÈRE M. y MORONDO, D., "Subordinación y discriminación interseccional: elementos para una teoría del derecho antidiscriminatorio", *Anales de la Cátedra Francisco Suárez*, nº 45, 2011, pp. 15-42.

de las relaciones sociales de poder[10]. La entrada en escena de factores económicos, culturales y políticos resulta fundamental para computar estos patrones de violencia y los daños producidos. Le corresponde al Derecho, a través de una dogmática sólida sobre los derechos colectivos, prever las medidas necesarias para eliminar estas prácticas discriminatorias, tanto a nivel técnico como político.

La discriminación intergrupal tiene, además, un sentido dinámico que implica y demanda deberes del Estado orientados a reconocer el papel del mismo en la producción, reproducción y desarrollo de prácticas discriminatorias entre los diferentes grupos; así como intervenir para erradicar y eliminar estas formas de discriminación. Es por ello que las prácticas de discriminación, subordinación, exclusión y desprecio no se pueden reducir a dimensiones individuales; siempre trascienden esta esfera. No se trata de una cuestión de derechos-deberes individuales, sino de atribuciones y responsabilidades colectivas. Es necesario hacerse cargo del carácter densamente político de estas formas de discriminación y pensar en clave de derechos colectivos para evitar despolitizaciones y moralizaciones de los conflictos. Estamos ante una densa fractura de la igualdad intergrupal, lo que se traduce en violencia sobre estructuras comunitarias y colectivas de vida. Le corresponde al Derecho dar una respuesta a estas formas de violencia colectiva y, es aquí, donde tiene sentido pensar la importancia y virtualidad de los derechos colectivos como un instrumento remedial más ante estas prácticas.

Con relación a la idea de responsabilidades colectivas es importante afirmar, como punto de partida, que hablamos de sujetos colectivos siempre que estos gocen de un control discursivo sobre sus prácticas y acciones; esto es, si podemos encontrar

---

10 MAKKINON, C., *Toward a Feminist Theory of the State*, Harvard University Press, Harvard, 1987, pp. 127-154.

formas de colectivización de la responsabilidad[11]. Por colectivización de la responsabilidad entendemos la posibilidad de rastrear y analizar disciplinas de responsabilidad a nivel colectivo, tanto en nuestra realidad social, como en prácticas y formas de vida comunitaria ejercidos por sujetos colectivos. Sujetos y estructuras colectivas de vida que se planteen objetivos comunes, que trasciendan presupuestos meramente individuales. Todo ello es localizable en la práctica de integraciones sociales, en la expresión de estructuras colectivas de opinión, en las formas que adquieren la participación y las tomas de decisión colectivas de grupos, comunidades y sujetos; o en la misma expresión de juicios colectivos con relación a un sistema comunitario de vida y expresión. Son múltiples las fisonomías que podemos encontrar con relación a formas de colectivización de la responsabilidad. En la parte final de este trabajo daremos medida de algunas de ellas, en su conexión con los pueblos indígenas, prácticas que están concomitantemente asociadas al ejercicio de derechos colectivos.

En última instancia se trata de predicar ese valor, tan densamente liberal, de la "libertad" con relación a los sujetos colectivos, infiriendo todas las consecuencias que de esta proyección se deriva. Una de ellas es el reconocimiento de derechos colectivos. La dimensión colectiva de la libertad implica el reconocimiento analítico de que la responsabilidad puede y debe expresarse como responsabilidad individual y colectiva para ser completa. Sólo desde esta perspectiva el valor libertad adquiere sentido para dar respuesta a la complejidad conflictiva del pluralismo en el que vivimos inmersos en nuestras formas de vida.

Concomitantemente relacionado con todo lo anterior está la idea de los deberes (colectivos) en la doctrina de los de-

---

11 PETIT, PH., *Una teoría de la libertad*, Losada, Madrid, 2006, pp. 199-233.

rechos. Concebimos los deberes no sólo como la contracara de los derechos, sino de manera más rotunda, como el núcleo esencial de los derechos humanos[12]. No cabe, por tanto, un discernimiento racional entre derechos y deberes; son una totalidad sistémica inescindible. Desde ahí adquiere sentido el concepto de responsabilidad colectiva que venimos sosteniendo. El derecho sostenible es aquel que tiene que dar lugar a una responsabilidad colectiva respecto a las generaciones futuras, evitando hablar de éstas como si sólo tuvieran derechos. El carácter de deber es primordial para entender la consideración de derechos que manejamos. La radicalidad de una consideración tal de los deberes sólo puede hacerse si se introduce la dimensión colectiva de los derechos para entender una consideración social de la responsabilidad y de los deberes[13]. No existen derechos desde una mirada insuficiente y mutilada de los deberes[14]. Volveremos más tarde sobre estas cuestiones, especificadas para los pueblos indígenas.

Tras la exposición de nuestro punto de partida para abordar el fundamento político de los derechos colectivos procederemos (2) exponiendo cómo opera el pensamiento liberal en el tratamiento de lo colectivo, así como las sospechas y suspicacias que éste advierte y detesta en una consideración colectiva de los derechos humanos; (3) para arribar, finalmente, a la importancia que la dimensión colectiva de los derechos adquiere en una cosmovisión como la de los pueblos indígenas, dando medida de la especificidad que adquieren los derechos indígenas bajo el prisma de una lectura intercultural de los mismos.

---

12 ESTÉVEZ ARAUJO J. A., (ed.), *El libro de los deberes. Las debilidades e insuficiencias de una estrategia de derechos*, Trotta, Madrid, 2013, pp. 33 y ss.

13 MARTÍNEZ DE BRINGAS, A., "Esbozo de una Teoría de los deberes en tiempos de precariedad y exclusión", *Política y Sociedad, 54*(3), 2017, pp. 757-776.

14 ESTÉVEZ ARAUJO J. A., (ed.), *op. cit.*, p. 47.

2. EL RECORTE LIBERAL DE LOS DERECHOS. SACRIFICANDO LO SOCIAL-COLECTIVO

Una vez más, Carl Schmitt, nos pone ante las limitaciones del discurso liberal para pensar los derechos[15]. El pensamiento liberal, enclaustrado en su propio solipsismo, en la jaula de acero del individualismo, se muestra incapacitado para pensar lo social-colectivo y desentrañar las consecuencias políticas que ello pueda tener. Para el imaginario liberal las subjetividades colectivas son una aporía. El individualismo liberal encierra dentro de su propio imaginario una fuerte paradoja: inventa, por un lado, el concepto de contrato social, a la vez que reduce la comprensión de las subjetividades colectivas sólo al Estado[16], imposibilitando, de esta manera, una consideración elástica y amplia del contrato para dar cobertura a lo social en su más amplia dimensión: la del irreductible pluralismo constitutivo[17]. El liberalismo procede separando el derecho de la política, los derechos de su sentido político, apuntando, de esta manera, a una concepción weberiana de la política como "lucha por una cuota de poder o influencia". Una de las tesis fundamentales de este ensayo es la imposibilidad de separar

---

15 SCHMIT, C., *El concepto de lo político, op. cit.*; "Epílogo" en "Teología Política II. La leyenda de la liquidación de la teología política teología" en *Carl Schmitt, Teólogo de la política, op. cit*, pp. 395-462.

16 LÓPEZ CALERA, N., *¿Hay derechos colectivos?, op. cit.*, pp. 17 y ss.; BAUBÖK, R., "Justificaciones liberales para los derechos de los grupos étnicos" en GARCÍA S. y LUKES S. (comps.), *Ciudadanía: justicia social, identidad y participación*, Siglo XXI, Madrid, 1999, pp. 160-169.

17 De esta manera, como bien expresó Hayek, la justicia social requiere para su reconocimiento y plasmación derechos colectivos. Lo individual no puede reclamarse, realizarse, sin una correcta conceptualización y aplicación de lo colectivo, haciendo, de esta manera, reversible el dogma liberal por el que lo colectivo supone una limitación y merma de lo individual en el marco de la sociedad estatal. Cf. HAYEK, F. A., *Derecho, legislación y libertad, Vol. 2, El espejismo de la justicia social*, Unión Editorial, Madrid, 1979, p. 112.

los derechos del sentido y la intención política de los grupos a quienes representa.

Esta aporía liberal, como se viene expresando, implica una invisibilización de toda forma social-colectiva de identificación. De esta manera se ignora que lo Político –tal y como lo venimos entendiendo con Schmitt- se relaciona siempre y necesariamente con lo conflictivo-diverso, con el antagonismo en última instancia[18]. El racionalismo individualista que propugna cierta forma de liberalismo implica una negación del antagonismo y, por tanto, de lo colectivo y de cualquier forma de expresión normativa del mismo -derechos colectivos-, debido a su carácter limitante y destructivo de los derechos individuales. El antagonismo, encarnado en los derechos colectivos, revela un límite al consenso racional liberal. La política antagónica, tal y como es reelaborada por Mouffe, ubica su suelo nutricio en un pluralismo constituido indistintamente por referencias individuales y colectivas. Ello reclama una consideración relacional de las identidades en sus formas de constitución. El liberalismo individualista propietario[19] no reconoce más identidades-referencias-entidades que aquellas que se construyen como lo mismo, bajo el parámetro de una suerte de falso universal llamado consenso racional. Sólo existen identidades en el estrecho marco de la objetividad consensual, invisibilizando, de esta manera, todos los actos de exclusión que se producen

---

18 SCHMITT, C. *El concepto de lo político, op. cit.*, pp. 58-66; MOUFFE, CH., *La paradoja democrática, op. cit.*, pp. 65 y ss.

19 MACPHERSON, C. B., *La teoría política del individualismo posesivo,* Fontanella, Barcelona, 1970. Cf. También la interesante obra del economista alemán, sito en Costa Rica, en la que desarrolla toda una meta-teoría sobre el individualismo propietario y excluyente inserta en el corazón del discurso liberal, HINKELAMMERT, F., *El mapa del emperador. Determinismo, caos, sujeto,* DEI, Costa Rica, 1996; *Cultura de la esperanza y sociedad sin exclusión,* DEI, Costa Rica, 1995; *El grito del sujeto. Del teatro-mundo del evangelio de Juan al perro-mundo de la globalización,* DEI, Costa Rica, 1998.

para llegar a este resultado. Sus códigos de referencia son los de las identidades construidas como jerarquías, con relación siempre a una polaridad irreconciliable: hombre *vs.* mujer; derechos individuales *vs.* derechos colectivos; derechos civiles y políticos *vs.* derechos económicos, sociales y culturales; blanco *vs.* indígena, y un largo y desenfocado etc.

El vaciamiento de la dimensión política, de lo Político que caracteriza esencialmente las relaciones sociales de poder que nos habitan, produce una tendencia perversa, una inversión de la realidad, que pasa por la moralización del discurso de derechos y de las subjetividades políticas, a la vez que protagoniza una despolitización de todos estos elementos[20]. Al moralizar a un adversario -una de las polaridades que constituyen el campo de las relaciones sociales de poder- éste se transforma en un enemigo; alteramos su estructura y naturaleza, despolitizándolo, expulsándolo del ámbito de plausibilidad del discurso de los derechos humanos.

El propio discurso liberal de derechos introduce y connota que el mal (en un sentido moral) no tiene ámbito de ubicación en el interior de su discurso. Un enemigo, moralizado y despolitizado, es un absoluto que no tiene cabida en el reinado de los derechos. Las políticas securitarias que vienen apareciendo en la globalización nos recuerdan todos los días este tipo de inversiones y mutaciones morales con relación a los derechos de las mujeres, a personas y comunidades musulmanas, a los pueblos indígenas, a movimientos étnicos, cívicos, ecologistas, pacifistas, y un largo y nefasto etc. En algún sentido, el desplazamiento de los derechos colectivos como algo diferente al discurso de los derechos, ha conllevado, también, esta suerte de alteración: una consideración moralizante de lo social-

---

20 SCHMITT, C., "La era de la neutralización y despolitización" en *El concepto de lo político, op. cit*, pp. 107-122.

colectivo, despolitizando, de esta manera, su potencialidad, y calificando moralmente su peligrosidad.

Una posible manera de rebajar el "conflicto liberal" pasa por el reconocimiento del antagonismo presente y evidente en el corazón de las relaciones sociales de poder. Las mediaciones necesarias para la identificación de ese antagonismo pasan por el reconocimiento de los derechos colectivos, tensionados desde su reverso constitutivo: los derechos individuales. La inevitabilidad del disenso forma parte de la terapia para afrontar el conflicto liberal; en paralelo, el reconocimiento de los derechos colectivos es un hecho inevitable, más que un presupuesto o una cuestión valorativa en función de adscripciones ideológicas. Lo colectivo es un hecho fáctico inevitable y como tal es necesario darle un espacio social, político y normativo.

3. LA IMPORTANCIA DE LO SOCIAL-COLECTIVO EN LAS FORMAS DE VIDA DE LOS PUEBLOS INDÍGENAS

3.1. La dimensión reparatoria de los derechos indígenas: clarificando la dimensión colectiva de los derechos

Hablar de pueblos indígenas supone ubicar en el centro del debate la importancia de lo social-colectivo para poder comprender sus referencias identitarias, así como las formas de auto adscripción al hecho de ser indígenas. La implicación de lo colectivo como algo sustantivo a la identidad indígena nos proyecta a una comprensión de la misma como pueblos-comunidades transgeneracionales; esto es, articulados a través de atributos de cohesión social y política con vocación de permanencia. Esto sólo se consigue desde una consideración densa y compleja de lo colectivo y de la importancia que los derechos (colectivos) tienen para garantizar esta pretensión. Ello pone en escena elementos caracterológicos de esa dimensión de lo colectivo como pueden ser: el desarrollo sostenible de estos pueblos para garantizar la interdependencia de todos los derechos; mecanismos de responsabilidad colectiva hacia lo individual y colectivo indígena y no indígena; una consideración del bienestar, "buen vivir", de las generaciones futuras como objetivo prioritario y último de los derechos indígenas. Estamos en las antesalas de lo que vamos a comprender como dimensión reparatoria de los derechos indígenas frente a las heridas y daños del colonialismo.

James Anaya[21] ha enfatizado el carácter reparatorio de los derechos indígenas frente a cualquier concepción sustantiva de los mismos. En este sentido considera los derechos indígenas, desde su matriz colectiva, como "parte del régimen conceptual de derechos humanos" evitando, de esta manera, la falaz dicotomía articulada como derechos individuales-derechos colectivos, así como el juego de jerarquizaciones y subordinaciones que de la misma se deriva, lo que se traduce, como en el discurso oficial de los derechos, en la prioridad de unos sobre los otros.

El fundamento y razón de ser de los derechos colectivos indígenas radica en la necesidad de reparar una injusticia histórica producida por la violencia del colonialismo sobre sus formas de vida y sus derechos. La dimensión reparatoria y restauradora de estas formas de vida está orientada a la posibilidad de controlar su propio destino, de ahí que se hable de de-

---

21 Actual Relator Especial de la ONU para pueblos indígenas. Es importante consultar, a este respecto, su libro clásico, *Los pueblos indígenas en el derecho internacional*, Trotta, Madrid, 2005; "El derecho de los pueblos indígenas a la libre determinación tras la adopción de la Declaración" en CHAMBERS C. y STAVENHAGUEN, R., *El desafío de la Declaración. Historia y futuro de la Declaración de la ONU sobre Pueblos indígenas*, IWGIA, Dinamarca, 2010, pp. 194-209.

sarrollo sostenible y principios como el "Buen Vivir"[22]. Se trata, en última instancia, de permitir la producción, reproducción y desarrollo de la vida individual y colectiva de estos pueblos en condiciones de igualdad, afrontando las discriminaciones colectivas que el proceso histórico del colonialismo ha producido sobre ellos. La opresión y discriminación continuadas sobre sus formas de vida y estructuras cosmovisionales son las que nos permiten discernir e identificar los patrones de violación con los que se ha procedido en el trato y consideración de los pueblos indígenas. Es decir, analizar y evidenciar las marcas y huellas concretas que la violencia ejercida sistemáticamente sobre las estructuras socio-comunitarias indígenas han producido y producen. Son estas fracturas y contracturas las que nos otorgan el material para fundamentar la dimensión colectiva de estos pueblos. La necesidad de operacionalizar patrones de discriminación, exclusión y desprecio –como el genocidio-, ratifican, precisamente, la naturaleza de lo que se quiere negar y destruir: la dimensión colectiva indígena. Desde esa violencia originaria es posible arraigar lo colectivo en sus prácticas de existencia, en su manera de entender la subjetividad política de la identidad indígena, así como la importancia que los derechos colectivos tienen para restaurar y rehabilitar la vida individual y colectiva de estos pueblos.

Hablar del carácter remedial de los derechos indígenas supone abandonar una consideración de éstos como derechos excluyentes, creados *ex novo* para dar conformación a "lo in-

---

22 MEDINA, J., "Acerca del Suma Qamaña", en FARAH A. y LUCIANO L. (coords.), *Vivir bien: ¿Paradigma no capitalista?*, CIDES-UMSA, La Paz, 2011, p. 48 y ss.; "La Buena Vida occidental y a vida dulce amerindia" en *Suma Qamaña. La comprensión indígena de la Vida Buena*, GTZ, La Paz, 2008, pp. 31-37. ACOSTA, A., *El Buen Vivir. Sumak Kawsay, una oportunidad para imaginar otros mundos*, Icaria, Madrid, 2013, pp. 21-27.

dígena". Sí hay una dimensión especial y específica[23] de los derechos indígenas, pero ésta responde a la naturaleza de las formas de exclusión y desprecio con las que se ha procedido contra ellos: aniquilación de la cultura y cosmovisión indígena; privación y despojo de sus territorios tradicionales y ancestrales, junto con los recursos naturales que estos contenían y contienen; patrones de discriminación racial colectiva; aniquilación de formas de supervivencia grupal; anulación de gobiernos autónomos y formas de participación políticas propias y un largo etc. Es, por tanto, el desprecio[24], el que funciona como fundamento último de los derechos colectivos indígenas. Éstos no harán sino evidenciar y clarificar el carácter alevoso y complejo de las diferentes y variadas formas de aniquilación con las que se ha procedido contra ellos históricamente. Sirven para reconocer y fundamentar una verdadera sociología del conflicto[25] en la manera de tratar con lo indígena, derivado, todo ello, de unas relaciones de poder coloniales que imprime su

---

23 Esta especialidad de los derechos colectivos indígenas permite enunciar, a su vez, maneras diferentes de entenderlos y traducirlos normativamente, dando, así, especificidad a lo colectivo. En este sentido hablaríamos de la dimensión consuetudinaria de sus prácticas culturales; de la diferente concepción del tiempo y espacio, elementos materiales necesarios para tasar, regular y dar contenido a los derechos; el carácter complejo, interdependiente y esencialmente diverso, en fondo y forma, que presentan los derechos indígenas. A ello habría que sumar la dimensión estratégica que tienen los mismos. Estos son el resultado sintético y combinado de procesos socio-políticos traducidos a estrategias jurídicas. Esta especificidad indígena no ahorra conflictos como los derivados de la dificultad de interpretar y trasladar las categorías y exigencias indígenas, al discurso propio de los derechos -tradición heredada de la cultura occidental-; o las dificultades que atañen a la dimensión procesal de los derechos y a las maneras de entender su efectividad y garantía, desde una lógica cultural-otra. Este es precisamente el reto que lo colectivo plantea al discurso de los derechos.

24 Cf. HONNETH, A., "La dinámica social del desprecio: hacia una ubicación de una teoría crítica de la sociedad", *op. cit.*, pp. 55-74.

25 *Ibidem.*, pp. 127-146.

impronta específica en la manera de tratar lo individual (personas) y lo social-colectivo (pueblos indígenas).

Desentrañar la naturaleza colectiva de los derechos indígenas implica poner el foco de fundamentación en el carácter reparatorio[26] de los Derechos –como lo ha expresado el ex Relator especial para pueblos indígenas James Anaya- y en la necesaria interdependencia entre los derechos individuales y colectivos indígenas. Sergio García Ramírez, juez de la Corte Interamericana de Derechos Humanos (CIDH), en su voto razonado en la sentencia del Caso Comunidad Indígena *Sawhoyamaxa* vs. Paraguay, establecía ya que los derechos comunitarios, que forman parte de la cultura de los pueblos indígenas, son, a su vez, fundamento y amparo de los derechos subjetivos individuales. Existe, en su opinión, una íntima e indisoluble vinculación entre los derechos de ambos órdenes –individuales y colectivos-, de cuya vigencia efectiva depende la tutela y protección de las personas

26 Expresiones de ese carácter reparatorio pueden verse en el Preámbulo de la Declaración de Derechos de los Pueblos Indígenas de la ONU (2007) al expresar "el hecho de que los pueblos indígenas hayan sufrido injusticias históricas como resultado, entre otras cosas, de la colonización y enajenación de sus tierras, territorios y recursos, lo que les ha impedido ejercer, en particular, su derecho al desarrollo de conformidad con sus propias necesidades e intereses" (Párrafo 6); "(...) si los pueblos indígenas controlan los acontecimientos que los afectan a ellos y a sus tierras, territorios y recursos podrán mantener y reforzar sus instituciones, culturas y tradiciones y promover su desarrollo de acuerdo con sus aspiraciones y necesidades" (Párrafo 10). De manera paralela y complementaria el Comité de Naciones Unidas para la Eliminación de la Discriminación Racial, en su Recomendación General nº 23 relativa a los derechos de los pueblos indígenas, A/52/18, Anexo V, 1997, parágrafo 3, reconoce la sistemática discriminación con la que se ha venido tratando a los pueblos indígenas, privándoles de sus derechos mediante la acción de colonizadores, empresas comerciales y empresas del Estado que han venido arrebatándoles y desposeyéndoles sus tierras y los recursos naturales sitos en ellas.

que forman parte de los pueblos indígenas[27]. Será más tarde, con el caso *Sarayaku*, en donde la importancia de los derechos colectivos adquiere ya consistencia normativa al expresar: "(...) la normativa internacional relativa a los pueblos y comunidades indígenas o tribales reconoce derechos a los pueblos como sujetos colectivos del Derecho Internacional y no únicamente a sus miembros (...) la Corte señala que las consideraciones de derecho expresadas o vertidas en la presente Sentencia deben entenderse desde dicha perspectiva colectiva"[28]. En el caso de *Saramaka* contra Surinam se es más categórico al expresar que el titular del derecho de la consulta son los pueblos o comunidades, en cuanto sujetos del derecho de propiedad comunal, todo ello con relación directa a las medidas estatales que les pueda afectar[29]. De la misma manera se viene a reconocer la personalidad jurídico colectiva de los pueblos indígenas con relación a la falta de mecanismos de titulación colectiva que el propio Estado debería facilitar y que, al no hacerlo, deja en una situación de indefensión a la comunidad y, en concreto, los derechos afectados: los de propiedad comunal[30].

Expresiones de esa interdependencia, que pasa por el necesario ajuste de lo individual a lo colectivo, pueden verse en el caso de la Comunidad *Yakye Axa* en Paraguay[31], en donde se es-

---

27 Voto razonado del Juez Sergio García Ramírez con respecto a la sentencia de la CORTE IDH, *Caso Comunidad Indígena Sawhoyamaxa vs. Paraguay*, de 29 de marzo de 2006.

28 CORTE IDH, *Caso del Pueblo Indígena Kichwa de Sarayaku v. Ecuador* (Fondo y Reparaciones), Sentencia de 27 de junio de 2012, Cte. I.D.H., Serie C nº 245 (2012), párrafo 231.

29 CORTE IDH, *Caso del Pueblo Saramaka v. Surinam* (Interpretación de la Sentencia de Excepciones Preliminares, Fondo, Reparaciones y Costas), Sentencia de 12 de agosto de 2008, Cte. I.D.H., Serie C nº 185 (2008), párrafo 22.

30 CORTE IDH, *Caso Saramaka*, op. cit., párrafo 174.

31 CORTE IDH, *Caso Yakye Axa v. Paraguay (*Excepciones preliminares, Fondo Reparaciones y costas*)*, Sentencia de 17 de junio de 2005, serie C, nº 125, párr. 133.

tablece la obligación del Estado de velar y respetar el derecho de propiedad comunal indígena, titulando, demarcando y delimitando tierras, de acuerdo con las exigencias de la sentencia de la Corte. Para ello, el Estado deberá identificar el territorio tradicional de la comunidad y entregárselo de manera gratuita, además de suministrar bienes y servicios básicos necesarios para su subsistencia. Deberá, también, crear un fondo para la adquisición de tierras; implementar un programa de desarrollo comunitario, y adoptar, en su derecho interno, las medidas legislativas, administrativas o de cualquier otro tipo, necesarias para garantizar el derecho de propiedad de la comunidad. Todas estas medidas son expresión nítida y clara del fundamento de los derechos colectivos en operadores jurídicos como la Corte Interamericana, fundamento que reposa en la tensión dialéctica, y el constante ajuste y acople, de lo individual a lo colectivo y de lo colectivo a lo individual.

3.2. La dimensión espacial de los derechos como sustrato de lo colectivo indígena

El objetivo de este epígrafe es centrar la importancia que la "espacialidad" tiene en los derechos indígenas para dar medida y explicar lo colectivo. Los derechos indígenas constituyen, a su manera, una suerte de filosofía política de la espacialidad[32]. La espacialidad, más que la temporalidad procesal, es un elemento fundamental para poder entender la textura y naturaleza de algunos elementos fundamentales de la cosmo-

---

32 Procederemos en este epígrafe inspirados por el pensamiento político de MASSEY, D., *Space, Place and Gender*, University of Minnesota Press, Minneapolis, 1994; *For Space*, Sage, London, 2005; "Power-geometries an the Politics of Space-time", Hettner Lecture, 1998; "Spaces of Politics" en MASSEY, D., ALLEN, J. y SARRE, P., *Human Geography Today*, Polity Press, Oxford 1999; "A Global Sense of Place" in *From Space, Place and Gender*, University of Minnesota Press, Minneapolis, 1994.

visión indígena como son la territorialidad, la jurisdicción y la autonomía. Sin una comprensión compleja de la espacialidad es difícil entender el arraigue y la naturaleza de estos derechos, y por prolongación lógica, de todo el sentido de lo colectivo indígena.

Intentaremos conceptualizar la espacialidad indígena a partir de una serie de proposiciones.

a) Una primera proposición o acercamiento a la espacialidad indígena (EI) sería la idea de que ésta es siempre producto de interrelaciones: hablamos, por tanto, de espacio existencial[33]. Ello significa que la identidad indígena y sus derechos se construyen siempre y partir del juego de interrelaciones que la territorialidad produce. De ahí la importancia de este derecho fundante para los pueblos indígenas. El carácter relacional de la territorialidad se construye y soporta a partir de esta idea de espacio como producto de interrelaciones. Subjetividad indígena e interrelación con el territorio y sus recursos naturales son elementos que se constituyen juntos. El espacio es resultado y condición de posibilidad de ese proceso; parte necesaria de la dinámica de constitución del sujeto político "pueblo indígena". Expresiones notables de materialización de ese proceso son la territorialidad, la autonomía y la jurisdicción indígena.[34] La EI es condición de posibilidad para la existencia de la multiplicidad. Es el espacio indígena el que permite reconocer multiplicidad y diferencia; el que habilita para discernir las formas indígenas de habitar y vivir el territorio, para diferenciarlas y discernirlas de la manera occidental de entender la ocupación civilista y propietarista de la tie-

---

33 SIGNORELLI, A., *Antropología urbana*, Anthropos, México, 1999, pp. 61-64.

34 Estas cuestiones se verán de manera profunda y sistemática en los capítulos IV, V y VI de este libro.

rra. No hay que olvidar que la interacción –el primer presupuesto- depende de la existencia previa de la multiplicidad. El espacio es el soporte último de todo lo colectivo en cuanto proceso, puesto que para que haya tiempo, tiene que haber interacción; para que haya interacción tiene que haber, previamente, multiplicidad; y para que haya multiplicidad tiene que haber espacio.

b) La EI tiene una dimensión procesual, nunca es algo cerrado, sino constitutivamente abierto. Ello no hace sino remarcar una característica fundamental de lo colectivo indígena: el carácter abierto, inconcluso, procesual de unos derechos en construcción y en constante readaptación a la coyuntura y a las oportunidades políticas. Los derechos en cuanto expresión de lo colectivo están proyectados a reconstruir y rehabilitar la memoria histórica de estos pueblos. Ello tiene relación constitutiva con la especial dinámica que colonialismo ha venido desplegando en el tratamiento con los pueblos indígenas. Una consideración procesual de lo colectivo, en la manera de entender los derechos, se traduce, irremediablemente, en una consideración diferente del desarrollo y el progreso (no lineal); de la productividad y la eficiencia; de la racionalidad y el mercado. Esta manera *otra* de entender el desarrollo es la que habilita principios como el Buen Vivir[35] para entender la propuesta cosmovisional indígena.

El discurso liberal de los derechos, desde su individualismo, no hace más que exhibir una organización del espacio en términos temporales, por contraposición a cómo lo hace la cosmovisión indígena. De ahí la suerte de dicotomías con la que muchas veces se ha construido el discurso liberal de los dere-

---

35 Posteriormente estableceremos de manera situada qué entendemos por Buen Vivir.

chos: individualismo *vs.* colectivismo; desarrollismo *vs.* barbarismo (indígena); naturaleza *vs.* cultura; género *vs.* sexo, y un largo etc. Sin embargo, todas las culturas, y muy especialmente la indígena, tienen sus propias concepciones del espacio y del sentido de la espacialidad. No es que primero se constituyan las culturas y luego éstas empiecen a interactuar (esta perspectiva peca de un esencialismo irredento). Es más bien el espacio y la concepción cultural de la espacialidad lo que permite y habilita la interactuación. De esta manera una apropiación determinada del espacio dividido, fragmentado, cerrado, único y no múltiple, es lo que ha permitido una forma particular de organización de la sociedad en torno al Estado-Nación; así como una comprensión de los derechos hipotecaria de esta manera de entender la espacialidad sobre el Estado-Nación: la ciudadanía. Esta concepción tan particular y cerrada de la espacialidad está imposibilitada para entender y dar encaje a la dimensión colectiva de los derechos.

3.3. La dimensión material de los derechos indígenas: la especificidad de lo colectivo en la cosmovisión indígena

Hemos hablado de la dimensión reparatoria de los derechos como condición de posibilidad para poder entender el sentido y especificidad de lo colectivo indígena. Desde esa dimensión hemos ubicado la espacialidad como el sustrato diferencial desde el que entender la lógica de los derechos indígenas: estamos ante una consideración diferente del espacio y del tiempo, lo que otorga una configuración diferenciada de los derechos indígenas desde un sentido ético, político y jurídico. Una espacialidad diferente en la manera de entender los derechos otorga dimensiones procesales diversas en la forma de garantizarlos. Corresponde a este epígrafe ubicar la dimensión material de los derechos indígenas como indicadores específicos de la colectividad de estos pueblos.

Para arraigar esta dimensión material de los derechos indígenas resulta interesante la aportación de Kymlicka cuando sumariza los logros transcendentales que han obtenido los pueblos indígenas, en materia de derechos colectivos, como consecuencia de la aprobación de la Declaración de las Naciones Unidas sobre los derechos de los Pueblos indígenas. La Declaración innova en normas sustantivas –tales como autodeterminación, el pluralismo legal y la autonomía-, lo que otorga una cualidad novedosa y estratégica a lo colectivo. También innova al establecer normas particulares y apropiadas para un grupo específico –los pueblos indígenas-, en lugar de recoger, exclusivamente, normas genéricas, como hace el artículo 27 de la Declaración sobre los derechos de las personas pertenecientes a minorías nacionales o étnicas, religiosas lingüísticas (1992), con un marcado tono individual en la consideración de lo que se entiende por "minoría". Además, la Declaración implicó de manera integral y participativa a los pueblos indígenas en la redacción del texto y en la consideración de los mismos como sujetos de derecho[36]. Todos estos elementos apuntalan la dimensión material de los derechos indígenas en cuanto derechos colectivos.

Previamente al establecimiento de las dimensiones materiales que hacen específicos los derechos indígenas es necesario hablar de una serie de pautas y criterios interculturales que guían y atraviesan ese sentido material de lo colectivo. Estos principios serían:

- El consentimiento previo, libre e informado como principio estructurador de todos los derechos indígenas. Este es un puente intercultural fundamental para poder entender la dimensión reparatoria de los derechos indíge-

---

36 "Beyond the Indigenous/Minority Dicothomy?" in ALLEN, S. and XANTHAKI, A. (eds.), *Reflections on the UN Declaration on the Rights of Indigenous Peoples*, Hart Publishing, Oxford, 2011, p. 191.

nas. Sin este principio no hay posibilidad de realización material y plena del resto de derechos colectivos[37]. El consentimiento, se expresa a través de un doble rostro: como derecho (colectivo) que habilita la conformación y realización de otros derechos colectivos; y como deber del Estado[38].

- La consideración de lo colectivo como un proceso en construcción, de lo que se deriva una consideración procesual, fluida y flexible de los derechos indígenas. En este sentido resulta fundamental la labor interpretativa y jurisprudencial realizada por la Corte Interamericana de Derechos Humanos[39].

- La existencia de una red de información colectiva al servicio de los pueblos indígenas en sus relaciones con el

---

37 MARTÍNEZ DE BRINGAS, A., "El derecho a la consulta de los pueblos indígenas: Naturaleza, elementos y procedimientos para su aplicación en el Estado", *Revista Vasca de Administración Pública*, nº 93, 2012, pp. 127-149.

38 Así se expresa la sentencia de la Corte Suprema colombiana, Sentencia C-461 de 2008, 14 de mayo de 2008 (M.P. Manuel José Cepeda Espinosa) cuando establece que: "[...] Los procesos de consulta previa no son fines en sí mismos, sino medios para asegurar la protección de la supervivencia colectiva, la integridad cultural, los intereses comunitarios y los derechos fundamentales de las comunidades indígenas y afro descendientes. En consecuencia, cada proceso de consulta previa no se caracteriza por ser un simple ejercicio jurídico de respeto del derecho de defensa de quienes pueden verse afectados con una actuación del Estado, sino porque se busca asegurar por medio de esta consulta previa la efectiva protección de los intereses colectivos y derechos fundamentales de las referidas comunidades.

39 MARTÍNEZ DE BRINGAS, A., "Hacia una interpretación creativa de los derechos colectivos indígenas. Una especial mirada a la metodología jurídica de la Corte Interamericana de Derechos Humanos", en *La Anatomía de la Justicia Constitucional europea*, Luis Gordillo (Dir.) Naiara Arriola (coord.), Centro de Estudios Políticos y Constitucionales, Madrid, 2022, pp. 255-301.

Estado y otros actores. Ello es condición de posibilidad para el ejercicio de los derechos indígenas. El ejercicio real de los derechos indígenas depende de la existencia de esta red crítica de información, instrumento fundamental para la construcción y reconstrucción real y cotidiana de los derechos indígenas.

- Una consideración holística de la Historia de los pueblos indígenas en la preservación de sus formas de vida cultural y colectiva, en la articulación de sus formas de organización y gobierno, y en la organización y sistematización de sus propias formas de desarrollo. Desde ahí toman contenido y corporalidad los derechos indígenas.

A la hora de hablar de la dimensión material de los derechos indígenas estableceremos una distinción analítica y propedéutica entre el reconocimiento específico de derechos colectivos, junto con el reconocimiento de otros derechos complementarios, que apoyen e incidan sobre los primeros y permitan una correcta implementación de los mismos.

Los fundamentos materiales desde donde interpretar los derechos colectivos indígenas son:

i) Tierra, territorio y recursos naturales

ii) Patrimonio cultural indígena

iii) Formas de organización social

iv) Autonomía indígena

En el ámbito del ejercicio e implementación de los derechos indígenas, como dimensión complementaria de la anterior, hablaremos de:

v) Relaciones interculturales

vi) Buen vivir

i) Tierra, territorio y recursos naturales

Los elementos materiales claves para entender este importante derecho indígena pueden deducirse de la jurisprudencia de la Corte Interamericana de Derechos Humanos. El caso Awas Tingni establece como rasgos específicos del derecho de propiedad comunal indígena[40]: i) el carácter colectivo de la propiedad indígena[41]; ii) su fundamento consuetudinario, lo que ayuda a la identificación y garantía de los derechos indígenas[42]; iii) el vínculo cultural y espiritual entre los pueblos indígenas y sus territorios tradicionales, dada la ligazón esencialmente comunitaria, espiritual y cosmogónica que éstos poseen con el territorio debido al carácter ancestral y sagrado que éste ostenta, expresión que da medida de la forma en que

---

40 CORTE IDH, Caso de la Comunidad Mayagna (Sumo) Awas Tingni Vs. Nicaragua, Fondo, Reparaciones y Costas. Sentencia de 31 de agosto de 2001, Serie C No., parrs. 151-154; GÓMEZ ISA F. (Dir.), *El caso Awas Tingni. Derechos Humanos entre lo local y lo global*, Universidad de Deusto, Bilbao, 2013.

41 La dimensión colectiva de este derecho se expresa más rotundamente cuando la Corte reconoce el derecho a la personalidad jurídica colectiva de los pueblos indígenas, por deducción del artículo 3 de la Convención Americana de Derechos humanos. Cf. CORTE IDH, *Caso del Pueblo Saramaka v. Surinam* (Interpretación de la Sentencia de Excepciones Preliminares, Fondo, Reparaciones y Costas), Sentencia de 12 de agosto de 2008, Cte. I.D.H., Serie C nº 185 (2008), párrafo 174. Allí se establecía que la ausencia de mecanismos de protección del derecho de propiedad indígena en el derecho interno –titulación colectiva- generaba indefensión y vulneraba el derecho de territorialidad, ya que los mecanismos de garantía individual no eran suficientes para la protección de este derecho. Se trataba de asumir, en toda su intensidad, la dimensión colectiva que la personalidad jurídica de estos pueblos implica.

42 Cf. CORTE IDH, Caso Awas Tingni, *op. cit.*, parrs. 138, 164, 172-173. Cf. También RODRÍGUEZ-PIÑEIRO, L., "El impacto internacional de la Sentencia" en *El caso Awas Tingni. Derechos Humanos entre lo local y lo global, op. cit.* pp. 163-203; "La sentencia de la Corte Interamericana", *Ibidem*, pp. 123-138.

los pueblos indígenas ven y entienden el mundo[43]; iv) el deber estatal de protección de la propiedad indígena a través de la demarcación y titulación del territorio[44].

---

43 El uso de la tierra y los recursos naturales debe considerarse de forma amplia, de tal manera que no sólo remite a un uso orientado exclusivamente a la supervivencia material, lo que pasa por la mera posesión y por la dimensión productiva sobre el territorio, sino a un manejo que integre, plenamente, la dimensión cultural y espiritual de estos pueblos. Este uso o manejo puede expresarse como presencia o posesión tradicional por medio de lazos ceremoniales o espirituales; asentamientos o cultivos esporádicos; usos del territorio ligados a costumbres, o a formas específicas y tradicionales de caza y pesca, etc. Cf. CORTE IDH, *Caso de la Comunidad indígena Sahoyamaxa v. Paraguay* (Fondo, reparaciones y Costas), Sentencia de 29 de marzo de 2006, Serie C, nº 146, párr. 131. Sentencia de la Corte colombiana T-188 de 1993, en la que la Corte resaltó la importancia de los territorios indígenas para la cultura y los valores espirituales de dichos pueblos.

44 Al respecto de la titulación y demarcación, CORTE IDH, *Caso de la Comunidad Indígena Xámok Kásek vs. Paraguay*, Fondo, Reparaciones y Costas, Sentencia de 24 de agosto de 2010, Serie C No 214, párr. 109. Estas reglas se pueden sistematizar como: 1) la posesión tradicional de los indígenas sobre sus tierras tiene efectos equivalentes al título de pleno dominio que otorga el Estado; 2) la posesión tradicional otorga a los indígenas el derecho a exigir el reconocimiento oficial de la propiedad y su registro; 3) el Estado debe delimitar, demarcar y otorgar título colectivo de las tierras a los miembros de las comunidades indígenas; 4) los miembros de los pueblos indígenas que por causas ajenas a su voluntad han salido o perdido la posesión de sus tierras tradicionales mantienen el derecho de propiedad sobre las mismas, aún a falta de título legal, salvo cuando las tierras hayan sido legítimamente trasladadas a terceros de buena fe; 5) los miembros de los pueblos indígenas que involuntariamente han perdido la posesión de sus tierras, y éstas han sido trasladadas legítimamente a terceros inocentes, tienen el derecho de recuperarlas o de obtener otras tierras de igual extensión y calidad. La demarcación funciona, por tanto, como un mecanismo de protección de las tierras indígenas, frente a la acción de terceros. Cf. También, CORTE IDH, *Caso de la Comunidad Mayagna (Sumo) Awas Tingni v. Nicaragua* (Medidas Provisionales), Resolución de la CIDH, de 26 de noviembre de 2007, Serie D, nº 2, párr. 153.

Posteriormente se ha venido conformando y construyendo este derecho en conexión íntima con el derecho a la identidad cultural indígena, siendo ésta el sustrato sobre el que reposan los derechos territoriales indígenas. La dimensión procesual de los derechos indígenas ha habilitado, con relación a estos derechos, otras dimensiones materiales como consecuencia de una intensa labor jurisprudencial. Nos estamos refiriendo a la delimitación material de los derechos territoriales por ponderación conflictiva entre los derechos indígenas y los derechos de terceros[45]; así como el establecimiento de obligaciones para el Estado que pasan por el diseño e implementación de medidas internas que garanticen los derechos territoriales indígenas[46]. Paralelamente y de manera complementaria habría

---

45 CORTE IDH, *Caso Moiwana vs. Surinam,* (Excepciones preliminares, Fondo, Reparaciones y Costas), sentencias de 15 de junio de 2005, Serie C, nº 125, párr. 134.

46 La CIDH ordenó la adopción de políticas de asistencia sanitaria y alimentaria en el caso Sahoyamaxa, *op. cit.*, párr. 248.9; o la dotación de tierras de "igual valor y extensión", como consecuencia de despojos territoriales, en el caso CORTE IDH, Caso Yakye Axa, *op. cit.*, párr. 149 y CORTE IDH, *Caso Sahoyamaxa,* op. cit., párr. 138. En otros supuestos se ha procedido a fijar la obligación de la consulta/consentimiento respecto a la afectación de intereses sitos en territorio indígena, CORTE IDH, *Caso Saramaka,* op. cit., párr. 129 y ss.; o a la obligación de una participación en los beneficios como consecuencia de la explotación de los recursos naturales ubicados en territorio indígena (*Ibidem.*, párr. 133); o a la necesidad de desarrollar estudios precisos de impacto socio-ambiental donde se establezcan mecanismos específicos para la protección de los derechos territoriales indígenas. Sin embargo, cuando un pueblo indígena se ve perjudicado por la expropiación de su territorio se puede vulnerar algo más que su derecho fundamental a la propiedad. Se pone en riesgo también la propia existencia del pueblo indígena y sus valores espirituales. Es por ello, que la obligación del Estado no debe remitirse al pago de un justo precio, sino que debe ir más allá, hacia el establecimiento de un beneficio compartido. Los pueblos indígenas deben beneficiarse de la explotación que se lleva a cabo en sus territorios ancestrales originales de los que fueron separados, garantizando con ello no solo la continuidad de su

que hablar del derecho de restitución de tierras tradicionales por desposesión y usurpación[47]; así como de los derechos de explotación de los recursos naturales en territorialidad indígena[48]. De hecho, con relación a este último aspecto, la Cor-

---

existencia, sino el mejoramiento de su calidad de vida. Solo así puede justificarse la expropiación de tierras indígenas. De lo contrario, los miembros de tales pueblos podrán recurrir a las vías legales pertinentes con la finalidad de tutelar sus derechos. De igual forma tendrán que considerarse estos mismos criterios cuando la indemnización sea consecuencia de intervenciones sobre la propiedad de los pueblos indígenas, tales como la servidumbre.

47 La Corte ha señalado que cuando los pueblos indígenas han perdido la posesión de las tierras ancestrales que habitaban y éstas han sido trasladadas a terceros de buena fe, el Estado debe recuperarlas; si ello no es posible, debe entonces entregarles tierras de la misma extensión y calidad, de manera que se garantice su derecho a mantener y preservar su identidad cultural: CORTE IDH, *Caso Comunidad Indígena Xámok Kásek vs. Paraguay*, Fondo, Reparaciones y Costas, Sentencia de 24 de agosto de 2010, Serie C No 214, párr. 109. En el caso Sahoyamaxa establece, además, criterios específicos para dilucidar la prescriptibilidad de los títulos indígenas de propiedad sobre sus tierras tradicionales. De nuevo se enfatiza el vínculo entre territorio e identidad cultural indígena. Por tanto, mientras pueda constatarse la existencia de este vínculo, los derechos territoriales indígenas permanecerán vigentes. De esta manera, la extinción del título de propiedad comunal indígena sólo se producirá si puede corroborarse la fractura entre la dimensión cultural y espiritual de estos pueblos y la manera de vivir y habitar el territorio. Cf. CORTE IDH, *Caso Sahoyamaxa*, op. cit., párr. 131. La prescriptibilidad de los títulos territoriales indígenas no viene dado, como en el derecho occidental, por la ausencia criterios productivos en la explotación y uso de la tierra, sino por la desaparición y extinción de los vínculos culturales y espirituales que unían a estos pueblos con el territorio que habitaban. Los derechos territoriales indígenas perviven pese a que el derecho interno establezca otros criterios para la extinción formal de los mismos. Con ello se consagra la autonomía del derecho indígena respecto al derecho estatal. Cf. CORTE IDH, *Caso Awas Tingni*, op. cit., párr. 146.

48 Se garantiza el derecho de propiedad indígena, incluyendo los recursos naturales que se deriven del uso y goce del territorio, estableciendo, de esta manera, una visión holística del derecho de propiedad comunal indígena, que incluye, de manera inescindible, los recursos naturales sitos en esos te-

te ha establecido que el derecho a usar y gozar del territorio carecería de sentido si dicho derecho no estuviera conectado con la protección de los recursos naturales que se encuentran en el territorio. Por ello, la protección de los territorios de los pueblos indígenas y tribales también deriva de la necesidad de garantizar la seguridad y la permanencia del control y uso de los recursos naturales, lo que a su vez permite mantener su

---

rritorios. Cf. CORTE IDH, *Caso Pueblo Indígena Kichwa de Sarayaku vs. Ecuador*, op. cit., párr. 146. En el caso de Saramaka se circunscribe el uso y disfrute de los recursos naturales sólo a aquellos que han sido utilizados y usados tradicionalmente, y que, por tanto, son necesarios para la "supervivencia, desarrollo y continuidad del estilo de vida de dicho pueblo". Cf. CORTE. IDH, *Caso Saramaka*, op. cit., párr. 121-122; 146 y 155. En este sentido se expresa la sentencia de la Corte Suprema colombiana, Sentencia C-366 de 2011, 11 de mayo de 2011 (M.P. *Luis Ernesto Vargas Silva)*, al establecer que "no puede perderse de vista que, habida cuenta el carácter central que tienen los recursos naturales para la salvaguarda de la identidad diferenciada de los pueblos indígenas y afrodescendientes, el mismo Convenio 169 de la OIT ha considerado necesario prever reglas particulares acerca de la garantía de participación de las comunidades étnicas respecto de las medidas que asuman este tópico. En tal sentido, el artículo 15 de ese instrumento internacional prevé dos reglas a ese respecto, a saber *(i)* los derechos de los pueblos interesados a los recursos naturales existentes en sus tierras deberán protegerse especialmente. Estos derechos comprenden el derecho de esos pueblos a participar en la utilización, administración y conservación de dichos recursos; y *(ii)* en caso de que pertenezca al Estado la propiedad de los minerales o de los recursos del subsuelo, o tenga derechos sobre otros recursos existentes en las tierras, los gobiernos deberán establecer o mantener procedimientos con miras a consultar a los pueblos interesados, a fin de determinar si los intereses de esos pueblos serían perjudicados, y en qué medida, antes de emprender o autorizar cualquier programa de prospección o explotación de los recursos existentes en sus tierras. Los pueblos interesados deberán participar, siempre que sea posible, en los beneficios que reporten tales actividades, y percibir una indemnización equitativa por cualquier daño que puedan sufrir como resultado de esas actividades".

modo de vida[49]. Con ello se evidencia que el vínculo con la tierra es esencial para su auto identificación; es expresión esencial de su identidad colectiva. La salud física, la salud mental y la salud social de los pueblos indígenas están vinculadas con el concepto de territorio. Esto da medida del carácter interdependiente y entrelazado de los derechos colectivos indígenas para entender la naturaleza de lo colectivo indígena en toda su profundidad.

Todas estas dimensiones del derecho territorial se han ido ampliando y complementando en el tiempo a partir de una comprensión flexible y dinámica que de la propiedad comunal indígena han venido haciendo ciertos operadores jurídicos, como la Comisión y la Corte Interamericana. Por tanto, el tema territorial indígena no es una cuestión cerrada y acotada, sino dinámicamente abierta, en consonancia con el carácter procesual, en construcción, de los procesos y derechos indígenas. Operadores jurídicos como la Corte han venido interpretando de manera evolutiva los derechos territoriales indígenas. Esta cualidad expansiva de los derechos indígenas es lo que da contenido material a la dimensión colectiva de los mismos.

ii) Patrimonio Cultural indígena

Tanto el conocimiento tradicional como el patrimonio indígena constituyen elementos fundamentales para entender los derechos colectivos indígenas: la forma en que éstos se expresan y expanden. Entendemos por conocimientos tradicionales y patrimonio indígena el conjunto de creaciones, manifestaciones y producciones tangibles e intangibles que conforman los elementos característicos de la cultura de un pueblo, siempre que sean desarrollados y perpetuados por ese pueblo o por

---

49 CORTE IDH, *Caso Pueblo Indígena Kichwa de Sarayaku vs. Ecuador,* Fondo y Reparaciones, Sentencia de 27 de junio de 2012, Serie C No. 245, párr. 146.

personas indígenas pertenecientes al mismo. El patrimonio indígena es expresión de formas literarias, artísticas o científicas tradicionales de una comunidad. Incluye los conocimientos derivados de la actividad intelectual en un contexto tradicional, así como los conocimientos y aptitudes especializadas, las innovaciones, las prácticas y el aprendizaje que forman parte de los sistemas de conocimiento tradicional. También incluye el conocimiento arraigado a las formas de vida tradicional de un pueblo indígena o recogido en los sistemas codificados de conocimiento trasmitidos entre generaciones. Como puede derivarse de esta exposición, el conocimiento y el patrimonio reposan arraigados en el territorio.

El patrimonio cultural indígena cuenta con un marco internacional de protección recogido en la Convención para la Salvaguarda del Patrimonio Cultural Inmaterial de 2003[50]. Han sido, sin embargo, importantes, los esfuerzos realizados en algunas esferas de Naciones Unidas[51]; las realizadas por Estados biculturales, como Nueva Zelanda; o la profundización de estas cuestiones en las constituciones de Ecuador y Bolivia. La Declaración de Naciones Unidas sobre los Derechos de los Pueblos indígenas recoge, en su artículo 31.1, los derechos sobre el patrimonio cultural indígena. También lo hará, posteriormente, La Declaración Americana sobre los derechos de

---

50 A ello habría que sumar la Recomendación de la UNESCO sobre la salvaguardia de la cultura tradicional y popular de 1989; la Declaración Universal de la UNESCO sobre la Diversidad Cultural de 2001 y en la Declaración de Estambul de 2002, aprobada por la Tercera Mesa Redonda de Ministros de Cultura.

51 En cuanto a los recursos sobre biodiversidad y conocimientos tradicionales, es necesario citar el Convenio sobre Diversidad Biológica (CDB, 1992), la Declaración Universal sobre el Genoma Humano y los Derechos Humanos (1997), Declaración Universal sobre Bioética y Derechos Humanos (2005) y el Protocolo de Nagoya sobre acceso a los recursos genéticos y participación justa y equitativa en los Beneficios (2010).

los pueblos indígenas (2016), al consagrar, en su sección tercera, el derecho a la identidad e integridad cultural (arts. XIII a XIX) y en el artículo XXVIII, la protección del patrimonio cultural de propiedad intelectual de los pueblos indígenas.

Las protecciones orientadas a la territorialidad indígena no suelen tener en cuenta este rico sustrato material que da contenido a la territorialidad, al producirse en el ámbito de su espacialidad y contexto. Pensar esta dimensión de los derechos, en forma de conocimiento y patrimonio, exige desplegar nuevas formas de imaginación jurídica para su protección. Para ello es necesario la creación de indicadores normativos que coadyuven al registro y protección del conocimiento indígena, invirtiendo, de esta manera, la lógica ínsita en el derecho de patentes, donde se da prioridad a la protección de los derechos del innovador (trasnacionales), relegando a un segundo plano (de desprotección) al poseedor y propietario original de los conocimientos –los pueblos indígenas-. Todo ello supone asumir con radicalidad el derecho al consentimiento previo, libre e informado, en cuanto derecho necesario para hacer posible y habilitar la implementación de expresiones como el conocimiento y el patrimonio indígena. Para ello resulta de gran importancia la creación de un régimen complementario de derechos de patrimonio cultural e intelectual que incorpore y garantice propiedad colectiva e individual, con cobertura retroactiva; mecanismos de protección contra la degradación; prioridad en la gestión y distribución de los beneficios a los custodios tradicionales del conocimiento –los pueblos indígenas-, invirtiendo, también, la lógica del derecho de patentes; cobertura multigeneracional para una protección acorde con los procesos culturales indígenas; protección de las lenguas indígenas, puesto que parte muy sustantiva del patrimonio cultural de los pueblos indígenas, y en particular de sus sistemas de conocimiento, están contenidos en las mismas, lo que supone reconocer el vínculo estructural que existe entre patrimonio cultural indígena y lenguas indígenas como juntura fundamental para poder trasmitir éste a las generaciones futuras. Como se ve, todas estas dimensiones y retazos son retratos sólidos de eso que venimos sosteniendo como dimensión colectiva de los derechos indígenas.

Procedernos ahora de manera deductiva, esto es, desde una perspectiva general y abstracta, con el fin de determinar qué se entiende por "conocimiento tradicional"[52], para, posteriormente, vincular esa dimensión general con especificaciones concretas en que la epistemología indígena se encarna. Estas concreciones serían la educación, la lengua y los sistemas de medicina y salud tradicional indígena. Nos aproximaremos a estas realidades de manera descriptiva, más que valorativa, para poder dar medida de los contenidos materiales que caracterizan y definen estas expresiones colectivas de los derechos indígenas; para determinar cómo se expresan y enuncian las necesidades y reclamos indígenas desde una perspectiva colectiva.

a. Conocimiento tradicional

Definido el conocimiento tradicional, esta expectativa colectiva reclama la existencia de un marco general de regulación con relación al efectivo ejercicio de los conocimientos tradicionales indígenas –herencia natural y colectiva- reconocidos por el Estado. Ello pasa, paralelamente, por identificar y reconocer la cantidad y calidad de las instituciones tradicionales y formas de administración propia que operan en los territorios indígenas, o fuera de ellos, como productores y transmisores de conocimientos tradicionales. La participación en ceremonias, actividades religiosas y festivales tradicionales son expresión pictórica de lo que venimos hablando. Es en esos ámbitos en los que se puede localizar e identificar la institucionalidad

---

52 SIMPSON, T., *Patrimonio indígena y autodeterminación*, IWGIA, Copenhaguen, 1997, pp. 22 y ss.

responsable de la transmisión del patrimonio indígena, así como los mecanismos desarrollados e implementados para la recuperación y distribución de la herencia colectiva y cultural de los pueblos indígenas.

b. Educación indígena y lenguas

Una de las maneras en las que se expresa y sintetiza el conocimiento tradicional indígena son la metodología y las formas con las que las prácticas y la institucionalidad educativa se expresa. Resulta relevante, para dar medida de esta dimensión colectiva, explorar cuáles han sido los contenidos específicos que caracterizan la *curricula* indígena, fijando los parámetros concretos utilizados para guiar la educación de una comunidad. Es de enorme importancia para entender la dimensión colectiva de la praxis educativa indígena focalizar la atención en los modelos de educación intercultural bilingüe existentes en el Estado para poder inferir lo más genuino de la institucionalidad indígena, y cómo procede y opera el diálogo intercultural. En este sentido, tanto los procesos de exclusión y discriminación, de integración, o de reconocimiento –según los casos- son válidos para entender lo más específico de las prácticas educativas indígenas. Valorar y entender lo colectivo implica estar atento al grado, nivel y modos de autogestión indígena en la aplicación y desarrollo de un sistema educativo propio, teniendo en cuenta, también, la financiación pública, privada o propia de estos procesos. También resulta importante la valoración de la participación de diferentes actores –individuales y colectivos- en la experiencia de creación de un modelo educativo indígena; así como las formas de uso de las lenguas indígenas en diferentes niveles educativos, teniendo en cuenta los diferentes manejos y apropiación de la lengua en los ámbitos comunitarios.

El análisis, estudio y difusión de recursos educativos y materiales didácticos relevantes desde el punto de vista educativo, cultural y lingüístico son expresiones fundamentales del conocimiento colectivo y de sus expectativas en forma de derechos. Resulta fundamental, para ello, la existencia de sistemas educativos y culturales que impliquen el desarrollo de prácticas comunicativas por medio y a través de las lenguas indígenas. Una expresión importante de lo colectivo-indígena, desde el punto de vista epistemológico, es la función cohesionante que juega la lengua en el espacio territorial. Es de vital importancia entender la especificidad, las funciones y las potencialidades que las lenguas indígenas juegan en el marco de un Estado plurinacional (en el ámbito de las relaciones intra-indígenas y en el de las relaciones indígena-no-indígena) como puente intercultural. El uso oral y escrito de las lenguas indígenas, en diferentes esferas –doméstico, comunitario, público, educativo, oficial- y niveles –comunitario, local, nacional, regional-, dan medida expresa de lo que venimos afirmando. A su vez, la existencia de sistemas y regímenes de exclusión/discriminación basados en el uso, apropiación y aplicación de las lenguas indígenas resultan de gran importancia para entender la función garantista que tienen los derechos colectivos con relación a estas dimensiones. El grado de prestigio social y público dado a la utilización y uso del lenguaje indígena, en el marco de los currículos educativos, en la formación de funcionarios públicos, en los sistemas oficiales de comunicación (oral y escrito), en la administración de justicia, etc., son de vital importancia para significar lo colectivo-indígena en la esfera pública del Estado plurinacional. No hay que olvidar que las lenguas indígenas son un vehículo mediador fundamental para el acceso a los conocimientos tradicionales que son intensamente utilizadas en los rituales y en las prácticas ancestrales.

c. Medicina y salud tradicional indígena

Cuando se habla de medicina y salud tradicional indígena es necesario diferenciar entre: i) la conceptualización de estos elementos –medicina y salud- como conocimiento tradicional; ii) el estatus del conocimiento tradicional proyectado sobre prácticas de salud nacional y local; iii) la participación de los pueblos indígenas en la administración y gestión de políticas nacionales e internacionales que tengan que ver con su conocimiento tradicional; iv) la educación y difusión de esos conocimientos tradicionales.

Con relación al primer elemento –la conceptualización- resulta de vital importancia, para testar la dimensión colectiva, promover y desarrollar mecanismos de identificación de conocimiento tradicional en los sistemas de salud local y nacional que coadyuven a medir la pérdida, valoración y recuperación del mismo. Con relación al segundo elemento –el estatus- habría que valorar y promocionar todas las políticas, acciones y regulaciones orientadas al conocimiento y análisis del estatus del conocimiento tradicional, dentro del ámbito local, nacional e internacional; así, como toda la información existente sobre el grado de pérdida y recuperación del conocimiento tradicional en las prácticas de medicina tradicional indígena.

Con relación a la participación en la administración y gestión de políticas nacionales e internacionales que tengan que ver con los conocimientos tradicionales, estamos ante una cuestión que apunta al horizonte de todas las políticas ejercitadas en el marco del Estado. Sería necesario focalizar la atención sobre las políticas públicas activadas, los programas sanitarios, los planes de desarrollo implementados para mejorar la salud indígena, todo ello, siempre, desde la perspectiva del conocimiento tradicional, teniendo en cuenta la participación esencial de los poseedores de conocimiento. El test de la política pública y de la cooperación, para evaluar cómo han sido desarrollados estos proyectos, resulta muy revelador. El manejo de la dimensión colectiva es la esencia –o el debacle- de los mismos. Ello implica enfocar la atención sobre sobre la institucionalidad indígena en el manejo y aplicación de la medicina tradicional.

iii) Formas de organización social

Hablar de formas de organización social supone abordar en toda su intensidad y extensividad ese macro derecho que se expresa como autonomía indígena. Entender las distintas formas de organización social indígena implica abrirse, necesariamente, a otras lógicas en la manera de entender la participación. Supone comprender por dentro los medios de estructuración y composición indígena; cómo dialectizan y se recomponen estos en el marco del Estado; cómo éste se adapta, desde una comprensión liberal de los derechos, a la manera indígena de reinterpretar y reinventar los derechos civiles clásicos, como el derecho de participación política, el derecho de reunión, asociación, expresión, etc.

Es importante, en este mismo sentido, la consideración de los diferentes Sistemas Normativos Indígenas (SNI) (capítulo V); así como de las instituciones tradicionales necesarias para la aplicación y ejercicio de esos SNI, expresiones de organización social propia de los pueblos indígenas. A ello se suma el hecho del reconocimiento, por parte del Estado, de jurisdicciones indígenas, así como de los mecanismos de coordinación y armonización entre los sistemas de justicia estatal y los sistemas de justicia indígena. Todo ello son claras expresiones de la dimensión colectiva indígena expresada a través de derechos.

Los SNI expresan y reclaman diferentes maneras de acceso a la justicia por parte de los pueblos indígenas, lo que conecta, directamente, con la dimensión colectiva de estos derechos. Una de sus formas de expresión es el reconocimiento de la capacidad jurídica colectiva de los pueblos indígenas, en cuanto titulares del derecho de propiedad comunal, lo que implica el acceso a la justicia como sujeto colectivo, como comunidad. El derecho de los pueblos indígenas al acceso a la justica, en un sentido lato, implica que éstos puedan participar como sujetos colectivos en los procesos ante los órganos judiciales[53]. Por tanto, la capacidad de obrar (colectiva) de estos pueblos forma parte de este derecho, que se deriva y fundamenta en el carácter colectivo del título de propiedad indígena, como se ya se ha dicho. En el caso Saramaka vs. Surinam la Corte estableció que la limitación de la personalidad jurídica colectiva atenta contra la naturaleza colectiva del derecho a usar y gozar la propiedad de acuerdo a sus tradiciones ancestrales[54]. De nuevo se vuelve a establecer un criterio intercultural en la sensible y delicada dialéctica de confrontación que se da entre derechos individuales y colectivos de los pueblos indígenas.

iv) Autonomía

Hablar de la naturaleza de la autonomía indígena (capítulo VI) implica pertrecharse con la metodología de un paradigma complejo de pensamiento, trascendiendo la simplicidad con la que muchas veces se explica la autonomía y la autodeterminación en el marco del esquema liberal-multicultural de derechos. Ninguno de estos marcos nos sirve para dar medida de la autonomía indígena. El paradigma liberal-multicultural de derechos queda complejizado desde la naturaleza colectiva de los derechos indígenas, la cosmovisión de estos pueblos y la

---

53 CORTE IDH, *Caso del Pueblo Saramaka Vs. Surinam*, Excepciones Preliminares, Fondo, Reparaciones y Costas Sentencia de 28 de noviembre de 2007. Serie C No. 172, párr. 194(b); CIDH, *Acceso a la Justicia e Inclusión Social: El camino hacia el fortalecimiento de la Democracia en Bolivia.* Doc. OEA/Ser.L/V/II, Doc. 34, 28 de junio de 2007, párr. 280.

54 CORTE IDH, *Caso del Pueblo Saramaka Vs. Surinam*, Excepciones Preliminares, Fondo, Reparaciones y Costas, Sentencia de 28 de noviembre de 2007, Serie C No. 172, párr. 168.

férrea trabazón que se produce entre los diferentes derechos colectivos indígenas para poder entender la profundidad de la(s) autonomía(s) indígena(s).

De acuerdo con todo ello, elementos inescindibles de las autonomías indígenas serían la territorialidad; la gestión, administración y propiedad de los recursos naturales; el fortalecimiento de la institucionalidad indígena para poder hacerla viable; la profundización política en la delimitación descentralizada de sistemas educativos y de salud propios; el fortalecimiento y sistematización de las distintas formas y prácticas con las que se presenta el Derecho indígena, etc.

Combinar sincrónicamente territorialidad-jurisdicción-autonomía[55] resulta útil para poder comprender la complejidad de los derechos indígenas. Por un lado, la territorialidad permite inferir el ámbito desde el que se definen y delimitan simbólica y materialmente las jurisdicciones indígenas. La autonomía indígena permite aproximarse a la delimitación de las competencias reales y concretas que competen a esas jurisdicciones -como ámbito más amplio para enmarcar las relaciones socio-jurídicas de estos pueblos- a partir de una combinación cruzada de intereses y niveles -nacional, departamental, municipal- en la gestión de competencias; y de diferentes ritmos y cosmovisiones en los procesos de construcción e implementación de la(s) autonomía(s) indígena(s) y los procesos de descentralización. La jurisdicción indígena constituye el lugar desde donde fijar procedimientos para que territorialidad y autonomía puedan ejercer sus competencias; y como espacio para la construcción de mecanismos interculturales para la re-

---

55 De ahí el sentido interdependiente y sistémico de los capítulos IV, V y VI de este libro.

solución de conflictos entre sistemas jurídicos diferentes, entre inter-legalidades distintas: la estatal y la indígena[56].

Hablar del derecho a la autonomía indígena, implica, necesariamente, procesos de transformación en el marco del Estado; dinámicas que nos aproximen a lo que se puede enunciar como "Estado de derecho plurinacional". Esta novedosa acepción jurídica se desdobla en dos dimensiones para: i) reconocer lo hasta ahora excluido, esto es, los pueblos indígenas; ii) asentar la dimensión del Estado, asegurando que todos estos reconocimientos se hacen en el marco de posibilidades que éste oferta. Sin embargo, la combinación de estas dos dimensiones puede ser problemática y acabar recortando las posibilidades y expectativas que la primera dimensión abría.

v) Relaciones interculturales

Por relaciones interculturales vamos a entender un principio que vertebra la existencia e implementación de todos los derechos indígenas. En este sentido, hablaremos de interpretación intercultural de los derechos humanos. Como punto de partida, estableceremos una formulación negativa de lo que entendemos por interculturalidad, esto es, de lo que ésta no es. Ello conlleva superar una interpretación determinista del pluralismo cultural que implica que todo compromiso con lo cultural resulta contradictorio y antitético con una defensa de la pluralidad, vaciando a ésta de sentido y de posibilidades; así como su contrario: todo compromiso con la pluralidad demanda un ejercicio denso de neutralidad que implicaría la disolu-

56 MARTÍNEZ DE BRINGAS, A., "El reto de hacer efectivos los derechos de los pueblos indígenas. La difícil construcción de una política intercultural", en MARTÍ I PUIG, S., *Pueblos indígenas y política en América Latina*, Cidob, Barcelona, 2007, pp. 311-340.

ción de todo marcaje y compromiso cultural. Nuestra propuesta es que pluralismo y cultura(s) pueden guardar una situación de equilibrio y complementariedad que se expresa como reto a construir para la Ética, la Política y el Derecho. Ese es precisamente el reto de la interculturalidad. La propedéutica para este proceso es, sin duda, la interdependencia individual y colectiva de los derechos, exigencia para poder asomarse en condiciones de pluralidad a un diálogo entre sujetos culturalmente distintos y pluralizados.

vi) El "Buen Vivir"

El Buen Vivir implica un crecimiento de la calidad de vida individual y colectiva de las personas, en estrecha vinculación con la naturaleza y los ecosistemas; una búsqueda del equilibrio entre humanos y naturaleza orientado al bien común, fortaleciendo la cultura y sus identidades (véase capítulo III). Este ha sido un principio básico de los pueblos indígenas. Sin embargo, este crecimiento en calidad de vida se debe realizar desde las formas y prácticas productivas de los pueblos indígenas, sistemas que les han permitido subsistir por generaciones sin alterar el equilibrio natural de la Madre tierra.

El Buen Vivir exige varios criterios para poder tener éxito de implementación. En primer lugar, exige, ante la crisis civilizatoria en la que vivimos instalados, decrecimiento y limitación de los consumos. En segundo lugar, un proceso intenso de desmercantilización de la vida. En tercer lugar, la descolonización de las relaciones de poder-saber-ser[57], condición de posibilidad

---

57 MALDONADO-TORRES, N., "Sobre la colonialidad del ser: contribuciones al desarrollo de un concepto", en CASTRO-GÓMEZ, S. y GROSFOGUEL R. (eds.), *El giro decolonial. Reflexiones para una diversidad epistémica más allá del capitalismo global*, Iesco-Pensar-Siglo del Hombre Editores, Bogotá, 2007, pp. 127-167.

para el planteamiento de modelos de desarrollo alternativos, como el indígena. Finalmente, exige el planteamiento y exposición de saberes alternativos: los saberes indígenas.

CONCLUSIONES

El objetivo de este capítulo era esbozar una posible vía de fundamentación política para los derechos colectivos a partir de la propuesta cosmovisional que ofrecen los pueblos indígenas. Para ello era necesario una comprensión y anclaje de los derechos (colectivos) en el conflictivo e inevitable magma de las relaciones de poder-saber. Desde esta perspectiva entendíamos los derechos como esencialmente políticos, esto es, como límites y contrapesos a una determinada manera de entender la hegemonía y las relaciones de poder-saber. Como se ha expresado, para el liberalismo, la existencia de lo colectivo constituye una limitación intrínseca de lo individual y, por extensión, del principio de libertad. Inscritos en esta manera de entender los derechos, dábamos un paso más al insertar lo colectivo como un elemento fundamental para tratar y convivir con la pluralidad diversa. De hecho, resulta inevitable tratar de afrontar el pluralismo intrínseco que constituye nuestra realidad social si no es mediante el sustento de categorías colectivas.

Los derechos colectivos son un instrumental fundamental para rastrear las huellas de exclusión-desprecio-discriminación contra grupos y colectividades históricas. Desde el carácter clarificador y enunciador de estas formas de exclusión, los derechos colectivos adquieren relevancia normativa para restaurar lo discriminado, para lo que las categorías liberal-individualistas con las que el Derecho se ha venido construyendo no resultan suficientes. Los derechos colectivos, por tanto, son medios fundamentales para re-politizar formas de exclusión y subordinación que hasta este momento venían siendo moralizadas por el Derecho. Los derechos colectivos enfatizan la dimensión esencialmente política de los grupos discriminados, otorgando luz a la dimensión social y grupal con las que operan; y con las que procede la exclusión y el desprecio hacia ellos.

La intención del capítulo era orientar el potencial que los derechos colectivos tienen para los pueblos indígenas. Cómo desde el imaginario y la cosmovisión indígena el derecho a la vida colectiva adquiere toda su fuerza a través de una serie de derechos por los que se relatan y desgranan las formas de vida indígena. Hemos querido llamar la atención sobre la importancia que lo social-colectivo tiene en estas expectativas de vida para poder entender el discurso de los derechos desde un ámbito interpretativo esencialmente intercultural. Hemos argumentado el carácter remedial de los derechos indígenas para poder entender el sentido restaurador de éstos frente a los efectos del colonialismo. Seguidamente, hemos puesto la atención sobre lo que constituye una auténtica ontología de los derechos indígenas: la especial consideración de la espacialidad con la que éstos viven y se expresan. Interrelación, multiplicidad y procesualidad eran los elementos distintivos de esta manera de entender la espacialidad. Finalmente, hemos intentado desgranar lo que consideramos elementos materiales de los derechos indígenas para poder entender el núcleo de su dimensión colectiva. La descripción fugaz de ciertos derechos hercúleos para los pueblos indígenas –como la territorialidad, la autonomía, el conocimiento tradicional, las formas de organización, etc.- ha servido como guía para relatar algunos de los elementos que dan contextura y especificidad a los derechos de los pueblos indígenas que coadyuvan a producir, reproducir y desarrollar la vida, tanto desde una perspectiva individual como colectiva.

CAPÍTULO II.

METODOLOGÍAS INDÍGENAS Y DERECHOS HUMANOS. HACIA UN ENFOQUE RELACIONAL DE LOS SABERES INDÍGENAS

Los saberes indígenas constituyen el lado oscuro del conocimiento global. Se han construido como un contrapunto de la Historia del conocimiento y de los derechos. Conscientes de las dificultades que los pueblos indígenas han tenido para enunciarse como sujetos de Derecho, este capítulo pretende abordar el relato de estas dificultades, así como las dinámicas y procesos de construcción de conocimiento indígena. Para ello procederemos desde una perspectiva crítico-negativa (apartados 1 y 2) sugiriendo la necesidad de descolonización de las metodologías occidentales, así como de los discursos de derechos que han apoyado este proceso de construcción de conocimiento. Esta crítica será condición de posibilidad para enunciar la cualidad y diferencia del conocimiento indígena, así como la proyección que esta manera diferenciada de entender los saberes tiene y produce sobre los derechos (apartado 3). Desde ahí transitaremos hacia la propuesta de un "paradigma indígena de los saberes", condición de posibilidad para entender el planteamiento de vida indígena (apartado 4). Finalmente, concluiremos evidenciando como esta mirada *otra*, diferente sobre los saberes (indígenas), tiene repercusiones importantes y serias para entender y construir *otro* discurso de derechos humanos.

1. DESCOLONIZAR LAS METODOLOGÍAS: LA MIRADA DE LOS PUEBLOS INDÍGENAS

Hablar de metodologías indígenas como modo de construir y entender los derechos humanos implica -con carácter prioritario y propedéutico- la descolonización de metodologías. Esto supone saberes alternativos a las formas clásicas-coloniales de conocer, ubicando como fundamento de los mismos los contextos, las problemáticas, las prioridades, las vulnerabilidades y las fracturas desde las que se enuncia una agenda indígena de los saberes, dando respuesta a sus inquietudes, necesidades y urgencias como pueblos. Para todo ello es fundamental hacer gestos epistemológicos que permitan una reversión del proceso colonial, de sus maneras de entender y construir el saber-poder, así como de sus marcos de subjetivación.

Los pueblos indígenas son el resultado de una empresa inconclusa de descolonización. Este proceso inacabado no es unidireccional, sino bidireccional. Es importante remarcar la co-implicación de colonizadores y colonizados en la construcción de una dinámica colonial de los saberes, evitando una comprensión esencialista y dicotómica de este proceso. Las dinámicas propias del colonialismo interno[1] juegan también un

---

1 Entendemos por colonialismo interno aquel que se da como consecuencia del juego de clasificaciones jerárquicas de relaciones de poder en el marco de lo que fueron llamadas "colonias" (hoy, estados-nación), en su relación con las "metrópolis". El colonialismo interno, a lo hora de segregar grupos, pueblos y poblaciones, no refiere ya a un colonizador exterior –la metrópoli-, sino que se encarna, novedosamente, como nuevo poder colonial, reproduciendo las relaciones coloniales que ha sufrido en un espacio interno y doméstico de dominación, haciendo más complejas, cruzadas y superpuestas dichas relaciones de poder colonial. Cierta población criolla, otrora colonizada, pasa ahora, respecto a otros grupos considerados inferiores y bárbaros, a ser colonizadora. El colonialismo interno acaba funcionado como sentido común, como un consenso tácito que se juega en el ámbito del mundo de la vida, un ámbito *a priori* de valores largamente sedimentados que comparten tanto

importante papel en la reproducción de un marco de opresión colonial. Este es un aspecto fundamental en la construcción de los saberes indígenas[2].

Entender el pasado es el primer peldaño para la construcción de una pedagogía de la descolonización. Ese es el empeño de una metodología indígena de los derechos: construir una Historia alternativa que implique otros saberes y otras maneras de entender y construir los derechos.

La manera indígena de construir conocimiento implica hacerse cargo, desde el principio, de las dinámicas de poder que arraigan en los presupuestos metodológicos con los que se viene construyendo el "discurso de derechos" y las relaciones intersubjetivas: pueblos indígenas *vs.* sujeto occidental de derechos. Hablamos, por tanto, de una monocultura epistemológica de los derechos –la manera occidental de construirlos, entenderlos y aplicarlos- saturada de silencios, de ausencias, de desplazamientos y negaciones. Ello nos lleva –con Foucault- a entender el ensamblaje de saber-poder colonial que se da en construcción discursiva de los derechos humanos, así como de la dimensión sacrificial que han jugado los pueblos indígenas en este paradigma de saber-poder colonial. Todo saber implica al mismo tiempo y de manera sincrónica unas relaciones de

---

dominadores como dominados. Ello no elimina su violencia y coerción. De ahí su carácter sutil, complejo y rizomático. Aunque el colonialismo (externo) se haya difuminado en gran medida, permanece con ropajes renovados la colonialidad (interna).

2 LEANUI, P., "Processes of decolonization" en BATTISE, M. (ed.), *Reclaiming indigenous voice and vision*, UBC Press, Toronto, 2000, pp. 150-160; GONZALEZ G. & LINCOLN Y., "Decolonizing qualitative research: Nontraditional forms in academy", *Forum: Qualitative Social Research*, 7 (4), 2006, pp. 66 y ss; CRAM F., "Mantaining indigenous voices" in MERTENS D.M. & GINSBERG P.E. (ed.), *The Handbook of social research ethics*, Sage, CA, 2009, pp. 308-322.

poder-colonial[3]: esa es la presión incisiva que el discurso de derechos humanos ha mantenido sobre la frágil condición de los pueblos indígenas. Incluso en momentos actuales, disponiendo de un texto como la Declaración de Naciones Unidas sobre los derechos de los pueblos indígenas, el discurso de derechos indígenas se ha venido construyendo a través de una suerte de "analogía estratégica", metodología necesaria para disciplinar y asimilar el discurso indígena de los derechos. Ello se traduce en una comprensión fatua y vacía de la interculturalidad procediendo a proyectar sobre las maneras indígenas de vivir y expresar los derechos, el modo occidental de entenderlos y normativizarlos. Proyección de universales sobre otras maneras de entender los derechos.

La descolonización de las metodologías que aquí se propone implica focalizar la atención sobre la relación anudada e interdependiente de tres elementos que han sostenido y sostienen una manera de entender y construir los derechos con relación a los pueblos indígenas: La Historia, la Escritura y la Teoría. Estos tres elementos son fundamentales para el formato occidental de construcción e interpretación de la investigación en derechos humanos.

La Historia, en cuanto constructo socio-histórico que explica los hechos y los procesos históricos, ha implicado, como su

---

3 "El discurso no es simplemente aquello que traduce las luchas o los sistemas de dominación, sino aquello por lo que, y por medio de lo cual se lucha, aquel poder del que quiere uno adueñarse", FOUCAULT, M., *El orden del discurso,* Tusquets, Buenos Aires, 1992, p. 6. El poder del que quieren adueñarse los pueblos indígenas es el de la producción, reproducción y desarrollo de sus vidas individuales y colectivas, el del Buen Vivir y Vivir Bien, poniendo coto y límite a un discurso colonial de derechos que invierte y merma sus expectativas de vida y empaqueta sus derechos. CHILISA, B. & NTSEANE, P., "Resisting dominant discourses: Implications of Indigenous African Feminist Theory and Methods for Gender and Education Research", *Gender and Education,* 22 (6), 2010, pp. 617-631.

reverso, la negación y disolución de otra historias nómadas, primitivas, bárbaras, entre ellas, la de los pueblos indígenas. Por ello, descolonizar la Historia implica la deconstrucción de una manera exclusiva de entender ésta, abriéndonos a otras posibilidades e historia(s).

Una Historia universal *á* la Hegel ha permitido la construcción de un discurso universal de los derechos en cuanto narrativa esencial, estancada e inmodificable. Ese concepto de universalidad histórica se ha prolongado como gran cronología, en cuanto estrategia metodológica para fijar la verdad de eventos y hechos en un momento temporal y cultural concreto. Ha servido, también, para fijar y clasificar qué es la historia y cómo se despliega; así como los datos de la realidad que son históricamente relevantes, junto con la validación de una hermenéutica que los legitime. La Historia es un conjunto de trampas que le hacemos a los muertos, decía Voltaire.

Esta Historia universal, como gran cronología, ha implicado también una manera de entender el desarrollo civilizatorio. La Historia es progreso y desarrollo; la historia de los pueblos indígenas, su contracara: barbarie[4] y subdesarrollo. Ello enroca con la ilusión de Fukuyama de entender la Historia como auto-

---

4 "¿Qué quiere decir la palabra barbarie? La palabra barbarie evoca lo incontrolado. Por ejemplo, la idea de que el progreso de la civilización se acompaña de un progreso de la barbarie es una idea totalmente aceptable si comprendemos un poco la complejidad del mundo histórico-social", MORIN E., *Introducción al pensamiento complejo*, Gedisa, Barcelona, 2011, p. 105. Esta no fue nunca la pretensión de la colonialidad del poder. Sin embargo, sí conecta estructuralmente con la manera indígena de entender la complementariedad. La dualidad armónica indígena, coaligada a la complejidad, implica asumir que el barbarismo juega un papel necesario de complementariedad en la construcción de la totalidad, en el equilibrio general del orden del sistema, en el mantenimiento de las relaciones sociales, en la producción de las subjetividades; y estas se entienden desde ahí, en sus emergencias, resistencias y propuestas.

rrealización, secuenciada en etapas evolutivas que caminan hacia un final determinado y coherente: el de la manera universal de entender el mundo y sus procesos. Esta sintomatología de la Historia excluye con radical crudeza la manera indígena de entender el tiempo y el espacio.

Una Historia universal así construida se expresa epistemológicamente como disciplina inocente, cargada al mismo tiempo de neutralidad y de verdad. La neutralidad historiográfica se trasciende a sí misma y se convierte en paradigma verdadero de cientificidad. Por ello, para construir ciencia hay que hacerlo según el paradigma da la neutralidad con la que se viene expresando la epistemología occidental, de manos de su concepción de la Historia. En este contexto, las historias indígenas se califican de desviadas, torvas, paracientíficas, esotéricas. Una metodología indígena de los derechos exige una revisión del paradigma científico de Historia con la que se ha venido produciendo el discurso de derechos.

Una Historia así narrada escapa de una comprensión procesual de las dinámicas historiográficas y se instala como disciplina que se explica a partir de lo que Morin ha llamado el "paradigma de la simplicidad"[5], que opera a través de tres principios. En primer lugar, el principio de disyunción, por el que se separan los elementos que pertenecen inextricablemente a la misma realidad; se trocean, como unidades autónomas y separadas, notas de un mismo sistema. Su expresión más clara

---

5 MORIN, E., *Introducción al pensamiento complejo*, Gedisa, Barcelona, 2011, pp. 15 y ss. "Para comprender el problema de la complejidad, hay que saber, antes que nada, que hay un paradigma de simplicidad. (...) el paradigma de simplicidad es un paradigma que pone orden en el universo, y persigue al desorden. El orden se reduce a una ley, a un principio. La simplicidad ve a lo uno y ve a lo múltiple, pero no puede ver que lo Uno puede, al mismo tiempo, ser Múltiple. El principio de simplicidad o bien separa lo que está ligado (disyunción), o bien unifica lo que es diverso (reducción)". (p. 55)

es la metodología binaria. Una Historia disyuntiva es la que ha condenado a los pueblos indígenas al patio trasero de la historia, al proceder clasificando la realidad en pares opuestos (blanco/indígena; civilizado-bárbaro; desarrollado-subdesarrollado; ganador/perdedor; sexo/género; naturaleza/cultura), estableciendo una relación de confrontación entre ellos, lo que implica la superioridad jerárquica y valorativa de una polaridad sobre la otra (Occidente sobre Pueblos Indígenas).

En segundo lugar, el principio de reducción, que partiendo de una consideración compleja y plural de la realidad procede a una simplificación de la misma, absolutizando algunos de sus elementos; descomponiendo, como contracara de esta operación, la importancia y significación de otras dimensiones, como la de los pueblos indígenas. Clara expresión de esta reducción despreciativa y expropiante es la consideración de la epistemología desde cánones convencionales, cerrados, rígidos, que no admiten la diferencia, ni otras maneras de expresión, reduciendo, con ello, los saberes ancestrales indígenas –objeto central de este ensayo- a meros epifenómenos, síntomas bastardos de cientificidad.

En tercer lugar, el principio de la abstracción, en cuanto expresión concreta del principio de reducción, que implica una sobredimensión de las teorías, conceptos y categorías con las que construimos e interpretamos la realidad, cuya expresión más clara es la propensión hacia la abstracción y generalización de la realidad.

Con relación a la Escritura, la epistemología indígena está instalada en la oralidad del relato, la narrativa, la leyenda, la conversación cruzada, la imaginación mítica, expresiones necesarias para poder entender la relación con el territorio, con la Pachamama. Sin embargo, la escritura académica occidental, en cuanto epistemología, implica una manera de escoger, de organizar, de clasificar y presentar tanto el conocimiento como la realidad. Ello implica la proyección calificativa de todas aquellas estructuras sociales no escriturísticas -como la indígena- de no científicas. Se hace una interpretación epistemológica de lo que es la escritura en cuanto escritura, de su valor ontológico y de su cientificidad. Se trata de un discurso textual que privilegia lo escrito, la lógica del informe, frente a otras maneras de expresión de la narrativa que no se soporta y expresa exclusivamente a través de la escritura. El control y desposesión de los pueblos indígenas se canaliza a través de la "desverbalización"[6], un control del lenguaje, de los derechos, de la ley y los discursos que implica desposesión epistemológica para los pueblos indígenas al reducir su potencial oral de creación de saberes, a mero barbarismo ágrafo.

Finalmente, con relación a la Teoría en cuanto disciplina, la pretensión de los derechos indígenas está orientada a recuperar las historias ancestrales -las ocultadas, las colonizadas y las violadas-, así como las epistemologías del pasado. Ello implica que las metodologías, las teorías y las preguntas de investigación tienen que ser reenfocadas, revisadas, descolonizadas, lo que supone centrar la mirada en la manera indígena de entender el mundo; aquella en la que los pueblos indígenas transiten de ser objetivos epistemológicos a sujetos de derechos y creadores de saberes.

2. DESCOLONIZAR LOS DERECHOS: LA PROPUESTA INDÍGENA

El primer epígrafe de este capítulo ha funcionado como condición de posibilidad para este segundo. El enfoque abstracto y general, como el realizado, implica una descoloniza-

---

[6] En el sentido de HONNETH, A., *La sociedad del desprecio,* Trotta, Madrid, pp. 64 y ss; SANTOS B., *Una epistemología del sur: la reinvención del conocimiento y la emancipación social,* Siglo XXI, México, 2009.

ción de las metodologías científicas; mientras que el enfoque específico y concreto reclama una descolonización del discurso de derechos que ha coadyuvado a sustentar y reproducir esas metodologías. La pretensión de este epígrafe es evidenciar cómo el discurso de derechos humanos, en cuanto discurso emancipatorio dominante, ha minimizado otras estrategias y formas de vida (discursivas, prácticas, cosmovisionales), de entender los derechos y los deberes; el daño y la recompensa; la responsabilidad y la solidaridad; la vida y la violencia. Una de esas formas de existencia es la manera holística que los pueblos indígenas tienen de entender la Vida, así como los saberes y conocimientos que se asocian a ese proyecto que implica el Buen vivir.

El discurso de derechos humanos *à* la Occidental ha funcionado, muchas veces, como políticas de inserción asimilativa; se han propuesto e impuesto como categorías universales, genuinas y verdaderas en las que incluir la mirada indígena (de los derechos). Ha sido un proceso de anticipación y anteposición del discurso institucional de los derechos, sobre los derechos de los pueblos indígenas entendidos como procesos y prácticas de lucha. El discurso occidental ha simplificado el contexto indígena de vida y su cosmovisión, haciendo de la complejidad indígena un simple esquema de representación. Reducir las formas de vida indígena a mera representación implica desmaterializar sus derechos; considerarlos meras carcasas semánticas. El discurso occidental de los derechos se ha venido proponiendo como modelo de comparación standard, como criterios de evaluación para otros discursos e indicadores de verdad: el individuo como unidad social básica, expresión paradigmática y hermenéutica de los derechos[7]; frente a

---

7 Ese sería el ámbito de enunciación desde el que se expresa el individualismo metodológico en cuanto manera de entender y construir la realidad. Desde esta atalaya metodológica, toda la vida social –su estructura y cambios- son

la distorsión que el discurso colectivo de derechos indígenas propone. Estas prácticas discursivas han funcionado como un mecanismo al servicio del control de conocimiento; un marco de referencia colonial en la manera de entender los derechos y las prácticas de emancipación. Los discursos de derechos han podido funcionar muchas veces como formas de clasificación y representación de la epistemología, la metodología y la ontología indígena. La descolonización del discurso de derechos pretende abrir una fisura, un hiato en esta manera estancada y monolítica de entender la ciencia de los derechos y su moralidad; de dar formato a términos tan importantes como: sujeto de derechos, titularidad, víctima, victimario, violación, imputabilidad, prescripción, responsabilidad, validez y un largo etc.

---

explicables desde agencias y procesos individuales. La metodología holística y relacional que proponen los pueblos indígenas es reducida, por simplificación, a mera agregación de voluntades individuales, que por acción sumativa, constituyen lo colectivo, sin que quepa una ontología colectiva indígena. Para el individualismo metodológico el concepto de pueblo indígena es una antinomia; todas las proyecciones colectivas –de derechos, de vida, de cosmovisión, de desarrollo- que escapen a la acción individual constituyen una aberración metodológica. Tocqueville define el individualismo como "un sentimiento maduro y sereno que dispone que cada miembro de la comunidad se separe a sí mismo de la masa que componen sus similares, y se separe también con respecto a su familia y amigos; de manera que, después que él forme un pequeño círculo propio, voluntariamente deje el resto a la sociedad en general", citado por HAYEK, F., "Individualismo: el verdadero y el falso", *Estudios Políticos*, nº 22, 1986, p. 5. ELSTER define el individualismo metodológico como: "la doctrina de que todos los fenómenos sociales (su estructura y su cambio) sólo son en principio explicables en términos de individuos (sus propiedades, sus objetivos y creencias)". Cf. ELSTER, J., "Marxismo, funcionalismo y teoría de juegos. Alegato en favor del individualismo metodológico", *Zona abierta*, 1984, No. 33, octubre-diciembre, p. 22. Todo ello evidencia de manera clara las tensiones y dificultades que la dogmática clásica de los derechos humanos expresa para incorporar los derechos indígenas en toda su intensidad y extensión colectiva.

Una reflexión interesante para poner la primera piedra para un ejercicio de descolonización de los derechos sería el análisis del concepto de espacio y tiempo que los pueblos indígenas manejan para poder dar medida de la profundidad y especificidad de sus derechos[8]. La comprensión occidental del espacio se expresa a través de categorías absolutas que reflejan formas y metodologías orientadas a la medición del territorio. La ciencia occidental que estudia el espacio se ha venido concretando a través de disciplinas como la geografía, la topología, la cartografía, siendo su expresión simbólica más evidente el mapa[9]. Una comprensión social del espacio proyectado desde la matemática permite inferir cómo piensa el mundo, la sociedad y cómo se expresa la dinámica social de los pueblos. Desde

---

8 Hablamos de especificidad de los derechos indígenas por la dimensión reparadora que los derechos colectivos indígenas introducen en el discurso de derechos, como se ha insistido en el capítulo I. Ello implica reorientar políticamente este discurso para investigar los patrones de violación sistemática y colectiva que estos pueblos vienen sufriendo; así como poner fin y límite a los objetivos últimos de esta praxis colonial. La sistematización de patrones de discriminación, exclusión y desprecio sobre los derechos de los pueblos indígenas -como el genocidio indígena, la violenta expulsión, privación y despojo de sus territorios ancestrales; la persecución y matanza de sus líderes, así como de sus formas de auto organización colectiva; la expoliación y saqueo del patrimonio indígena, entre otros- permite entender la pretensión última de esta violencia específica: negar y destruir la dimensión identitaria y cultural de los pueblos indígenas, sus prácticas de vida, sus formas de organización, precisamente, por el freno y merma que estas formas de vida suponen para los intereses públicos y privados, como Estados o empresas, entre otros. Por tanto, saberes y derechos indígenas constituyen dos pilares fundamentales desde los que interpretar y entender las formas de violencia sobre estos pueblos, así como la búsqueda de formas de garantía y reparación.

9 LEFEBVRE H., *La producción del espacio,* Capitán Swing, Madrid, 2013, p. 53. "En el mejor de los casos, el espacio era contemplado como un medio vacío, un receptáculo indiferente al contenido, pero definido según ciertos criterios no expresados: absoluto, óptico-geométrico, euclidiano-cartesiano-newtoniano" (p. 54).

una consideración tal del espacio, los pueblos indígenas son representados como la imagen de occidente, cuyo paroxismo serán las brutales agresiones que los pueblos indígenas sufren sobre su territorio, facilitados por una comprensión cosificadora del espacio y las relaciones sociales[10]. Frente a una concepción estática del espacio, petrificante y propietarista, emerge una concepción relacional[11] del mismo, puesto en escena por los pueblos indígenas y orientado a sustituir la dinámica mortífera con el que operan muchas prácticas productivas, por la sostenibilidad y la autocontención, en cuanto criterios básicos de interactuación con la realidad (Pachamama).

Las consecuencias de una comprensión tal del espacio implicarán la puesta en escena de todo un instrumental colonizante que pasa por la delimitación del espacio-territorio a través de "líneas de demarcación", fronteras, y todo tipo de herramientas necesarias para agrimensar y tasar el territorio; así como la constitución y el manejo polarizado y productivo de dos categorías fundamentales para el capitalismo, como son centro y periferia. Con la categoría de "centro" se pretende dar medida de la centralidad que ocupa el sistema capitalista de poder-saber, lugar desde el que definir el espacio-territorio. La categoría de "periferia" se instrumenta como lugar espacial marginal desde el que definir y calificar al otrx-indígena, ubicándolo, de esta manera, fuera de la espacialidad central, pero maniatado a sus relaciones de poder: periferia, reserva, resi-

---

10 TUHIWUAI L., *Descolonizar las metodologías. Investigación y Pueblos Indígenas,* Txalaparta, Pamplona, 2017, pp. 112 y ss.

11 HERNANDO A., "Identidad relacional y orden patriarcal" en HERNANDO A. (ed.), *Mujeres, hombres, poder. Sobre la reproducción del dispositivo de género en la modernidad,* Traficantes de Sueños, Madrid, 2015, 83-124; ESTERMANN J., *Filosofía Andina. Sabiduría indígena para un nuevo mundo,* ISEAT, La Paz, 2009, pp. 123-145; AVILA R., *La utopía del oprimido. Los derechos de la naturaleza y el buen vivir en el pensamiento crítico, el derecho y la literatura,* Akal, Madrid, 2019, pp. 305-308.

duo, selva inhóspita en la que habitan los pueblos indígenas. Este manejo de la espacialidad tiene una repercusión dramática sobre la manera de entender los derechos indígenas y de definir y delimitar una concepción hegemónica de los mismos. Es esta divergente concepción del espacio la que hace difícil, sino imposible, entender y traducir a códigos occidentales las maneras indígenas de entender los derechos.

Una concepción estática y clasificante del espacio implica, a su vez, un divorcio radical del espacio respecto al tiempo, frente a la dimensión interdependiente que la categoría tempo-espacial tiene para los pueblos indígenas[12]. El tiempo occidental, que es un tiempo lineal, progresivo, productivo, teleológico, evolutivo, constituye un modo fundamental de organizar la vida social a través del trabajo. Desde esta mirada y este divorcio tempo-espacial, los pueblos indígenas carecen de tiempo, lo que los condena a una perenne indisciplina, pereza y falta de sistematicidad, permitiendo la conexión histórico-colonial entre tiempo-trabajo-esclavitud indígena. Lo que está fuera del tiempo, a contrapelo del mismo, desestructurado respecto al modo desarrollado de Occidente, cuya pauta evolutiva viene dada a través del trabajo, es susceptible de ser limitado en su libertad y esclavizado. Por ello espacio y tiempo son, en definitiva, formas occidentales de entender la Historia; por ello, los pueblos indígenas son una agencia contra histórica en la medida que tienen conceptos diferentes de tiempo y espacio[13]. Esta diferente concepción del espacio-tiempo instaura una cesura fundante en la modernidad colonial que marca la diferencia entre individuo y comunidad, entre derechos individuales y de-

---

12 Véase el capítulo I.

13 Así, la noción de Pachakuti refiere a una fuerza telúrica, una suerte de cataclismo que instaura un nuevo tiempo que permite el tránsito de un ciclo a otro. Con ello se instaura una especificidad cíclico temporal que es interdependiente con el espacio, todo ello ignoto para Occidente.

rechos colectivos indígenas, sin puentes ni interdependencia entre esta manera complementaria y relacional de entender los derechos. Desde ahí se construye la distancia del centro respecto a la periferia indígena, cuya proyección más clara es la ajenidad que se abre entre el saber y conocimiento clásico-colonial y el saber indígena, proponiendo la epistemología occidental como la única capaz de sostener la neutralidad científica, la objetividad, la verdad[14].

Sin embargo, la temporalidad indígena es vivida como simultaneidad, proyectando la dimensión colectiva del tiempo y de sus productividades sobre el contenido de los derechos colectivos. De ahí la dimensión preventiva de los derechos colectivos indígenas que inauguran un sentido de la responsabilidad y del cuidado diferente. Vivir en "tiempo presente el pasado inscrito en el futuro" y el futuro inscrito en el pasado[15] implica un cambio poderoso en la concepción de la temporalidad que tiene su reflejo en la consciencia y en la praxis indígena.

3. CUALIDAD Y DIFERENCIA DE LA EPISTEMOLOGÍA INDÍGENA. SU PROYECCIÓN SOBRE LOS DERECHOS

La necesidad descolonizadora de discursos, metodologías y epistemes, realizada en los epígrafes anteriores, era necesaria para avanzar hacia la parte más propositiva de la metodología indígena y su proyección sobre los derechos. Entender el pasado colonizado es la única manera de avanzar con consciencia para implementar una pedagogía descolonizante. Una historia indígena alternativa sólo puede construirse sobre el presupuesto de saberes alternativos que impliquen derechos diferentes.

---

14 TUHIWUAI, L., *Descolonizar las metodologías*, op. cit., p. 117.

15 RIVERA CUSICANQUI, S., *Un mundo ch'ixi es posible. Ensayos desde un presente en crisis*, Tinta Limón, Buenos Aires, 2018, p. 91.

Por ello, procederemos en este epígrafe y en el siguiente a poner las bases de lo que podría ser la especificidad de una manera indígena de entender el conocimiento.

1. Un primer elemento para la construcción de una epistemología indígena es ser conscientes del divorcio entre el pensar y el hacer con el que opera la racionalidad científica occidental. Dicho divorcio tiene su expresión más clara en la manera académica de pensar los derechos. En este sentido, los derechos humanos, en cuanto producto pensado, promete más que lo que da; anticipa una serie de expectativas, promesas y garantías de difícil resolución y cumplimiento. Es lo que Stavenhaguen denominó "gap de implementación"[16] entre el discurso (su fundamentación y construcción normativa) y el hacer de los derechos (su aplicación práctica y real, su dimensión política). Es un conflicto serio para la garantía real de los derechos y para su sostenibilidad como discurso efectivo, esa radical separación, ese hiato, entre el pensar académico y la reflexividad diaria de la gente de a pie, de las comunidades indígenas. Los pueblos indígenas no hacen de esta contradicción una disyuntiva paralizante. Existe dualidad, pero no contradicción, sino interdependencia. Se interpreta esta polaridad (de los derechos) como creación, como una trama que no es ni lo uno ni lo otro, sino ambos a la vez[17]. Desde la perspectiva indígena, el problema no es cómo superar la tensión individual-colectiva de los derechos, sino cómo convivir y habitar con ella desde la interdependencia de los mismos.

Para los pueblos indígenas la lucha por los derechos implica trabajar desde dentro de esa contradicción entre pensar-hacer. De ahí su dimensión eminentemente política, práctica, colectiva y existencial: los derechos indígenas están al servicio de la

---

16 Report of the Special Rapporteur on the situation of Human Rights and fundamental freedoms of indigenous people, UN doc. E/CN.4/2006/78/Add.2 (15 December 2005).

17 CUSICANQUI, S., *op. cit.*, p. 83.

reproducción de la vida individual y colectiva. De ahí que se vuelva tan difícil descolonizar en y desde los espacios de la academia; por esa compulsión a descabalgar el hacer teórico y del sentir práctico[18], que diferencia, sin solución de continuidad, entre individualidad y comunalidad. El sentipensar, en cuanto criterio epistémico del saber indígena, se expresa como dualidad armónica y creativa, más que dialéctica confrontada[19].

2. Un segundo elemento sería repensar nuestros consumos cotidianos, lo que implica girar la mirada epistemológica de los derechos a ese oscuro zócalo de la dogmática jurídica que son los deberes y las responsabilidades, lo que nos ubica ante la necesidad de asegurar la vida de las generaciones futuras[20]. En esta dimensión se amplifica la brecha entre el pensar y el hacer. De ahí la llamada indígena al reaprendizaje de saberes, lo que implica: desprivatizar y comunalizar nuestras acciones buscando coherencia entre lo público y lo privado, más allá de la dualidad occidental de los derechos[21].

3. Un tercer elemento sería recuperar con fuerza la potencialidad que encierran las acciones comunales indígenas en cuanto vehículo para el ejercicio de los derechos indígenas: el encontrarse en los caminos, el discurrir de la selva, el tránsito cotidiano de la plaza, las posibilidades de intercambio en el

---

18 La razón como centro del conocimiento –logocentrismo- implicó desorganizar, violentar el entorno natural y vital, colonizando el mundo del "otro" bajo el argumento de la razón en cuanto salvaguarda de la verdad y la escasez. El trinomio verdad-razón-ciencia impuso su dominio sobre la subjetividad indígena. LEÓN, C. *El color de la razón. Pensamiento crítico en las Américas*, Quito, UASB-Universidad de Cuenca, Editora Nacional, 2013, pp. 169, 229.

19 SANTOS B., *Crítica de la Razón Indolente. Contra el desperdicio de la experiencia*, Desclee de Brouwer, Bilbao, 2003, p. 44.

20 MARTÍNEZ DE BRINGAS, A., "Esbozo de una teoría de los deberes en tiempos de precariedad y exclusión", *Política y Sociedad*, Vol. 54, N° 3, 2017, pp. 757-776.

21 CUSICANQUI, S, *op. cit.*, pp. 73 y ss.

mercado. La potencialidad de lo comunal indígena refiere a un nosotros incluyente; no a un nosotros opuesto al otro. Un nosotros como cuarta persona del singular[22]. Habitar la naturaleza a partir de las comunalidades (de lo colectivo); no a pesar de ello, ni por encima de ello. Un *ethos* de la comunalidad, en cuanto fundamento y centralidad de los derechos, difícil de pensar y vivir desde el imaginario occidental de los derechos.

4. Un cuarto elemento para entender y proyectar la epistemología indígena, en cuanto forma y método de desplegar sus saberes y encarnarlos, sería el diálogo con los sujetos no humanos desde comprensiones biocentradas, situando Pachamama como ser vivo, epicentro de la epistemología –comunidad única, indivisible y autorregulada[23]–. Ello implica un diálogo múltiple y circular con la naturaleza, ecosistemas, plantas, animales, especies, con los ancestros, con los muertos vivientes. No se trata de una relación entre iguales, sino entre totalidad y parcialidad(es). Se trata de una epistemología de mundos alternos al antropocentrismo occidental de los derechos, en donde los seres inanimados se constituyen como sujetos de vida y derechos de muy otra-naturaleza. Trascendiendo el discurso occidental de los derechos, al llamar sujetos a lo que en este imaginario son objetos de apropiación. Ahora bien, este presupuesto está más allá de la torpe y desviada traducción que se ha venido haciendo de esta especificidad del conocimiento indígena como derechos de la naturaleza. Es necesario evitar las simplificaciones en esa manera biocentrada que proponen los pueblos indígenas de entender los derechos. Simplificar, implica, reducir la Naturaleza, los ecosistemas, a mero recurso natural, a material productible y explotable, tan propio del capitalismo verde y de ciertos discur-

---

22 *Ibidem*, p. 83.

23 Declaración Universal de los Derechos de la Madre Tierra (artículo 1).

sos instrumentalizadores de los Derechos de la Naturaleza[24]. Se trata de una espuria traducción, desde lógicas antropocéntricas, que reduce a criterios administrativos y de tutela la cosmovisión compleja de un ser viviente: Pachamama, que reclama un lugar y un desempeño específico para cada ser viviente, con principios de autorregulación que explicitan derechos y deberes entre la totalidad y las partes, más allá de la lógica occidental en la manera de entender los derechos y las responsabilidades[25]. Por ello, la

---

24 Véanse, todas estas cuestiones, en el capítulo III, cuando se habla de la Naturaleza como sujeto de derechos y sus críticas.

25 El Derecho y los derechos deberían estar al servicio de la protección de la dimensión única e indivisible de la Pachamama, preservando la integridad y la estabilidad de su estructura biótica; no una orientación administrativa de protección de la naturaleza como las propuestas hechas desde un enfoque desarrollista-estatista que reduce la complejidad del tema a mera política pública. Ese ha sido el caso del Plan Nacional para el Buen Vivir en Ecuador que estructura su argumentación a partir de una comprensión de la naturaleza como recurso natural que necesariamente tiene que ser administrado por el Estado. En este paradigma, el "Buen Vivir" funge como ideología funcional al servicio de un modelo exportador. Cf. DOMÍNGUEZ R. y CARIA, S., L*a ideología del Buen Vivir: la metamorfosis de una alternativa al desarrollo de toda la vida*, UASB-Ecuador, Quito, 2014, pp. 6 y ss; DÁVALOS, P., "El Sumak Kawsay y las cesuras del desarrollo", en HIDALGO-CAPITÁN, GUILLÉN GARCÍA y GUAZHA (eds.), *Antología del pensamiento indigenista ecuatoriano sobre Sumak Kawsay*, CIM, Huelva, 2014; OVIEDO, A., *Bifurcación del Buen Vivir y el Sumak Kawsay*, Sumak, Quito, 2014. Esta perspectiva desarrollista-estatista puede también evidenciarse en la arquitectura normativa de la Constitución ecuatoriana al describir el desarrollo como régimen económico (art. 275); o cuando se refiere a la naturaleza como mero "recurso natural", perteneciendo al Estado los recursos naturales no renovables de manera inalienable, irrenunciable e imprescriptible (arts. 1 y 317). En definitiva, el Sumak Kawsay y el Suma Quamaña no son y no pueden traducirse como simples derechos de la naturaleza. Disponen de un contenido intangible que desborda la semántica; que en la medida que quedan atrapados en una categoría hermética como la de "derechos de la naturaleza", resultan cosificados, limitados e invertidos en su sentido constituyente indígena. La perspectiva indígena exige respeto en su integralidad para poder articularse como una perspectiva de derechos

política de derechos indígenas no se articula tanto desde la idea de igualdad –como en la lógica occidental-, sino desde la idea de equivalencia entre seres vivos, seres inanimados y la Naturaleza; y, desde la perspectiva del diálogo intercultural, de equivalencia con Occidente: tu modo de conocer es equivalente al mío.

5. Un quito elemento sería ser conscientes de las paradojas que produce y reproduce el poder destituyente[26]; de la penumbra cognitiva y el vaciamiento de poder que el discurso de derechos humanos y de movimientos sociales produce sobre los pueblos indígenas. Ello exige abrir una reflexión sobre las fracturas sistémicas que sigue produciendo el colonialismo interno. Los pueblos indígenas son también artífices de su propia colonización en la medida que no hay consciencia de los procesos de destrucción hacia el interior de sus propios saberes. En la medida que este ejercicio crítico no se haga y actualice constantemente, es imposible pensar qué supone radicalmente descolonizar. Los pueblos indígenas se han tragado –como tantos otros sujetos- de manera irreflexiva conceptos como movimiento social indígena y derechos, siendo en mucha medida estos discursos la punta de lanza de nuevas expresiones de recolonización. La estrategia es clara: atacar los saberes y prácticas indígenas a partir del discurso de derechos, asumiendo acríticamente perspectivas, contenidos y dimensiones que suponen una inversión real de las expectativas indígenas vividas como derechos. La utilización asimétrica e invertida de cómo se ha venido manejando la consulta indígena, a partir de su reconocimiento en el Convenio 169 y en la Declaración, es un vivo ejemplo de ello. La consulta ha transitado de ser un derecho indígena (consulta para obtener el consentimiento de los pueblos indígenas), a un derecho del Estado. Ello es expresión

---

indígenas. Cf. CULLINAN, C., *Wild Law. A Manifiesto for Earth Justice*, Chelsea Green Publishing, Vermont, 2011, pp. 114 y ss.

26 RIVERA CUSICANQUI, S., *op. cit.*, p. 107.

del nuevo rostro que adquiere el colonialismo interno y que muchos pueblos indígenas han incorporado acríticamente[27].

4. HACIA UN PARADIGMA INDÍGENA DE LOS SABERES

Hemos procedido exponiendo cuáles eran los presupuestos sobre los que se asienta un paradigma indígena de los saberes. En ese sentido, llamábamos la atención sobre la importancia de desplegar toda una teoría de la descolonización indígena como propedéutica necesaria para avanzar hacia formas propositivas de saber indígena. La descolonización de los saberes y los discursos funciona como condición de posibilidad para ubicar el contexto de exclusión en el que se encuentran y asientan los saberes indígenas; para dar medida del epistemicidio del que han sido objeto, entender las avenidas y senderos por los que estos saberes han discurrido y se han defendido[28]; así como para expresar la resistencia indígena, nítida expresión de que el saber indígena se ha ido incubando y elaborando como reacción frente a los procesos de exclusión, opresión y marginación con los que se han construido los pueblos indígenas. La resistencia es la forma fundamental con la que se ha venido modulando la reivindicación y lucha indígena por los saberes; forma parte de la identidad memorial de los pueblos indígenas.

---

27 El manejo acrítico y desfondado del discurso de derechos indígenas tanto en Ecuador como en Bolivia es otro claro ejemplo de ello. La asunción de un discurso despolitizante y desmaterializador sobre el "Buen Vivir" y el Sumak Kawsay, son expresiones de ese nuevo rostro de derechos con el que se presenta el colonialismo interno y que exige reflexión crítica y combativa.

28 CASTRO GÓMEZ, S., "Ciencias sociales, violencia epistémica y el problema de la invención del otro" en LANDER E. (ed.), *La colonialidad del saber: eurocentrismo y ciencias sociales. Perspectivas latinoamericanas*, Clacso, Buenos Aires, 2000, pp. 88-98.

Un paradigma indígena de los conocimientos y los saberes implica la relación trabada e interdependiente de una metodología indígena con una epistemología, con un sistema de valores–axiología indígena-, y con una ontología en el que se evidencien los presupuestos cosmovisionales indígenas usados para construir la realidad[29]. La metodología indígena es una suerte de síntesis cruzada y sistémica de epistemología, ontología y axiología. Pasemos a desgranar y desarrollar algunos de estos elementos en sus partes, como momentos y notas de un sistema mayor trabado desde la interconexión.

1. La metodología indígena se conecta sistémica y estructuralmente con el derecho a la autonomía, la territorialidad y la jurisdicción indígena, lo que se traduce como la capacidad indígena para canalizar y gestionar sus propias formas de producción de conocimiento[30]. No hay escisión ni fracción entre autonomía territorial, organizativa, jurisdiccional y de conocimiento; constituyen todas ellas arcos que sostienen la bóveda ensamblada de los derechos colectivos indígenas, que no admiten partición ni tratamiento individualizado.

Hablar de metodología indígena implica interrogarse sobre las mejores maneras que podrían ayudar a construir relaciones de respeto y equilibrio entre la totalidad y la particularidad; entre el saber, la territorialidad y sus participantes[31]. También implica cuestionarse de manera abierta el *roll* del investigador en

---

29 CHILISA, B., *Indigenous Research Methodologies*, Sage, London, 2012, pp. 161 y ss; KOVACH, C., *Indigenous Methodologies: Characteristics, Conversations and Contexts*, Toronto University Press, Toronto, 2009, pp. 45 y ss; HOPPERS, C.A., *Indigenous Knowledge and the Integration of Knowledge systems*, NAB, South Africa, 2002.

30 Véase el capítulo VI.

31 ARÉVALO, G., "Reportando desde un frente decolonial: la emergencia del paradigma indígena de investigación", en ARÉVALO, G. y ZABALETA, I. (eds.), *Experiencias, luchas y resistencias en la diversidad y la multiplicidad*, Asociación Intercultural Mundu Berriak, Bogotá, 2013. p. 71.

estas dinámicas, así como los beneficios comunitarios últimos que se derivan de ciertas maneras de investigar y de apropiarse del conocimiento. Esto es, cómo se construye corresponsabilidad entre el sujeto investigador, la territorialidad y la dimensión colectiva de la comunidad.

La metodología indígena también debe ser reorientada a partir de las características y sesgos que especifican el conocimiento indígena. Por tanto, se expresa a partir de un conocimiento que es:

- Acumulativo, en cuanto que representa la sedimentación de generaciones de experiencias, observaciones, cuidados, errores; no sólo la mirada individualizada y departamentalizada, lógica con la que se expresa la propiedad intelectual[32].
- Dinámico, en el sentido de que el conocimiento se adapta y readapta a las exigencias del contexto, de las situaciones locales. El conocimiento habla desde y para la comunidad, por tanto, responde a ella.
- Colectivo: todos los miembros de la comunidad han coparticipado en su construcción, mantenimiento, conservación y trasmisión. La dimensión cualitativa y cuantitativa del conocimiento está mensurada y modelada desde lo colectivo; no a partir de indicadores individuales.
- Se expresa a partir de memorias, coreografías rituales, actividades, creencias, mitos, cuentos, danzas, liturgias, lenguajes, derechos, etc., teniendo todos ellos una relación inescindible y constitutiva con la oralidad y sus formas de expresión.

---

32 GRENIER, A., *Working with indigenous Knowledge: A guide for researchers*, International Development Research Center, Ottawa, 1998, p. 75-134; SIKES, L., "Decolonizing Research and Methodologies; Indigenous Peoples and Cross Cultural Contexts", *Pedagogy, Culture and Society*, 14 (3), 2006, pp. 349-358.

La metodología también tiene que ver con utilización prioritaria y selectiva de una serie de técnicas a través de las cuales se expresa y constituye el conocimiento indígena[33]. Todo ello tiene una huella indeleble en la manera de construir y entender los derechos indígenas y la interculturalidad en el diálogo de derechos. Estas técnicas son muchas y diferentes, así:

- El conocimiento indígena no se rige por parámetros de causalidad. La mirada indígena viene accionada por principios como la sincronicidad, la dimensión energética, el biocentrismo, todo ello más allá de la mera causalidad física.
- Los métodos de investigación tienen un carácter procesual. La intensidad metodológica se pone más en el proceso a realizar que en los resultados conseguidos.
- La observación indígena implica una ecología de saberes; una mimada y cuidadosa observación de plantas, seres, animales, ecosistemas, procesos, conocimientos ancestrales, etc. Todo ello marca el pulso y las posibilidades de la Madre Tierra; establece el principio de factibilidad de los conocimientos y señala sus límites.
- La experimentación proviene directamente de las maneras de apropiación y remodelación que se hace del territorio y sus recursos; de las específicas relaciones que se construyen y traban con las energías de la Pachamama. Por ello, la objetividad está fundada en la subjetividad, en las maneras colectivas de vivir y habitar el territorio.
- El caos y la diversidad son los elementos que construyen la ontología indígena. Un caos diverso, multiforme, que no se puede reconducir a la sistematicidad metodológica

---

33 CAJETE, G., *Native Science: Natural Law o Interdependence*, Cear Light Publishers, Santa Fe, 1999, pp. 45-56.

que reclama unidad como método para poder entender la totalidad. El caos complejo como método para entender la totalidad y la parcialidad.

- La relación de interdependencia entre sujeto-comunidad-ecosistema, así como la importancia de la espiritualidad para dar medida y contenido de esta relación trinitaria, de la energía vital que se expande a partir de esa concepción biocéntrica de la vida.
- La importancia de la representación y la memoria a través de estructuras y procedimientos simbólicos procedentes del conocimiento indígena; así como la importancia de conceptos como responsabilidad y deber que se adquieren y transmiten a partir de prácticas ceremoniales. Ello se complementaría con la relevancia que tienen los sueños y las visiones para poder entender los procesos y maneras de expresión del conocimiento.
- La fundamentalidad de los/las mayores comunitarios en la conservación, defensa y transmisión del conocimiento.

2. La *ontología y axiología indígenas* tienen una relevancia fundamental en la definición del marco de vida y sentido de los pueblos indígenas, teniendo serias implicaciones en las formas de construcción social de la realidad a través de los Planes de Vida. La ontología se asocia con un principio estructural desde donde explicar la existencia indígena: el pensamiento relacional[34] y holístico[35]. La relacionalidad implica que todo

---

[34] Son muchos los estudios que se han dedicado al análisis de una metodología relacional en el pensamiento indígena. Un estudio seminal, iniciático y profundo a este respecto es el de ESTERMANN, J., *Filosofía Andina. Sabiduría indígena para un nuevo mundo*, ISEAT, La Paz, 2009, pp. 123-145.

[35] Existen referencias holísticas en el pensamiento occidental, pero no de esta manera. Nos referimos, a modo de ejemplo, a la Ley de la proporcionalidad de los entes en Empédocles; a la doctrina emanantista del neoplatonismo; o la

está, de alguna manera, relacionado y vinculado con el Todo. Lo importante no es tanto el ente, sino la relación[36]. Por la relación nos constituimos y no al revés. El concepto de relacionalidad indígena se explica por oposición al de sustancialidad occidental[37]: la relación antecede a la sustancia. Lo importante y fundamental es el acto de vincularse-relacionarse con la vida.

La relacionalidad remite a la totalidad en cuanto unidad que todo lo vive; es un pensamiento alérgico a la dualidad y a la dicotomía. Todo está relacionado y cosido, el método dialéctico resulta refractario para un pensamiento relacional.

Por ello, una primera disyunción que confronta el pensamiento indígena es la división entre seres humanos/animales/plantas/ecosistemas; materialidad/inmaterialidad; viviente/no viviente. Todo ello constituye una unidad relacional interdependiente, donde totalidad y particularidad tienen relaciones complementarias, no enfrentadas. Esta dimensión relacio-

---

concepción de las mónadas en Leibniz en cuanto reflejo de todo el universo. Pero la relacionalidad indígena no se entiende en sentido cronológico, ni metafísico; sino como algo vivencial y axiológico. Ser desde la relacionalidad implica un conjunto de valores. Se es para vivir de acuerdo a unos principios y son estos principios axiológicos los que dan contenido material a la ontología, al ser indígena, a su subjetividad. Hay reside la especificidad de lo relacional.

36 ESTERMAN, J., *op cit*, p. 126.

37 Los idiomas indoeuropeos, con el griego como paradigma, se estructuran en torno a un sustantivo que representa una sustancia que es portadora de predicados (accidentes). Los idiomas de Abya Yala –fundamentalmente el quechua y aymara- se articulan en torno a la relación como elemento primordial. Múltiples sufijos dan medida de esta relacionalidad. Por tanto, mientras para Occidente el gran problema metafísico ha sido siempre la relación (intersubjetiva; psico-física; materia-espíritu; con la Naturaleza), para las filosofías andinas el problema ha estado en la sustancialidad, en la identidad e identificación con una concepción reduccionista de la realidad, no múltiple; en la yoidad unidireccional. Cf. ESTERMANN, J., "Ecosofía andina: una paradigma alternativo de convivencia cósmica y Buen Vivir", *FAIA*, vol. II, nº IX-X, 2013.

nal incide de manera poderosa sobre la dicotomía occidental -derechos individuales *vs.* derechos colectivos-, dicotomía y fragmentación abismal que no existe para el pensamiento indígena: lo colectivo no es sin lo individual; lo individual no tiene sentido si no se proyecta sobre lo comunitario[38]. No hay relación confrontada sino complementaria, lo que como sabemos, plantea dificultades a la dogmática jurídica, tanto en el nivel del reconocimiento, como en el de la garantía.

El pensamiento relacional -por oposición al pensamiento racional- puede explicar de manera holística la totalidad, así como sus relaciones con la particularidad. Por ello, en el ámbito de la axiología indígena, se habla del Consentimiento Previo Libre e Informado (CPLI) (que no consulta), como meta-derecho necesario para garantizar la realización de otros derechos. El CPLI[39] se coagula relacionalmente con otros derechos para poder producirlos y garantizarlos, más allá de la manera occidental de ponderar y proporcionar derechos, como técnica necesaria para determinar que bienes jurídicos en conflicto tienen prioridad sobre otros. No es proporcionalidad, sino relación complementaria de un derecho con otro, sin sacrificio de ninguno. Incluye privacidad, confidencialidad, suficiencia y reconocimiento de la propiedad colectiva, la jurisdicción y la autonomía. Estos derechos no son fragmentables ni divisibles a partir de una metodología dialéctica. Son complementarios e inescindibles; hablan de la totalidad relacional indígena, de tal manera que una mutilación de una de sus partes, constitu-

---

38 De nuevo una nueva expresión de la relacionalidad que implica reciprocidad, complementariedad y correspondencia en los aspectos afectivos, ecológicos, éticos, estéticos y productivos. Las relaciones 'lógicas' (en sentido técnico) y gnoseológicas son más bien relaciones derivadas de las relaciones primordiales de convivencia cósmica indígena.

39 MARTÍNEZ DE BRINGAS A., "El derecho a la consulta de los pueblos indígenas: naturaleza, elementos y procedimientos para su aplicación en el Estado", *RVAP*, n.º 93 (2012): 127-149.

ye una limitación y una vulneración de la totalidad. Un cambio en la parte implica una transformación del sistema. Ello constituye una dificultad enorme para la doctrina clásica de los derechos humanos cuya técnica de resolución de conflictos -en la confrontación de derechos- no coincide con la manera indígena de entenderlos.

Cuando Silvia Rivera dice "nosotros es la cuarta persona del singular"; o cuando Chilisa habla de "Yo soy nosotros; yo soy porque nosotros somos; nosotros somos porque yo soy; yo estoy, tú estás en mí" están describiendo metafórica y materialmente el pensamiento de la relacionalidad, la ontología indígena. El planteamiento no es buscar la tranquilidad de lo UNO –como haría el pensamiento presocrático-; ello es una angustia maniquea. Es necesario trabajar y elaborar dentro de la contradicción "haciendo de su polaridad el espacio de creación de un tejido intermedio (taypi), una trama que no es ni lo uno ni lo otro, sino todo lo contrario, es ambos a la vez"[40].

La relacionalidad se trenza y expresa a partir de una serie de principios como: correspondencia, complementariedad, reciprocidad y ciclicidad[41].

El principio de correspondencia es una consecuencia lógica de la relacionalidad: lo macro se refleja en lo micro, como el cosmos en la Naturaleza. Por ello la ecosofía indígena es el cuidado del equilibrio cósmico y espiritual en el manejo de los recursos y los sistemas de producción, siendo los derechos (indígenas) herramientas fundamentales para este equilibrio, prolongación de esa correspondencia. El deterioro ambiental y las agresiones a la territorialidad indígena implican una fractura en el principio de correspondencia. De ahí la importancia del "ritual" indígena como mediación restitutiva y retributiva.

---

40 RIVERA, S., *op. cit.*, p. 83.

41 ESTERMANN, J., *Filosofía Andina,* op. cit., pp. 136-145.

La ritualidad indígena es un elemento consustancial a la cosmovisión y a los derechos indígenas; funge como la sanción y promulgación de las leyes en el esquema occidental. Pero no es una ritualidad formal, vacía, de cierre; sino material, con una función ecológica y económica, una ritualidad sanadora, necesaria para lograr esa correspondencia que avanza hacia comprensiones de justicia ecosófica.

El principio de complementariedad atraviesa toda la realidad indígena –política, social, cultural, sexual, económica, religiosa, espiritual, cósmica, etc.- Complementariedad entre lo masculino y lo femenino, entre la noche y el día, entre el nacimiento y la muerte, fuertemente conectado, a su vez, con la concepción cíclica-circular del tiempo indígena. La complementariedad trasciende la mera clasificación y construcción de las personas a través del género[42]. Complementariedad es más que mera interdependencia de derechos; trasciende la simple comprensión intergeneracional de los mismos. La complementariedad es un principio transversal a todos los derechos; otra manera de entender la igualdad y los procesos de discriminación, pero desde otros lugares, con otras expresiones y otros matices[43].

---

42 En el mundo andino, las mujeres pastorean el ganado que en otras culturas tiene connotaciones masculinas; los varones siembran la *Pachamama*, la Madre-Tierra. La *Pachamama* es ante todo virgen que es fecundada por la lluvia y el sol; la 'pareja' de la *pachamama* es el *apu/acbachila,* la cumbre del cerro más cercano que sirve de *chakana* entre *hanaq/alax pacha* y *kay/aka pacha.* Incluso las comunidades, pueblos, barrios y hasta el espacio urbano son divididas en una 'parte de arriba' y una 'parte de abajo', como espacios complementarios y polares que funcionan en complementariedad, no de manera dialéctica. ESTERMANN J., *op. cit.*, pp. 175 y ss.

43 Una vez más nos movemos en el plano cosmovisional. Desde una perspectiva teórica (incluso idealizante), estos principios presentan un potencial poderosísimo para completar la dogmática de derechos humanos tal y como la hemos construido en Occidente. Sin embargo, en la práctica real y cotidiana, hay un trabajo ingente y necesario para iluminar procesos de igualdad y

El principio de reciprocidad implica devolver lo que cada uno ha recibido, con una connotación ritual y simbólica muy importante. Tiene una relación interdependiente con los ancestros, los difuntos; y una proyección importante sobre las generaciones futuras. El principio de autocontención, conservación y preservación para las generaciones venideras está presente en este principio. La dimensión preventiva y proyectiva de los derechos también. La reciprocidad implica equilibrio entre transacciones e interacciones de conocimiento, saberes, producciones y deberes. Inserta en el centro del debate toda una concepción de los deberes, como dimensión recíproca de los derechos, su *alter ego*, su complementariedad. Esta es una falla fundamental en la construcción occidental de los derechos: el no haber desarrollado una teoría de los deberes como núcleo esencial de aquellos[44].

Este concepto de responsabilidad indígena no se restringe a la mera libertad individual –tan propia del pensamiento liberal-, sino que abarca de manera interdependiente la dimensión colectiva del pueblo. No se limita sólo al sujeto humano, sino que incluye la *Pachamama* como núcleo fundamental desde donde desplegar la dinámica de la reciprocidad: la lógica derechos-deberes. Va más allá que del concepto de justicia social occidental, incluyendo una consideración amplia e intangible, como la de "justicia cósmica". La justicia social es un epifenómeno de la justicia cósmica indígena. Las relaciones sociales no son algo diferente a las relaciones cósmicas (pachasofía); más bien las incluyen. Por tanto, la justicia social es sólo una de las maneras de expresar y contener la justicia cósmica, pero no

---

equivalencia en el mundo indígena entre hombres y mujeres. No se puede ser eufórico, fantasioso e ingenuo con estas afirmaciones. Hacerlo sería despolitizar y desfondar el carácter transformador de todos los derechos.

44 MARTÍNEZ DE BRINGAS A., "Esbozo de una *Teoría de los deberes* en tiempos de precariedad y exclusión", *op. cit.*, pp. 757-776.

dan medida de la totalidad de ésta, que trasciende la justicia social[45]. Ello reclama la necesidad de retribuir y devolver a la Pachamama lo que está ha posibilitado y dado, como manera de reestablecer el equilibrio fracturado.

El principio de ciclicidad, tan presente en Heráclito, es una manera de cuestionar la concepción occidental del tiempo lineal en lo que tiene de cosificador, progresivo, irreversible y cuantificable. La ciclicidad indígena es un cuestionamiento radical de la forma occidental de entender el derecho al desarrollo; de enfatizar la difracción intercultural que se produce cuando se quiere hacer pasar la cosmovisión indígena de la *Pachamama* por el disfraz del desarrollo (indígena). Ninguna de las categorías de cuantificación con las que se ha venido expresando el desarrollo occidental (tasa de crecimiento, coeficiente Gini, capacidad, etc.) permite expresar ni atrapar el sentido indígena de ciclicidad, lo cual conecta, de nuevo, con la manera indígena de entender lo colectivo y los derechos. Para los pueblos indígenas la ciclicidad implica que el tiempo no sólo se mide a través de unidades cuantitativas, sino a través dimensiones cualitativas que escapan a las maneras mercantiles de medir y tasar el tiempo, y, por tanto, a la manera occidental de entender la vida y sus posibilidades. De ahí que para los pueblos indígenas la ritualidad resulte fundamental para mediar con las actividades económicas y productivas, rituales que funcionan como elementos de limitación y coto a las actividades productivas desequilibradas. Otra manera de entender las agresiones a la Naturaleza. De ahí, también, la importancia de días intocables, días fértiles, reservas de territorios, alimentos y especies que resultan intangibles, inmarcesibles, no abiertos a la libre disposición[46]. La productividad, el rendimiento,

---

45 CULLINAN, C., *op. cit.*, pp. 85 y ss.; ESTERMAN, J., *op. cit.*, p. 259.

46 En la ritualidad andina, la primera semana de agosto es un momento fundamental. Es cuando la *Pachamama* descansa y los rituales funcionan como

el consumo son dimensiones que se subordinan a los ciclos estacionarios, a los ritmos y métodos de la *Pachamama*. No todo puede ser producido y consumido; los saberes indígenas en la comprensión de la *Pachamama* funcionan como principios de autolimitación y contención.

3. La epistemología indígena, en cuanto teoría del conocimiento indígena, ha quedado más que sugerida en todo lo anteriormente expresado y conecta con lo que se ha venido llamando –a veces de manera devaluada- el Buen Vivir[47] o el Vivir Bien. Como se colige de la ontología expresada, el Buen vivir es un concepto dinámico, continuo, pero que no refiere a progreso, sino que remite a la espiritualidad, cosmovisión, historia y lugar en el cosmos de los pueblos indígenas. Habla de un concepto de Vida más allá de lo biológico, trascendiéndolo por arriba y por abajo. Un concepto trabado y asido desde la relacionalidad descrita, por la que todo está conectado, vinculado, interconectado. Cualquier acción o dejación produce efectos en la totalidad, en la Vida, en sus lugares, en su tiempo y espacio. Toda acción contribuye a la complementariedad del Buen Vivir; o la destruye y fractura, afectando a la totalidad (cósmica) y a la parcialidad (entes, sujetos vivos y no vivos, ecosistemas). Promociona la corresponsabilidad o la angosta. No es una sabiduría, la del Buen Vivir, antropocéntrica, sino

actos para pedir permiso para poder trabajarla, sembrarla. La semana santa funge como sincretismo andino-católico. La *Pachamama* está en luto, de duelo por el destino de su pareja, Jesús. El Carnaval es, por el contrario, un tiempo de abundancia y agradecimiento; expresión de la reciprocidad comentada. Es la dimensión dionisiaca que expresa la alegría por los frutos de la tierra, por la generosidad de la vida.

47 ÁVILA, R.., *op. cit.*, pp. 293 y ss.; MALDONADO, L.; "Interculturalidad y políticas públicas en el marco del Buen Vivir" en HIDALGO-CAPITÁN, GUILLÉN y GUAZHA (eds.); *Antología del pensamiento indigenista ecuatoriano sobre Sumak Kawsay*, CIM, Huelva, 2014.

biocéntrica[48], siendo la conexión con la espiritualidad, los antepasados, los espíritus, los difuntos y las futuras generaciones el motor de su articulación y funcionamiento. La justicia es cósmica, en cuanto que transciende las relaciones sociales y las incluye en un proyecto de respeto y responsabilidad mayor. Es una justicia pluridimensional, siendo la dimensión social sólo un momento de ella. El Buen Vivir se deshace de una comprensión desarrollista y procesual del tiempo lineal; se desanuda de una consideración productiva y acumulativa de la vida, no cíclica. Como dice Estermann "El futuro real se encuentra en el pasado que tenemos por delante"[49].

La epistemología indígena es el sistema de conocimiento indígena expresado a través de sus contextos, lenguajes, historias y espiritualidades. Implica hacer del conocimiento indígena guía y brújula del proceso de conocimiento[50]. Eso sería propiamente el Buen Vivir.

Desde ahí, la epistemología indígena se despliega a partir de una serie de elementos como son: a) La dimensión contextual e histórica de los saberes. Frente a la universalidad occidental, la pluralidad y diversidad de saberes indígenas, tantos como pueblos. Diversidad biológica y diversidad cultural se fusionan y se entremezclan: las diferentes formas y prácticas de convivencia con la Pachamama producen diferentes y variadas formas de ecosofía indígena a partir de la relacionalidad; b) El papel de las lenguas indígenas en la producción y canalización del conocimiento. Las lenguas indígenas influyen y articulan de manera determinantemente el conocimiento indígena[51];

---

48 Véase capítulo III.

49 ESTERMANN, J.; "Ecosofía andina: una paradigma alternativo de convivencia cósmica y Buen Vivir", *op. cit.*, p. 15.

50 WILSON, S., *Research in Ceremony: Indigenous Research Methods*, Fernwood Publishing, Halifax, 2008, pp. 74 y ss.

51 CHILISA, B., *op. cit.*, p. 98.

c) Los lugares-otros donde anidan los conocimientos, como los sueños, visiones, memorias, historias, ritualidades; d) el carácter colectivo y coproducido del conocimiento, que ensambla con la dimensión colectiva de los derechos indígenas; e) el rol del conocimiento indígena que establece un puente de conexión entre la descolonización y la autodeterminación indígena: descolonización para la autodeterminación.

CONCLUSIONES

Un paradigma indígena de saberes e investigación orientado a los derechos humanos nos permite concluir una serie de premisas importantes.

Los pueblos indígenas tienen una comprensión de la identidad y formas de vida netamente colectiva, lo que, por extensión, se prolonga y extiende a la manera de entender y comprender sus derechos. La dimensión colectiva de los derechos indígenas es un reflejo de su identidad cultural, así como de su cosmovisión y comprensión espiritual de la vida.

La función de los derechos colectivos indígenas es la de reparar y transformar las injusticias históricas producidas por la violencia pasada y presente del colonialismo sobre sus formas de vida y derechos, expresiones de violencia que se siguen reproduciendo en los territorios indígenas.

Teniendo en cuanta la cosmovisión y la estructura de los saberes indígenas, los derechos cumplen una función creativamente reparadora: a) son condición de posibilidad para completar el discurso de derechos humanos -centrado fundamentalmente en la dimensión individual de las personas-; b) proporcionan un límite esencial al discurso eurocéntrico del universalismo liberal de los derechos, por todo lo que excluyen e invisibilizan: la dimensión colectiva de los pueblos indígenas; c) otorgan luz sobre los procesos de exclusión-discriminación-desprecio que afectan de manera específica a los pueblos indígenas y representan una diferencia cualitativa respecto a otras violaciones de derechos humanos. De hecho, el sujeto colectivo indígena podría reconstruirse e identificarse a partir de las formas que adquieren las agresiones colectivas sobre estos pueblos.

Los pueblos indígenas contrastan críticamente el mito de la presunta universalidad occidental de los derechos, planteando la descolonización de los mismos como condición de posibilidad para la construcción de saberes. Los saberes indígenas, en conexión con sus derechos, tienen una dimensión más contextual y local que universal; por ello, una reinterpretación intercultural de los derechos -a partir del paradigma indígena- permite entender la(s) universalidad(es) de otras maneras.

Los pueblos indígenas despliegan una concepción eminentemente política de los derechos al manifestar que este discurso no es ajeno al poder; está ínsito en el corazón de estas dinámicas. Por ello y para ello, una epistemología descolonizante en la construcción del discurso de derechos resulta fundamental.

Una epistemología para la descolonización tiene que reconstruirse a partir de estereotipos acuñados desde las políticas coloniales para estos pueblos, como los de salvaje, bárbaro, incivilizado. Un planteamiento desde los saberes indígenas exige develar la condición negada de los pueblos como sujetos de derechos, así como un serio y sistemático estudio de las causas profundas que producen exclusión colonial, evitando análisis fragmentarios y sintomáticos sobre sus formas de exclusión y vulnerabilidad.

Frente al enfoque jerárquico de los derechos, generalista y estratificado en generaciones, los pueblos indígenas ubican en el centro de comprensión de los saberes la idea de sostenibilidad como eje interpretativo de todos los derechos, frente a otros esquemas, en el que la productividad constituye un elemento basal. Sostenibilidad implica abrirse al carácter finito del sistema-totalidad que nos envuelve y sostiene (*Pachamama*), finitud que reclama otra manera de entender y proyectar las relaciones interpersonales, comunitarias, con la Naturaleza, con los seres no vivientes, etc. La finitud, que funciona como condición de factibilidad para los derechos, se proyecta sobre el futuro proponiendo la sostenibilidad intergeneracional como condición de existencia de los mismos. La dimensión preventiva, derivada del carácter relacional de los derechos indígenas, resulta fundamental para poder entender todo esto.

Otro elemento fundamental derivado de los saberes indígenas es el concepto de "justicia cósmica" indígena, en cuanto presupuesto derivado de su pensamiento relacional. La justicia cósmica es una manera de confrontar críticamente el pensamiento disyuntivo y dicotómico tan presente en el discurso de derechos. Ello implica un equilibrio complementario y armónico entre la naturaleza humana y la no humana; entre vida y muerte, pares complementarios que constituyen un concepto integral de vida indígena; entre cultivar y consumir, elementos interdependientes para garantizar la sostenibilidad de los pueblos y allanar el camino hacia un concepto amplio de responsabilidad; entre trabajo y ritualidad, elementos fundamentales para garantizar la viabilidad de los sistemas productivos indígenas, así como para expresar su vínculo esencial con la Naturaleza, construyendo, desde ahí, una sólida idea de reciprocidad: devolver a la *Pachamama* lo que de ella se ha recibido. Para los pueblos indígenas el trabajo no es productivo; sólo lo es la Naturaleza, de ahí la necesidad de elaborar otras maneras de relación y de vínculo con ella arraigadas en el respeto recíproco y colectivo. Ello inaugura una manera de entender la responsabilidad que podría ser muy útil para complementar el discurso de derechos humanos y desanclarlos, definitivamente, del trabajo productivo como condición de posibilidad para ser titular de derechos.

Los saberes indígenas, entendidos como ecosofía, no pueden ser interpretados desde la dualidad producción-consumo.

La ecosofía ubica a los pueblos indígenas como guardianas de la *Pachamama*, lo que nos ubica, definitivamente, ante otra lógica y otra manera de entender el desarrollo.

La opresión y discriminación continuadas sobre las formas de vida, estructuras cosmovisionales y saberes de los pueblos indígenas, nos permiten discernir, investigar e identificar patrones de violación que estos pueblos han venido sufriendo y sufren. Investigar estos patrones de violación permite diseñar un mapa de indicadores para poder entender: i) cómo es y cómo se ejerce la violencia que sufren los pueblos indígenas; ii) cuál ha sido el objetivo último de un proceso tan sistemático y específico de violencia y sufrimiento sobre estos pueblos. Todo ello constituye un reto urgente y emergente para los derechos humanos con rostro indígena.

CAPÍTULO III.
LOS COMUNES-INDÍGENAS. TRAMAS PARA ENTENDER LAS LUCHAS POR LA DESCOLONIZACIÓN

INTRODUCCIÓN

Hablar de Pueblos indígenas exige establecer como marco interpretativo el colonialismo pasado y presente que estos pueblos han sufrido y sufren. De manera complementaria, hablar de derechos de los pueblos indígenas implica asomarse a las dinámicas y prácticas de descolonización que han sido y son condición de posibilidad para la existencia de tales derechos; hacerse cargo de la historia colonial de Amerindia para poder entender toda una institucionalidad y una praxis de usos y abusos sobre los pueblos indígenas.

Entender la historia de los pueblos indígenas implica asumir el carácter trabado e interdependiente que capitalismo, patriarcalismo y colonialismo[1], han ido constituyendo para generar un complejo sistema de opresión en el que los pueblos indígenas han funcionado como sus principales víctimas. Una pedagogía y una práctica descolonizadora implica tener en cuenta la relación sincrética y cómplice de estos tres factores.

---

1 SANTOS, B., *El fin del imperio cognitivo. La afirmación de las epistemologías del Sur*, Trotta, Madrid, 2019.

La descolonización –como lugar político y epistémico– reclama reconstruir poderes, epistemologías, discursos, formas de organización, Derecho(s), cosmovisiones, relaciones sexo-género[2], todas ellas expresiones políticas de vida(s) arruinadas y pisoteadas para los pueblos indígenas. Ello permita avanzar hacia un segundo momento propositivo: la construcción de la materialidad de los derechos desde las prácticas de lucha por la vida, el territorio y la autonomía indígena, desde la centralidad de lo que vamos a llamar los comunes-indígenas.

Los pueblos indígenas representan aproximadamente el 5% de la población global, manteniendo, a la vez, unos estadios de pobreza y discriminación dramáticamente altos: el 15% de la población mundial que vive en la pobreza extrema está formado por personas indígenas. Ocupan un cuarto de la superficie terrestre; protegen y sostienen el 80% de la biodiversidad global con sus saberes y prácticas. La sabiduría política indígena ha funcionado como límite y barrera a la depredación de los recursos naturales y a la preservación de los grandes nichos de biodiversidad que todavía nos habitan (FAO y FILAC, 2021). Por eso el territorio indígena es fundamentalmente político, un puente para la producción, reproducción y desarrollo de la vida individual y colectiva.

Los pueblos indígenas funcionan como garantes y guardianes fundamentales de la diversidad biológica y cultural de toda

---

2 El feminismo comunitario indígena "(…) nace descolonizando el feminismo, para restituir las memorias de luchas anti-patriarcales y plantear el horizonte del 'Vivir bien para todos los pueblos del mundo' y para la naturaleza que los cobija. La descolonización es planteada como un ejercicio de la autonomía de la memoria larga de los pueblos originarios de Abya Yala, pero también como un ejercicio de la autonomía de nuestros imaginarios, cuerpos, sexualidades, que nos constituyen, y la autonomía de las estéticas que nos conmueven". PAREDES, J., "Despatriarcalización. Una respueta categórica del feminismo comunitario (descolonizando la vida)", *Revista de Estudios Bolivianos*, vol. 21, 2015, pp. 100-115.

una ecología de seres vivientes y no vivientes, fungiendo como defensores de alternativas a un desarrollo extractivista como el que estamos viviendo. Al ser sujetos políticos de alternativas a modelos de vida depredatorios -para con la vida, la naturaleza y las culturas- les convierte en objetivos prioritarios de persecución y criminalización. Estamos en las antesalas de nuevas desposesiones coloniales que transforman a los pueblos indígenas en víctimas de sus propios territorios, por el potencial conflictivo que la propuesta de sostenibilidad indígena implica para los nuevos actores globales que actúan en territorio indígena[3].

Vamos a estructurar este capítulo en cuatro grandes bloques que guardan interdependencia y continuidad. En primer lugar, hablaremos de los comunes-indígenas como fundamento para entender la propuesta política de vida y de derechos de los pueblos indígenas.

En un segundo momento haremos referencia a las dificultades que presenta la construcción de prácticas y dinámicas interculturales en la relación triangular que se produce entre pueblos indígenas-estado-mercado. La interculturalidad, como metodología, resulta fundamental para entender toda la estructura y propuesta del libro. El diálogo intercultural entre el sistema normativo estatal y los sistemas normativos indígenas constituye la piedra angular desde donde articular un verdadero pluralismo jurídico. No se trata de insertar los sistemas normativos indígenas en la Constitución de un Estado, como un capítulo más de su parte dogmática; resulta necesario construir un diálogo intercultural horizontal entre normatividades,

---

3 MARTÍNEZ DE BRINGAS, A., "El reconocimiento del genocidio como estrategia instituyente para la reparación de los derechos colectivos y la memoria indígena" en SÁNCHEZ RUBIO, D. y CRUZ ZÚÑIGA, P. (eds.), *Poderes constituyentes, alteridad y derechos humanos. Miradas críticas a partir de lo instituyente, lo común y los pueblos indígenas,* Madrid, Dykinson, 2020, pp. 193-240.

sin jerarquías ni clasificaciones. Esa es la esencia del pluralismo jurídico intercultural. La interculturalidad, como metodología, resulta también fundamental para entender el enfoque de derechos colectivos indígenas, en cuanto complemento necesario de la predicada universalidad del discurso de derechos. La Declaración de Naciones Unidas sobre los derechos de los pueblos indígenas constituye un esfuerzo por articular, con la gramática y el lenguaje de los derechos, las necesidades e intereses indígenas, añadiendo la dimensión colectiva a la primacía individual con la que se expresa el discurso de los derechos. Constituye una gran esfuerzo de interculturalidad adaptar el instrumental clásico de los derechos, a la perspectiva y enfoque de los pueblos indígenas. De ahí la especificidad y cualidad de la dimensión colectiva y su conexión con la idea de los comunes-indígenas.

En un tercer momento abordaremos la propuesta de los Derechos de la Naturaleza como pedagogía para poder entender la propuesta de Vida de los pueblos indígenas, desde su relación con la Naturaleza viviente. En esta parte resultará fundamental el aporte del enfoque biocéntrico, tan presente en la Constitución de Motecristi (Ecuador). El enfoque biocéntrico pretende superar las limitaciones que un paradigma antropocentrado y binario de derechos presenta para referirse a los ecosistemas, a vivientes no humanos, complementando, de esta manera, el reductivo mapa de protección que el discurso de derechos humanos presenta. Frente a la referencia binaria con la que nos hemos venido manejando -derechos humanos vs. Derechos de la naturaleza-, el enfoque biocéntrico pretende establecer una relación de interdependencia y compenetración entre ambos enfoques, entre naturaleza y cultura.

Finalmente, haremos referencia a las principales dificultades con las que se están encontrando los pueblos indígenas para la construcción de sus formas de vida y derechos. Entendiendo las brechas y dificultades que sufren, podremos ponernos en la senda para la construcción de alternativas. El análisis de este último epígrafe resulta fundamental para entender y enfocar la dimensión colectiva de los derechos indígenas. Asumida esta dimensión colectiva, el epígrafe ayuda a otorgar luz sobre las dificultades que la metodología intercultural tiene que enfrentar para poder proteger y dar respuesta a necesidades y discriminaciones colectivas. Con ello se pretende cerrar la circularidad entre comunes indígenas, interculturalidad, enfoque biocéntrico, a partir de las dificultades que la realidad cotidiana ofrece para aplicar estas metodologías y enfoques.

1. LOS COMUNES-INDÍGENAS COMO FUNDAMENTO DE LOS DERECHOS Y LOS SABERES

La propuesta de los comunes-indígenas que proponemos va a funcionar como sustrato, base y arraigo de toda la cosmovisión indígena, de sus derechos, dinámica desde la que entender el potencial trasformador que proponen los pueblos indígenas. Los comunes-indígenas son el soporte descolonizante que sus formas de vida proponen para entender el poder y el saber. Atraviesan y dan contenido material a la interculturalidad y plurinacionalidad como formas de organizar el poder; son condición de posibilidad y mediación necesaria para la implementación de los derechos colectivos. Desde aquí, resulta fundamental otorgar centralidad a la acción colectiva indígena para la construcción del autogobierno y de formas exitosas de autogestión necesarias para la organización política interna que permita el control, gestión y defensa territorial.

Los comunes-indígenas son un modelo evolutivo y funcional -no esencialista, sino estructuralmente dinámico- de autogestión y abastecimiento de recursos y formas de vida que combina modelos productivos, junto con prácticas socio-colectivas de vida, en interdependiente tensión con relaciones culturales y espirituales con el territorio y sus diferentes formas vivientes. Los comunes-indígenas rearticulan en interdependencia sistémica-colectiva: i) recursos (territoriales, culturales, de biodiversidad, de organización, de gobierno, de gestión, de caza y pesca, medicinales, etc.); ii) sujetos, entendido en un sentido político, teniendo en cuenta las diferentes formas de organización territorial y espacial que puedan darse; pero, también, considerando la subjetividad política de manera extensiva, focalizándola hacia todos los vivientes (humanos y no humanos), más allá del disyunto sujeto(humano)-objeto(naturaleza)[4]; iii) institucionalidades, prácticas y protocolos socio-culturales fruto de la relación con el contexto, el territorio y sus patrones de interacción; con los sistemas normativos indígenas, así como como con regímenes de uso de la propiedad comunal indígena[5].

Los comunes-indígenas funcionan como modelos alternativos coherentes que explican cómo se puede crear y sostener valor de uso fuera del sistema de mercado. Otorgan prioridad a los sistemas normativos indígenas que permiten a estos pueblos compartir propiedad y recursos territoriales, formas de gestión y organización atravesadas por sabidurías ancestrales[6].

Sin embargo, los comunes-indígenas están en sistemática tensión y confrontación con el Estado y el mercado; atravesados e interseccionados por sus formas culturales, sus regulaciones e imposiciones, lo cual tiene enormes repercusiones sobre

---

4 Esta apreciación es importante ya que se trata de otorgar subjetividad política de derechos por la cualidad ontológica que algo o alguien tiene, por ser soporte y fuente de vida biodiversa y sostenible; no se es sujeto de derechos por la capacidad productiva que se pueda tener, o por los servicios y beneficios que esa subjetividad pueda aportar.

5 BOLLIER, D., *Pensar desde los comunes. Una breve introducción*, Traficantes de sueños, Madrid, 2016; HESS, CH. y OSTROM, E. (eds.), *Los bienes comunes del conocimiento*, IAEN, Quito, 2016.

6 Ver Capítulo V.

las formas de vida colectiva indígena en el territorio[7]. Por tanto, no cabe una comprensión abstracta y desvinculada de los comunes-indígenas, ni de los conflictos que los atraviesan. Resulta fundamental una política de alianzas estratégicas con otros actores para mediar en y con estos conflictos.

Siendo los comunes-indígenas el sustrato y condición de posibilidad de los derechos indígenas, es, este fondo común, el que fija el contenido, la finalidad, el sentido y pretensión última de estos. Por ello, los derechos colectivos deberán ofrecer las maneras adecuadas de proteger los comunes-indígenas de la explotación y el cercamiento; deberán habilitar las con-

---

7 Los ríos Cocora, Coello y Combeima (Sentencia rad. 2011-00611 y Corte Constitucional, sentencia T-622 de 2016), y sus recursos hídricos, fueron declarados, en Colombia, sujetos de derecho, acompasando, tal declaración, con la adopción de medidas paralelas para garantizar dicha subjetividad, como la prohibición de realizar actividades económicas en la cuenca y aledaños de estos ríos. Estamos ante un reconocimiento de los comunes-indígenas. Sin embargo, tales sentencias entran en conflicto con contextos y relaciones con las que conviven y se relacionan los comunes-indígenas: el Estado y el mercado. Una declaración tal de subjetividad para los ríos en Colombia convive en tensión conflictiva con el derecho administrativo estatal encargado de deslindar competencias administrativas vinculadas a estos bienes y recursos comunes. Le toca al Derecho estatal discernir y delimitar competencias, funciones cruzadas que afectan a múltiples entidades y sujetos (como los pueblos indígenas, el estado, las empresas, etc.). Le corresponde, también, aclarar la múltiple naturaleza de estos bienes y recursos: los ríos y los regímenes hídricos en cuanto sujetos de derecho; pero también como objetos de propiedad (individual o comunal). La parte no expresada en las sentencias es la determinación del estatuto y las competencias que corresponden a los comunes-indígenas. Las sentencias se dictaron tratando de resolver conflictos concretos de afectación medioambiental; no para dar solución al alcance y la profundidad que la declaración de los ríos como sujeto de derechos implica. Estas declaraciones (de derechos) pueden declinar en lo sintomático y residual si no se toma en serio la dimensión holística, compleja, de esta subjetividad, poniendo especial énfasis en los efectos estructurales que tal declaración puede producir sobre la totalidad de los ecosistemas afectados.

diciones para la producción, reproducción y desarrollo de estos, más allá de tenues subjetividades de derechos; asegurar la autoprotección de la biodiversidad territorial que ocupan con arraigue común, salvaguardando recursos, saberes y normas comunitarias; ofertar medios que limiten la intervención del Estado y el mercado, reformulando los regímenes de consulta desde la premisa de los comunes-indígenas; pensar mecanismos de protección donde la cualidad colectiva sea el contenido esencial de lo protegido, con base territorial y articulado desde las formas indígenas de autogobierno.

En todo este planteamiento es importante anticipar el papel que corresponde al Estado frente a los comunes-indígenas. Éste deberá funcionar como administrador de lo común bajo cuatro ejes de actuación: i) permitiendo la plena accesibilidad indígena a los comunes-indígenas, entendiendo el territorio como relación social con otros vivientes; ii) eliminando cualquier forma de discriminación, lo que supone dar prioridad a la existencia de los comunes-indígenas frente al extractivismo depredador, articulando, desde el principio de no discriminación, toda la lógica de reparto de beneficios; iii) fomentar la participación de los comunes-indígenas haciendo de ellos prioridad estratégica para la participación y concertación de intereses, función en la que el Estado administrará dicho proceso sin imponer, condicionar, suprimir o falsear formas de gestión y administración; iv) respetar la gestión, organización y autogobierno de los comunes-indígenas como núcleo político fundamental desde el que articular iniciativas y propuestas.

Los comunes-indígenas, en cuanto gobierno comunal, pueden funcionar como un elemento de protección frente al Estado y el mercado. Los comunes-indígenas producen por sí mismos formas autogobierno y autogestión. La soberanía no es delegable ni se puede fragmentar en liderazgos atomizados; reposa en la voluntad comunal. Las instituciones comunales son importantes ya que permiten organizar y construir la defensa y recuperación del territorio. Implican otorgar centralidad a las relaciones sociales como tramas necesarias para recuperar e instituir instancias, procesos y dinámicas para la producción de decisiones[8].

Los comunes-indígenas se articulan y vertebran a partir de tres instituciones comunitarias: i) el trabajo comunal, cuerpo social que dinamiza y produce formas de autogobierno y autogestión, así como el resguardo, protección y garantía de los bienes comunales. El trabajo comunal otorga sentido político a la acción comunal indígena. Se decide sobre lo que se trabaja y se trabaja sobre lo que se decide; ii) la tierra comunal, eje institucional desde el que habilitar toda la política indígena. Controlar el territorio es condición de posibilidad para el autogobierno; iii) La producción de decisiones sobre los sistemas normativos indígenas que permita la autorregulación comunal en un amplio sistema de justicia comunal.

Por tanto, el sujeto político de toda propuesta de derechos son los comunes-indígenas. No sería posible la administración de este si se aniquilara la institucionalidad, las prácticas de organización, articulación y gobierno comunal indígena. Sin embargo, esta administración se tiene que hacer con consciencia de la intersección -y necesaria modulación- de los comunes-indígenas con el Estado y el mercado; buscando formas híbridas de gobierno y autonomía que escapen a una comprensión autista de la autonomía indígena. La intervención del Estado y del mercado (en sus múltiples modalidades) son condiciones de posibilidad para el mantenimiento, respeto y sostenibilidad de los comunes-indígenas. Autogobierno y soberanía de los comunes-indígenas, tensionada con Estado y mercado, son mallas de relaciones que evidencian la innata conflictivi-

---

8 TZUL, G., *Sistemas de gobierno comunal indígena. Mujeres y tramas de parentesco en Chuime´ena´*, Amaq, México, 2018.; CABNAL, L., "Tzk´at, Re de Sanadoras Ancestrales del Feminismo Comunitario desde Iximulew-Guatemala", *Ecología Política*, 54, 2017, pp. 100-104.

dad política de estos entrecruzamientos. Por ello, resultan necesarias formas híbridas de administración con el Estado y el mercado para poder hacer factible y sostenible el proyecto de los comunes-indígenas. Ello no implica claudicar, sino ser consciente de los contextos, las mediaciones y los conflictos en los que se construye lo común y que determinan, a día de hoy, la vida y condiciones de existencia y convivencia de los pueblos indígenas.

Otorgar centralidad a los comunes-indígenas implica desdibujar integrando los límites disyuntivos entre lo individual y lo colectivo; entre lo subjetivo y lo objetivo; entre cultura y naturaleza; entre el Estado, el mercado y los comunes-indígenas. Esta es la centralidad novedosa y radical del proyecto de los comunes-indígenas.

2. LA INTERCULTURALIDAD: ANTÍDOTO Y METODOLOGÍA PARA LA DESCOLONIZACIÓN

La interculturalidad afrontada con seriedad y rigor funciona como metodología descolonizante, permitiendo la construcción de otra manera de construir, entender y aplicar los derechos. Lo importante para los pueblos indígenas es con qué ideas pensamos otras ideas; esta es la clave para una construcción e interpretación intercultural de la universalidad de los derechos humanos.

La construcción de un marco intercultural de interpretación de la realidad y los derechos exige, como condición propedéutica, partir del valor epistémico que tienen los grupos (los comunes-indígenas) por sí mismos, con independencia de cómo sea este valor para los individuos. Nos interrogamos sobre el estatuto de la agencia propia de los comunes-indígenas; sobre la cualidad que la subjetividad política colectiva implica para la construcción de metodologías interculturales, más allá de una concepción de la ciudadanía constitutivamente vinculada al individuo. Nuestro argumento reclama la centralidad política y epistémica de los comunes-indígenas, proponiendo una construcción intercultural desde la agencia colectiva indígena para el diálogo con los Estados, trascendiendo el reduccionismo liberal de empaquetar la interculturalidad en monólogos asimilativos.

Para todo ello, nos es útil la tesis de la indeterminación de Quine[9], lo que nos ayudará a determinar qué entendemos por traducción intercultural. Desde esta perspectiva, los comunes-indígenas no son algo-alguien que hay que traducir, puesto que nunca hay traducción correcta. Consideramos que hay muchos modos y variadas maneras de traducción, sobre todo si partimos de la importancia que tiene la relatividad de los contextos en cuanto lugar de enunciación de las agencias y subjetividades. Ello constituye una seria matización a la universalidad impuesta por el discurso de derechos gestionado por el Norte global.

En otra avenida de la discusión, Davison también resulta enormemente sugerente para fraguar criterios y maneras de entender la interpretación intercultural[10]. Para Davison, toda propuesta intercultural implica, de manera interdependiente y trenzada, tres variables: i) la de lo que el sujeto (colectivo) quiere (ámbito del deseo); ii) la de lo que el sujeto sabe (creencias y conocimientos); iii) la de lo que el sujeto hace (ámbito de la acción). Davison propone que damos por supuestas estas tres variables, cuando normalmente sólo conocemos dos. Es, por tanto, desde este menguado conocimiento, desde donde interpretamos y construimos sentido y realidad.

---

9 QUINE, W.V.O., *World and Object*, MIT Press, Cambridge, 2013.

10 DAVISON, D., "A Unified Theory of Thought, Meaning and Action", in *Problems of Rationality*, OUP, Oxford, 2004.

Sin embargo, la interpretación intercultural reclama una combinación sistémica de estas tres variables para poder entender el sentido enunciativo y cosmovisional de los comunes-indígenas. Por tanto, conocimientos ancestrales indígenas (en todos los órdenes de la vida, desde los productivos, a los culturales, pasando por los simbólicos y sígnicos); modos de organización y articulación político-jurídica (gobernanza, autonomía, pluralismo jurídico); junto con el deseo-planteamiento indígena del Buen Vivir, constituyen un marco cosmovisional de sentido que es necesario conocer y del que hay que hacerse cargo para que la traducción intercultural funcione.

Resulta reductivo realizar metodologías interculturales que se expresen y proyecten, sólo, desde una de las variables descritas (el nivel de la acción, o de la sabiduría). Esa es la mirada limitante que se ha venido proponiendo de la interculturalidad desde parámetros individuales y liberales. Lógicamente, para que la triangularización de las variables pueda funcionar es fundamental compartir un mundo común con los pueblos indígenas. Este es uno de los grandes retos para el Estado y la sociedad civil: cómo realizar traducciones interculturales sin reduccionismos, sin metodologías extractivas orientadas a la desposesión por imposición de verdades ajenas, por interpretación caprichosa de las alteridades indígenas. No empeñar esfuerzos en la práctica de una interculturalidad que afronte en su radicalidad los comunes-indígenas, nos aboca a procesos de injusticia epistémica y de negación de derechos colectivos.

La interculturalidad interpretada desde estas tres variables escapa a las ataduras que imponen comprensiones unidimensionales, como las planteadas desde el Estado. Este es uno de los conflictos nucleares con el que nos encontramos al traducir el discurso liberal de los derechos a las expectativas indígenas; a las maneras indígenas de entender la buena vida, y viceversa. Toda metodología intercultural tiene que ser híbrida, combinando los modos y sentidos cosmovisionales indígenas de entender la existencia, con las maneras estatales-criollas de entender el mundo de la vida, integrando expectativas de la sociedad civil y del mercado. Ello no implica simetría de planteamientos; exige entender y desarrollar mecanismos y técnicas de discriminación positiva para ajustar los comunes-indígenas al Estado y al mercado, lo que está todavía por realizarse. Este es el fondo de expectativas donde se juega la dialéctica intercultural: hacerse cargo de con qué ideas (derechos) afrontamos otras ideas (comunes-indígenas). Equilibrando todas estas dimensiones, la metodología intercultural podría ayudar a que el sistema de equivalencias interculturales no se rompa (por ejemplo, en la relación central y sistémica que los pueblos indígenas proponen entre Naturaleza-Cultura).

3. LA COMPRENSIÓN BIOCÉNTRICA DE LOS DERECHOS DE LA NATURALEZA. ALGUNOS ELEMENTOS PARA SU COMPRENSIÓN

En este epígrafe vamos a tratar de dar medida de la profundidad que el concepto Derechos de la Naturaleza tiene para los pueblos indígenas, y cómo es anudada y conceptualizada esta profundidad en la Constitución ecuatoriana, paradigma normativo de su constitucionalización.

1. Fue la Constitución de Montecristi el primer texto normativo en dar el gran salto adelante para la constitucionalización de los Derechos de la Naturaleza[11]. Se trató, tanto a

[11] La Constitución ecuatoriana incorporó en su texto los Derechos de la Naturaleza en 2008. Bolivia aprobó la Ley de la Madre Tierra y desarrollo integral para el Buen Vivir en Bolivia (Ley 300, 2012). Esta Ley, sin embargo, no ha resultado eficaz para resolver los problemas de fondo que plantea el paradigma biocéntrico. Mantiene una peculiar definición de los derechos de la Madre Tierra, asignando su gestión y coordinación al interés público, pero con una consideración desarrollista de la gestión ambiental que denomina como desarrollo integral. Transitamos, con ello, peligrosamente, hacia lógi-

nivel cosmovisional, como normativo, de un cambio cualitativo de paradigma en la manera de entender los derechos, su relación con la Naturaleza y la ecología de seres que ésta incluye y despliega. La Constitución ecuatoriana trasciende el mero ambientalismo y el ecologismo verde del Green New Deal al que estamos acostumbrados en el paisaje constitucional global[12], para entrar en contenidos materiales propios de lo que se ha venido a llamar biocentrismo. Desde aquí, las cuestiones importantes con relación a "la Naturaleza" no tienen que ver sólo con problemas de agotamiento, de explotación de recursos naturales o contaminaciones dramáticas en plena era del Antropoceno –momento en la que la especie humana se ha convertido en fuerza geológica capaz de afectar al sistema planetario y su destino-; sino con afrontar radicalmente los efectos socio-ecológicos que estos conflictos producen, como la destrucción de multi-especies, la desaparición de ecosistemas

---

cas ambientalistas profundamente antropocentradas, ubicando los recursos naturales y los ecosistemas como simples recursos productivos de un gran mercado verde. La Ley, pese a la pomposidad de su rúbrica, está más interesada en la gestión del cambio climático, abandonando el gran reto normativo que pasaba por reconocer valores propios a la Naturaleza, como sí hace la Constitución de Ecuador. La creación de una Autoridad Plurinacional de la Madre tierra ha estado más orientada a subsanar conflictos sintomáticos que el cambio climático pone en escena, que a profundizar en la radicalidad que presenta e implica el paradigma biocéntrico: un reconocimiento radical de los derechos colectivos indígenas al territorio y sus recursos. En Colombia, en 2018, la Corte Suprema de Justicia reconocería la Amazonía como sujeto de derechos (STC-4360 de 2018). En Perú se está discutiendo el proyecto de Ley 06957/2020 que reconoce los derechos de la Madre naturaleza, los ecosistemas y las especies.

12 "Un Green New Deal dentro del molde del pensamiento actual conducirá a una nueva forma de colonialismo verde que continuará sacrificando a la gente del Sur Global para mantener nuestro modelo económico quebrado", RIECHMANN, J., *Otro fin del mundo es posible, decían los compañeros. Sobre transiciones ecosociales, colapsos y la imposibilidad de lo necesario*, MRA, Barcelona, 2019, p. 148.

a gran escala, o la aparición implacable de fenómenos pandémicos, como el de la Covid-19 y su deletéreo impacto sobre humanos[13]. También trasciende el ambientalismo garantista que ha venido desarrollando el Derecho internacional de los derechos humanos, por su abordaje atomizado, parcial y cortoplacista en el planteamiento del conflicto climático y en la propuesta de alternativas. Ello se hace sin un enfoque holístico y biocéntrico en la compresión de la ecología de vivientes que la Naturaleza implica, más allá de la escueta mirada antropocéntrica[14].

2. La Constitución de Montecristi entiende los Derechos de la Naturaleza hilvanados y tensionados desde tres ejes que funcionan con interdependencia sistémica: la ecología política profunda, la ética ambiental y la biología conservacionista. Estos tres ejes despliegan sus propios principios, trascendiendo las propuestas del ambientalismo administrativo clásico. Ade-

---

13 ACOSTA, A. y MARTÍNEZ, E. (eds.), *La naturaleza con derechos. De la filosofía a la política,* Abya Yala, Quito, 2011; GUDYNAS, E., "Los derechos de la naturaleza en serio" en *Ibidem,* pp. 239-286; GUDYNAS, E., *Derechos de la naturaleza. Ética biocéntrica y políticas ambientales,* PDTG, Perú, 2014; GUDYNAS, E., *Extractivismos. Ecología, economía y política de un modo de entender el desarrollo y la naturaleza,* CEDIB, Bolivia, 2015; DANOWSKY, D. y VIVEIRO DE CASTRO, E., *¿Hay un mundo por venir? Ensayo sobre los miedos y los fines,* Futuros Próximos, Buenos Aires, 2019; DESCOLA, PH., *Más allá de naturaleza y cultura,* Amorrortu, Barcelona, 2012; CHAKRABARTY, D., "The Climate of History: Four Theses", *Critical Enquiry,* 35, 2009, pp. 197-222; "Postcolonial Studies and the Challenge of climate Change", *New Literary History,* 43:1, 2012, pp. 1-18; LATOUR, B., "Esperando a Gaia. Componer el mundo común mediante las artes y la política", *Cuadernos de Otra parte. Revista de letras y artes,* n °26, 2012, pp. 67-76; LATOUR, B., *Cara a Cara con el Planeta. Una nueva mirada sobre el cambio climático alejada de posiciones apocalípticas,* Siglo XXI, Buenos Aires, 2017; LATOUR, B., *Dónde aterrizar. Cómo orientarse en política,* Taurus, Madrid, 2019.

14 MARTÍNEZ DE BRINGAS, A., "La política del antropoceno. Hacia un fundamento común de las responsabilidades planetarias", *Derechos y Libertades: Revista de Filosofía del Derecho y derechos humanos,* n° 49, 2023, pp. 115-152.

más, la Constitución de Montecristi no es ingenua respecto a la conceptualización de estos derechos; considera que no son viables ni sostenibles sin una base material productiva adecuada que vincule los Derechos de la Naturaleza, con políticas económicas cercanas al decrecimiento y al Buen Vivir indígena. Propone la necesidad de un modelo económico-otro, alternativas de vida diferentes al capitalismo productivo y depredador, para dar base y proyección garantista y sostenible a los Derechos de la Naturaleza.

La Constitución de Montecristi, en su artículo 71, vincula estructuralmente los Derechos de la Naturaleza con los derechos a la existencia integral; al mantenimiento y regeneración de los ciclos vitales y los procesos evolutivos de la naturaleza; al derecho de toda persona, pueblo o nacionalidad a exigir a los poderes públicos el cumplimiento y garantía de estos derechos; a un derecho restaurativo sustantivo independiente de las indemnizaciones que el Estado tenga que proveer por vulneraciones de los sistemas naturales afectados. Conecta los Derechos de la Naturaleza con su nutriente básico y fertilizador que es el agua, elemento vital para la naturaleza (art. 318), proponiendo un enfoque ecosistémico que haga sostenible este proceso (art. 412). La Constitución avanza con proyección estratégica al establecer que el tratamiento ecosistémico y el consumo humano serán prioritarios en el uso y aprovechamiento del agua, fijando una relación interdependiente y equilibrada entre los humanos y otros vivientes. Ello constituye, sin jerarquías de miradas, ni prioridades lógicas en la consideración del uso y la sostenibilidad, una misma ecología de seres.

La radicalidad con la que se enuncia el texto constitucional queda apuntalada a través del principio *in dubio pro natura*: en caso de duda sobre el alcance de las disposiciones legales en materia ambiental, éstas se aplicarán teniendo en cuenta la orientación y la interpretación más favorable a la protección de la Naturaleza (art. 395.4), en consonancia, también, con el principio de precaución (art. 395.5). Se propone con ello una consideración biocéntrica de los Derechos de la Naturaleza que trasciende el ambientalismo antropocéntrico, centrado en una comprensión dualizada de los derechos (de la naturaleza), tensionada entre los ejes Cultura (humana) y Naturaleza (no humana)[15].

3. Esta regulación de los Derechos de la Naturaleza establece el puente necesario para traspasar el hiato que el ambientalismo no ha podido transitar, a través de tres elementos sustantivos que atraviesan el texto constitucional: la naturaleza como sujeto de derechos, más allá de una consideración subsidiaria de ésta agregada primordialmente a los intereses y necesidades de los humanos; la dimensión plural de los Derechos de la Naturaleza, frente a una comprensión formalista, reducida y simplista de los procesos naturales y de la ecología de seres que aquí se sustancia; la dimensión restaurativa integral de los ecosistemas, más allá de la disyunción ambientalista entre derechos de las personas y derechos del medio ambiente. Con todo ello, se propone una consideración multiescalar para la interpretación de los Derechos de la Naturaleza, más allá de la mera consideración productiva. La escala sostenible, la escala preventiva, la escala existencial, la escala cosmoviviente, son, todas ellas, dimensiones que deben integrar el discurso de Derechos de la Naturaleza[16].

4. La novedad biocéntrica del texto expone su originalidad y creatividad en una consideración de la Naturaleza como sujeto con valores, no instrumentales a la voluntad, necesidad o intereses productivos de los seres humanos. Los Derechos de la Naturaleza se fundamentan en una axiología propia, autopoiética, con independencia del valor que esta axiología tiene para los seres humanos; y, sobre todo, con independencia de su valor productivo. No se trata de una fundamentación

---

15 *Ibidem.*

16 GUDYNAS, E., "Los derechos de la naturaleza en serio" *op. cit.*, pp. 239-286.

paralela, superpuesta a los valores que fundamentan los derechos fundamentales de las personas; sino interdependiente con estos, condición de posibilidad para garantizar la dignidad de la persona, grupos y ecosistemas. No hay dignidad humana sin contexto ecológico, de ahí la necesidad de establecer una interdependencia estratégica entre valores sustantivos de los seres humanos y la Naturaleza como condición de posibilidad para una protección integral, sostenible y proyectiva en el tiempo y en las generaciones de vivientes. Es una propuesta orientada a ecologizar la ética de los derechos humanos. Se trata de evitar la trampa del ambientalismo y de las generaciones derechos, con sus prioridades jerárquicas y sus formas ideológicas en la comprensión de los mismos; de proyectar sobre la Naturaleza valores y propiedades que son humanas, dotando de una comprensión antropocéntrica a los Derechos de la Naturaleza. Pese a todo ello, la implementación de estos derechos está yendo por derroteros productivistas, allende del espíritu normativo que los inspiraba.

5. Con relación a la espinosa cuestión de la Naturaleza como sujeto de derechos, el texto transita hacia otra consideración de la subjetividad, de los procesos de subjetivación, más allá de la reducción formalista tan propia de la dogmática de derechos. Cuando se habla de la Naturaleza como sujeto de derechos se está pensando en una comprensión holística de lo viviente, más allá de lo humano. Subjetividad implica y abarca especies y ecosistemas. Implica y co-implica una consideración amplia de lo humano integrada en la ecología de los seres vivientes[17]. Por tanto, hablamos de una subjetividad fundamentada en un abordaje plural que evite la atomización y fragmentación de la Naturaleza en recursos naturales, en microsistemas, en partículas naturales que no son más que un momento de la totalidad natural. Biodiversidad y pluralidad

---

[17] KOHN, E., *Cómo piensan los bosques*, Abya Yala, Quito, 2021.

cultural son dinámicas complementarias. Una consideración amplia de lo humano implica una comprensión culturalmente diversa de la naturaleza como sujeto de derechos.

6. Esta es la dimensión teorética que el texto de Montecristi trata de introducir. Otra cuestión es el recorrido práctico que la configuración programática de los Derechos de la Naturaleza está teniendo. Por recorrido práctico entendemos la interpretación que en sede judicial se está haciendo de estos derechos, en contraste crítico con las exigencias del enfoque biocéntrico. Desde un punto de vista normativo habría dos maneras de entender los Derechos de la Naturaleza: en un sentido material-sustantivo; o en su dimensión formal-procedimental[18]. En su sentido formal-procedimental, entender la Naturaleza como sujeto de derechos implicaría otorgarle las garantías normativas y jurisdiccionales que se conceden a otros sujetos de derecho ya reconocidos, ya sean personas físicas o jurídicas. Desde aquí, la legitimidad para interponer acciones legales en defensa de la Naturaleza corresponde a todas aquellas instituciones, personas y grupos que pudiéramos considerar representantes legítimos de la Naturaleza y sus procesos: por un lado, el Estado (en su función de administrador de la función de protección y tutela de los derechos ambientales); por otro lado, las comunidades o pueblos afectados. En complementariedad con ello, la Constitución oferta la posibilidad de tutela ambiental por medio del artículo 399, función que podría ser activada por interés ciudadano, o a través de la defensoría del ambiente y la Naturaleza, haciendo a tal defensoría depositaria administrativa del buen curso de la tutela legal de los Derechos de la Naturaleza. Esta modalidad se corresponde con un formato clásico de protección. No implica, por tanto, una ruptura con los modelos dominantes ambientalistas, sino más bien una

---

18 NOGUERA, A. y NAVAS, M., *Los nuevos derechos de participación ¿Derechos constituyentes o constitucionales?*, Tirant Lo Blanch, Valencia, 2016, pp. 45 y ss.

prolongación de los mismos, implicando la introducción de mecanismos administrativos de protección, haciendo pivotar sobre el Estado la garantía última y principal en la interpretación y tutela de estos derechos. Se produce una suerte de transposición de la subjetividad política que corresponde a la Naturaleza, al Estado; una proyección sobre la Naturaleza del modelo clásico de protección ciudadana, diluyendo con ello la novedad cualitativa que implicaba el modelo biocéntrico.

Cabe, sin embargo, una interpretación material-sustantiva, la más interesante y la que está en consonancia con el giro biocéntrico introducido por el texto de Montecristi. Para esta interpretación, el reconocimiento de subjetividad política de los Derechos de la Naturaleza implica la necesidad de una transformación radical del sistema, de sus modelos productivos y distributivos. Exige implementar una política económica comunitaria que abandone y extirpe el extractivismo como manera de tratar con la Naturaleza; que permita representar y proteger la ecología de seres y saberes que la Naturaleza incluye, reconociendo e incluyendo prácticas productivas comunitarias vinculadas al uso de los valles y sus recursos, en consonancia con las sabidurías ancestrales de los pueblos indígenas. Esa es una de las exigencias centrales de la reivindicación de las autonomías indígenas y de sus planes de vida[19].

7. Los Derechos de la Naturaleza reposicionan los ejes centrales de la política medio-ambiental, más allá del carácter rentable y/o productivo de los recursos naturales que contiene. El eje desde el que articular la protección es la sostenibilidad, incluso, de especies y ecosistemas inútiles, estériles, yermos o

---

[19] MARTÍNEZ DE BRINGAS, A. y URRUTIA, G, “Estrategias de resistencia a operaciones mineras en la Amazonía: el caso del Proyecto Mocoa (Colombia)” en ARELLANO, J. y BERNAL GÓMEZ, P. (coord.), Transición energética, expansión minera y conflictos ecosociales en la Amazonía, Universidad de Deusto, Bilbao, 2022, pp. 61-98.

poco atractivos para una comprensión comercializadora de la Naturaleza. Desde una mirada biocéntrica, la Naturaleza tiene un valor intrínseco por sí misma, con independencia de la utilidad que el mundo no-humano presente y oferte a los propósitos humanos[20]. Por ello, resulta importante otorgar subjetividad política a la Naturaleza por la ontología vital que posee, por ser fuente de vida otra que la humana. Los Derechos de la Naturaleza, así entendidos, nos obligan a ver y entender qué significa el ser humano en un mundo que está más allá de lo humano; nos fuerzan a mirar lo humano desde un poco más allá de lo humano.

8. Sin embargo, son muchas las problemáticas que se están dando en América Latina para un reconocimiento material de la Naturaleza como sujeto de derechos. La tendencia a procedimentalizar y administrativizar los Derechos de la Naturaleza y sus garantías, así como la propensión a proyectar sobre la Naturaleza valores y propiedades netamente humanos -como técnica para pensar las formas de tutela- acaban siendo formatos que invierten el sentido material y protector de este reconocimiento. Muchas veces se obvia que ya existe una rica jurisprudencia latinoamericana que asume un enfoque biocentrado en el ejercicio de la tutela de los Derechos de la Naturaleza, aunque no se exprese con esta esplendorosa gramática.

En Colombia, la Corte Constitucional declaró el río Atrato sujeto del derecho a la protección, la conservación, el mantenimiento y la restauración[21]. La tutela y representación legal de los derechos del río quedó a cargo de los representantes de las comunidades indígenas accionantes, así como de un delegado del Estado colombiano, en consonancia y sincronía con las dis-

---

20 NAESS, A. y SESSIONES, G., "Platform principles of the deep ecology movement", in DEVALL, B. and SESSIONS, G. (eds.) *Deep ecology: living as if Nature mattered,* Smith, Salt Lake City, 1985, pp 69-73.

21 CORTE CONSTITUCIONAL DE COLOMBIA, Sentencia T-622 de 2016.

posiciones de protección que establece el texto de Montecristi. Sin embargo, la declaración del río Atrato como sujeto de derechos tenía consecuencias sobre la propiedad pública y los regímenes privativos del mismo, generando intersecciones entre las diferentes partes que aducían intereses y competencias sobre este bien. No se trataba, por tanto, de una declaración tan pacífica, ni tan netamente garantista como se sugería.

Posteriormente, en Colombia, la Corte Suprema de Justicia reconoció la Amazonía colombiana como "sujeto de derechos", lo que la convertía en titular de protección, conservación, mantenimiento y restauración por parte del Estado y otras entidades territoriales[22]. Estamos, por tanto, ante el primer litigio climático en Colombia orientado a mitigar el calentamiento global en la Amazonía. Las consecuencias normativas más importantes de este reconocimiento, han sido: (i) la Declaratoria de la Amazonía como sujeto de derechos; (ii) la creación de un Plan de Acción para contrarrestar la deforestación en la Amazonía; (iii) la creación de un Plan intergeneracional por la vida de la Amazonía colombiana[23].

Como consecuencia de ello, estas declaraciones formales de sujetos de derecho, las de la Naturaleza y sus ríos consortes, han sido calificadas de meros recursos retóricos, afirmaciones de difícil o imposible implementación, cuya pretensión es diluir el sentido político de reconocimientos constitucionales y legales como los previamente referidos. En estos supuestos es importante discernir y separar analíticamente la mera de-

---

22 CORTE SUPREMA DE JUSTICIA DE COLOMBIA, STC-4360 de 2018.

23 Sin embargo, en esta sentencia puede observarse un importante desacople entre instrumentos de planeación territorial y los de protección ambiental. La sentencia deja fuera un elemento fundamental en el debate, como es la responsabilidad que corresponde a entidades con competencia en materia de ordenamiento territorial, como son las Entidades Territoriales indígenas, entre otras.

claración del río como sujeto de derechos, del contexto y de las condiciones políticas que han motivado y propiciado ese reconocimiento, tanto en sede legal como judicial. En el derecho colombiano, de la mano de la propia Corte Constitucional[24], existen sentencias que habilitan un régimen holístico de protección de los recursos naturales, en el que toda persona o comunidad con intereses en los recursos hídricos, pueden reclamar su protección, no en función de su valor productivo, sino por el valor intangible que esos recursos tienen para la comunidad. Esa es la base material de la declaración de un río como sujeto de derechos, base que es necesario prolongar y proyectar.

El peligro de conceptualizar normativamente los Derechos de la Naturaleza es el de su banalización o mistificación, ob-

---

24 Desde el 2016 la justicia colombiana ha declarado seis ríos como sujetos de derecho, a través de sentencias que resolvían acciones constitucionales de tutela o acción popular. La pretensión era proteger el derecho al medio ambiente sano, así como otros derechos fundamentales vulnerados debido al desarrollo de actividades económicas en los cursos y veredas de estos ríos. En cuatro sentencias los jueces consideraron la afectación al derecho humano al agua, teniendo en cuenta las condiciones y limitaciones que impedían garantizar el acceso al recurso hídrico por parte de las comunidades; en otros dos supuestos, se hizo referencia a la necesidad de garantizar este derecho para las generaciones futuras, afianzando elementos holísticos para su interpretación y aplicación; dando medida de la dimensión colectiva de este derecho en su vínculo inextricable con la ecología de seres (organismos, poblaciones, ecosistemas, ambientes) por las que el río discurría; otorgando fisonomía a las formas de afectación y daño sobre recursos, veredas, y toda el universo de seres, organismos y entidades afectadas por el discurrir del río, trascendiendo, de esta manera, una comprensión de este derecho como mero recurso hídrico, recurso privativo susceptible de atomización, reparto y apropiación. Cf. Sentencia n.° 38, 2019-00071, caso río Cauca; Sentencia n.° 31, 2019-00043 (caso río Pance); Sentencia T-622 de 2016 (Caso río Atrato); Sentencia Corte Suprema de Justicia 4360 de 2018 (caso Amazonas); Sentencia del Tribunal Administrativo de Bocayá, 9 de agosto de 2018 (Caso Páramo de Pisba).

viando y desplazando el principal fundamento político que se pretende regular –una comprensión biocéntrica de la realidad empeñada en un cambio de paradigma productivo que configure toda una transformación económico-política del Estado en sus maneras de entender el crecimiento y el desarrollo-, sin describir sus mediaciones, analizar sus posibilidades de realización, sus consecuencias y las responsabilidades que genera para el Estado y el Derecho. La mistificación implica transportar el discurso de Derechos de la Naturaleza, con su densidad semántica, más allá de la realidad, obviando reconocimientos y conquistas paralelas, complementarias, que ya regulan y desarrollan mucho de lo que esta retórica discursiva pretende. Se produce, con ello, una suerte de reificación del Derecho y sus procesos, por encima de las dinámicas reales de la Naturaleza, las comunidades y pueblos que viven en ella y con ella. El Derecho avanza por encima y por delante de las posibilidades de la realidad.

9. Con todo ello y a modo de cierre, podemos cifrar algunos retos con relación a los Derechos de la Naturaleza:

i) la necesidad de superar y trascender la falsa dicotomía con la que se aborda esta cuestión en América Latina, arqueada entre la necesidad de protección (ambiental) y la compulsión desaforada hacia modelos de desarrollo económico enormemente destructivos. Una mirada biocéntrica está más allá –o más acá- de esta rígida dualidad que, incluyéndola, la relaciona de otra manera. Trascender la gramática de los Derechos de la Naturaleza implica abrirse a un rico régimen interpretativo que limita modelos productivos, desarrollistas y ambientalistas, siendo el Sumak Kawsay indígena una propuesta interesante en la medida en que se abre al desafío de afrontar la ecología de seres cuyas redes relacionales se extienden más allá de lo humano, a partir de interacciones con la Naturaleza. Se trata de una perspectiva otra que trata de hacerse cargo de la totalidad cosmovisional de la Naturaleza, entendiendo la mirada humana sólo como una perspectiva más dentro de esa totalidad[25].

ii) la necesidad de avanzar en cuestiones que tienen que ver con la justiciabilidad, pertinencia y posibilidad de estos derechos; así como con la configuración de una administración de justicia que no reduzca esta comprensión a mera tutela ambiental. Ello se antoja complicado con una Administración de justicia ineficaz, poco operativa y permanentemente en crisis, como ocurre en América Latina;

iii) la necesidad de una racionalización contextualizada de los Derechos de la Naturaleza. Ello tiene mucho que ver con nuestra manera de pensar la Naturaleza y sus procesos, con nuestra comprensión del desarrollo y de la dimensión subordinada de la Naturaleza a las necesidades humanas. La aparición de toda una gama de discursos que ridiculizan los Derechos de la Naturaleza, enfatizando que se trata más de un discurso político que científico, evidenciando, con ello, la imposibilidad de su implementación práctica, es clara expresión de todo ello[26]. El discurso también puede operar como un constructor de realidades paralelas que coadyuvan a desmontar los Derechos de la Naturaleza, desde una comprensión dualizada de Naturaleza (no humana) y cultura (humana).

---

25 VIVEIROS DE CASTRO, E., "Cosmological deixis and Ameridian perspectivism", *Journal of the Royal Antropological Institute*, 4, (3), 1998, pp. 469-488; *Metafísicas caníbales. Líneas de antropología postestructural*, Katz, Madrid, 2010.

26 MARCO, I., *Contrepoints.org.*, 2017; ORESKES, N. y CONWAY, E., *Merchants of doubt.* How a Handful of Scientists Obscured the Truth on Issues from Tobacco Smoke to Global Warming, Bloomsbury Press, 2010; LATOUR, B., *Dónde aterrizar. Cómo orientarse en política*, Taurus, Madrid, 2019.

4. BRECHAS Y RETOS DE LA AGENDA INDÍGENA PARA LA DESCOLONIZACIÓN.

En este epígrafe abordaremos las que consideramos principales brechas y dificultades para la garantía y consolidación de los derechos indígenas. El alumbramiento de estos pasajes negativos develará algunos de los retos que competen y deberán afrontar los pueblos indígenas en años venideros. Las brechas son brújulas para alumbrar procesos de lucha por la descolonización.

1. Un primer ramal de dificultades se desprende del radical desfase existente entre el rápido e intenso proceso de creación de una gramática jurídica de derechos indígenas y la dificultad para la protección eficaz de los mismos. Es lo que se ha venido llamando como "gap de implementación"[27]; la fractura inconmensurable que se abre entre la positivización de los derechos indígenas (y de los operadores jurídicos necesarios para ello) y su efectiva aplicación real. Este desajuste y asimetría entre el discurso de derechos y la realidad pone en escena otro problema de gran calado: la crisis de la estrategia de los derechos y del Derecho, como propuesta principal para afrontar la realidad de los daños y exclusiones causadas a los pueblos indígenas. Este desajuste produce una fuerte despolitización de las prácticas y tácticas viables, un gran desgaste de la efectividad y legitimidad de los derechos. Nos aboca, con ello, a un nuevo paradigma logístico sobre cómo entender y afrontar los derechos en cuanto práctica de transformación y emancipación.

2. Asistimos, también, a una progresiva instrumentalización e inversión del contenido de otros derechos indígenas –en sede estatal-, claves para la agenda política indígena. Ejemplos

---

[27] UN doc. E/CN.4/2006/78/Add.2, 2005.

paradigmáticos de esta afirmación sería el tratamiento que se está haciendo de la Consulta y la autonomía indígena[28].

La Consulta previa libre e informada se ha convertido en una cuestión nuclear para el ejercicio y aplicación de los derechos de los pueblos indígenas. El Convenio 169 de la OIT —en sus artículos 6, 7, 15 y 16— establece que los Estados deben consultar todas las medidas administrativas y legislativas que afecten a los pueblos indígenas y tribales (arts. 6 y 7); así como los proyectos de prospección y explotación de los recursos naturales existentes en sus tierras (art. 15). Las comunidades indígenas deberán ser tenidas en cuenta en la formulación, aplicación y evaluación de planes y programas nacionales y regionales de desarrollo (arts. 6 y 7); cuando por circunstancias excepcionales sea necesario el traslado y la reubicación de pueblos indígenas, éste sólo podrá llevarse a cabo con su consentimiento dado libremente y con pleno conocimiento de causa (art. 16.2). De la misma manera la Declaración de Naciones Unidas sobre los derechos de los pueblos indígenas establece que los pueblos indígenas deben ser consultados antes de adoptar medidas legislativas y administrativas que los afecten, antes de aprobar cualquier proyecto que tenga impacto en sus tierras o territorios, y los recursos aledaños a ellas. En el mismo orden de ideas, establece que el consentimiento libre, previo e informado es imprescindible en casos de traslados o reubicaciones de comunidades (arts. 10, 19, 30 y 32). Adicionalmente se incluyen algunas situaciones no contempladas por el Convenio 169 que especifican con mayor precisión el tipo de medidas que deben ser consultadas. Se establece, por ejemplo, el deber de realizar consultas antes de utilizar las tierras o territorios de las comunidades indígenas para actividades militares

[28] Véase Capítulo VI.

(art. 30), provisión que no está específicamente contemplada en el Convenio 169[29].

La Corte Interamericana de Derechos Humanos reconoce que la Consulta es un "principio general del Derecho Internacional" cimentado sobre la estrecha relación que los pueblos indígenas mantienen con su territorio; sobre la importancia que para ellos tiene la propiedad comunal y los lazos culturales y espirituales que con ella se establecen[30]. La Consulta se vincula estrechamente con el derecho a la participación política recogido en el artículo 23 de la Convención Americana; es, por tanto, parte integrante del derecho a la autodeterminación de los pueblos indígenas.

El ex Relator James Anaya mantuvo que, aunque la Declaración y el Convenio 169 de la OIT sostengan que las consultas con los pueblos indígenas deberán celebrarse de buena fe, a fin de obtener su consentimiento libre, previo e informado, no puede considerarse que dichos instrumentos internacionales confieran a los indígenas un poder de veto en términos generales[31]. El deber de consultar es un derecho remedial que ha surgido para poner fin a modelos históricos coloniales que se han impuesto a los pueblos indígenas amenazando sus condiciones de vida, pero nunca podrá ser un veto que permita a los pueblos indígenas "imponer unilateralmente su voluntad a los Estados que actúan legítimamente y de buena fe en bien del interés del público"[32].

---

29 MARTÍNEZ DE BRINGAS, A., "El derecho a la consulta de los pueblos indígenas: Naturaleza, elementos y procedimientos para su aplicación en el Estado", *Revista Vasca de Administración Pública*, nº 93, 2012, pp. 127-149.

30 CORTE IDH, *Caso Pueblo Indígena Kichwa de Sarayaku vs. Ecuador*, FRC. 2012, párr. 164.

31 Doc. A/HRC/12/34, 2009, párr. 46.

32 *Ibidem*, párr. 49.

Tras este espinoso discernimiento entre Consulta y consentimiento, con el más que polémico corolario final del ex Relator Anaya sobre el hecho de que la consulta no otorga un derecho de veto a los pueblos indígenas, las dinámicas de consulta en América Latina han entrado en un proceso de instrumentalización y administrativización, siendo su ejercicio más una facultad de los Estados y las empresas, que un derecho de los pueblos indígenas. La administrativización es una técnica para vaciar de contenido el derecho a la consulta en cuanto derecho indígena, haciendo que otros sujetos –Estados y/o empresas- funjan como titulares protagónicos del mismo. Lo que era un deber de Estados, empresas y terceros con presencia en territorialidad indígena, ha mutado en un derecho de estos frente a los pueblos indígenas. Frente a ello, el discurso de derechos de la Corte resulta yermo e ineficaz.

La técnica de la administrativización también ha operado simplificando la cualidad colectiva de lo que era objeto de consulta. Por tanto, la dimensión compleja de la territorialidad indígena –como unidad de vida con dimensiones culturales, económicas, simbólicas, espirituales, productivas- es diseccionada en unidades medibles, rompiendo la trama de lo colectivo y estableciendo, en última instancia, una lógica individualizante –como proyección de un concepto liberal de propiedad privada- en la manera indígena de entender el sentido de la Consulta. Además, los modos y manera de consultar, su procedimentalidad, ha cobrado un protagonismo fundamental desplazando el contenido material de la misma–la territorialidad indígena y sus derechos-. La dimensión formal del derecho sustituye y se antepone a la dimensión material del mismo: su contenido propio. De ahí la necesidad de poner en escena un concepto flexible e instrumental de responsabilidad social corporativa que sirva como palanca para desplazar y orillar los derechos indígenas.

3. Finalmente, podríamos hablar de la emergencia postmoderna de nuevos peligros y riesgos para los pueblos indígenas.

Uno sería la nueva política extractivista global ensayada con especial énfasis en América Latina; y, concomitantemente vinculado a lo anterior e interdependiente con él, el proceso de criminalización de los pueblos indígenas por su labor en la defensa de sus derechos y del territorio.

3.1. El extractivismo en América Latina se ha configurado y determinado como un tránsito del Consenso de Washington al consenso de las *commodities*[33], haciendo de la explotación de recursos naturales el eje sobre el que hacer pivotar el nuevo plusvalor global, los nuevos nichos de riqueza y explotación para el capital, que, paradójicamente, están ocupados, habitados y protegidos por pueblos indígenas. El extractivismo implica una reprimarización de la Economía que pasa por la explotación intensiva y extensiva de sus recursos como nuevo criterio productivo. Es un modo social de territorialización, una manera especial de entender el desarrollo para los estados, una nueva expresión postcolonial de despojo para los pueblos indígenas.

El extractivismo, en cuanto nueva y renovada agresión a los derechos de los pueblos indígenas se explica desde un diagrama circular: i) reclama y desplaza su foco de atención a la territorialidad indígena, por la riqueza que estos acumulan, lo que implica grandes inversiones en estos territorios -en forma de explotación petrolera; de minería a cielo abierto de metal y mineral; de explotación hidrocarburífera; de agro-industria centrada en el monocultivo de soja, palma, etc.; de grandes obras, infraestructuras y comunicaciones que atraviesan terri-

---

33 SVAMPA, M., *Las fronteras del neo-extractivismo en América Latina. Conflictos socio ambientales, giro eco territorial y nuevas dependencias*, Universidad de Guadalajara, México, 2018, pp. 14-31; CIDH, *Pueblos indígenas, comunidades afrodescendientes y recursos naturales: protección de derechos humanos en el contexto de actividades de extracción, explotación y desarrollo*, OEA, 2015.

torio indígena-[34]; ii) las agresiones sobre territorialidad indígena producen desigualdad, discriminación y exclusión indígena, convirtiendo a estos pueblos en uno de los grupos más vulnerables y perseguidos del planeta; iii) el eslabón último de este proceso es la criminalización indígena como consecuencia de su actitud militante y defensiva frente a este modelo social de territorialización[35].

Este nuevo modelo social de producción y explotación implica una centralización de las luchas y la resistencia en lo que se ha venido llamando defensas eco-territoriales, que aglutinan una plétora de movimientos, entre ellos, ecologistas, campesinos, feministas, postcoloniales, movimiento comunal, movimiento indígena, etc. Para este nuevo extractivismo, los daños eco-territoriales no son más que externalidades, exigencias necesarias para un modelo de desarrollo productivo muy concreto. Sin embargo, desde la perspectiva de derechos indígena, se hace necesario incluir en la variable del conflicto capital-trabajo la cuestión eco-territorial, en su especificidad indígena y campesina, para poder cartografiar y conceptualizar nuevas formas de agresión sobre los derechos colectivos y que inciden directamente en los derechos territoriales indígenas, en el conocimiento tradicional, en la soberanía alimentaria, en la biodiversidad, o en los daños emergentes procedentes de la bio-industria y un largo etc.

Podemos codificar tímidos avances con relación al impacto de empresas en territorio indígena. Expresión de ello es la inserción de la debida diligencia en normas supranacionales no vinculantes, como los Principios Rectores y las Directrices de la OCDE[36]. Asistimos, también, al desarrollo de legislación es-

---

34 Doc. A/HRC/33/42, 2016: párr. 83.

35 Doc. A/HRC/39/17, 2018: párr. 47.

36 *Guía de la OCDE de debida diligencia para una conducta empresarial responsable*, OCDE, 2018.

pecífica en algunos Estados, entre las que resalta la ley francesa[37]; la LKSG alemana; el proyecto de tratado sobre empresas trasnacionales y sus cadenas de suministro con respecto a los derechos humanos[38]; y, más recientemente, la aprobación por parte del Consejo de Europa, en diciembre de 2022, de la propuesta de Directiva sobre la diligencia debida de las empresas en materia de sostenibilidad cuyo objetivo fundamental es "fomentar un comportamiento empresarial sostenible y responsable a lo largo de las cadenas de suministro"[39]. Sin embargo, evidenciamos serias dificultades y retrocesos en esta materia que pasan fundamentalmente por la falta de un tratamiento adecuado de los derechos indígenas en los Acuerdos Internacionales de Inversión, quedando estos, mientras se negocian otras prácticas de debida diligencia, totalmente desprotegidos. La prioridad de protección de las inversiones empresariales genera siempre un arbitraje perjudicial para los pueblos indígenas, generando la exclusión de estos pueblos. Este es un nicho de litigio estratégico emergente que exige reorientar esfuerzos y estrategias en un futuro inmediato.

3.2. La criminalización indígena no es más que el reverso del proceso anterior: reacción agresiva, sistemática e implacable ante los procesos de defensa colectiva del territorio llevado a cabo por los pueblos indígenas ante el nuevo paradigma de desposesiones y despojos territoriales[40]. Hablaríamos de violencia expresiva contra los pueblos indígenas, ejercida contra ellos por el hecho de ser pueblos indígenas; por expresar unas maneras de vida –preservación, sostenibilidad, reciprocidad-

---

37 La LOI n° 2017-399 de 27 marzo de 2017, relativa al deber de vigilancia de las sociedades matrices y las empresas contratistas principales.

38 <http://omal.info/IMG/pdf/treaty_draft-es.pdf> [Consulta: 12/2/2018]

39 <https://eur-lex.europa.eu/legalcontent/ES/TXT/HTML/?uri=CELEX:52022PC0071&from=EN> [Consulta: 10/11/2021]

40 Doc. A/HRC/39/17, 2018: párr. 27-39, 57, 63-71.

que resultan lesivas para los intereses de las grandes inversiones. Estaríamos ante una fisonomía colectiva de la criminalización contra los pueblos indígenas, pese al reconocimiento expreso que de los derechos colectivos han venido haciendo distintos operadores jurídicos, principalmente, la Corte Interamericana.

Si se analizan los patrones de violencia ejercitados contra estos pueblos se puede inferir, de su *modus operandi,* la voluntad de poner en práctica una aniquilación sistemática de las estructuras de vida indígena, de sus patrones culturales de funcionamiento y existencia[41]. Esto es, de arrasar estos modos de vida por el hecho de ser indígenas, por su especificidad cultural y colectiva, así como por su especial relación con el territorio y la naturaleza[42]. Son, precisamente, estos modos de vida los que suponen un freno, un límite y una oposición radical al modelo económico y social de territorialización y desarrollo que implica el extractivismo. Por ello, el paradigma indígena de Buen Vivir, con principios tan evidentes como la relacionalidad, la complementariedad, la reciprocidad o la ciclicidad, constituye un embate directo al modelo extractivo de desposesión, aniquilación y consumo: los principios y valores fundamentales con y desde donde interpretar los derechos colectivos indígenas.

La sistematización y conceptualización de patrones de discriminación y exclusión contra los derechos de los pueblos in-

---

41 MARTÍNEZ DE BRINGAS, A., "El reconocimiento del genocidio como estrategia instituyente para la reparación de los derechos colectivos y la memoria indígena" en SÁNCHEZ RUBIO, D. y CRUZ ZÚÑIGA, P. (eds.) *Poderes constituyentes, alteridad y derechos humanos. Miradas críticas a partir de lo instituyente, lo común y los pueblos indígenas*, Dykinson, Madrid, pp. 193-240; CORTE IDH, *Caso Masacre Plan de* Sánchez *vs. Guatemala,* Fondo, Sentencia de 29 de abril de 2004. Serie C n.º 105, parr. 70 y ss.

42 CORTE IDH, *Caso del Pueblo Saramaka vs. Surinam,* EPFRC, 2007, párr. 167-172.

dígenas[43] permite entender la pretensión última de esta violencia específica: negar y destruir la dimensión ontológica de los pueblos indígenas, sus prácticas de vida, sus formas de organización, precisamente, por el freno y merma que estas formas de vida suponen para los intereses públicos y privados, como Estados, empresas, entre otros. Estamos, por tanto, ante el colosal choque y enfrentamiento entre dos modelos antagónicos de entender la vida, el desarrollo, la sostenibilidad, los derechos y los modos de protección. Ello también se ha plasmado en el desarrollo de leyes penales a medida para la persecución de la manera indígena de lucha y ejercer la protesta contra los nuevos peligros que afrontan en su manera colectiva de habitar y defender el territorio. Estas son, precisamente, las causas profundas y directas de la criminalización indígena. Es en estos ámbitos donde se reclama una intensa labor estratégica de lucha normativa y política, por ser la herida trágica donde reposan las principales violaciones y violencias contra estos pueblos.

CONCLUSIONES

El objetivo de este capítulo era dar medida del carácter expropiante y destructivo que el colonialismo ha tenido y tiene sobre la realidad de los pueblos indígenas; cómo el colonialismo continúa proyectando globalmente sus sombras de destrucción en tiempos de aniquilación ecológica. Para contrarrestar la potencia del colonialismo, hemos considerado los comunes-indígenas como el núcleo desde donde entender el planteamiento de transformación y resistencia comunitaria de los pueblos indígenas; el lugar que otorga fundamento y sentido a su práctica política de derechos. Sólo desde ahí es posible

---

43 MARTÍNEZ DE BRINGAS, A., “El reconocimiento del genocidio como estrategia instituyente para la reparación de los derechos colectivos y la memoria indígena”, *op. cit.*, pp.193-240.

entender la interculturalidad como praxis para la renovación de un nuevo contrato socio-ambiental que los pueblos indígenas podrían rearticular en el marco del Estado y del mercado. Ubicados los sentidos y los arraigos desde donde entender los comunes-indígenas, hemos transitado hacia una crítica política del concepto Derechos de la Naturaleza, en un sentido doble: como crítica de lo que no es, de su tergiversación por parte del Estado; como propuesta alternativa para comprender la centralidad que la ecología de vivientes tiene en las cosmovisiones indígenas. Ubicados esos centros de sentido indígena hemos concluido con lo que hemos considerado las principales fracturas en la protección de los derechos indígenas, brechas que reposan, en última instancia, en la necesidad de anular y destruir la comprensión indígena de la(s) vida(s) por el potencial crítico que implican para la nueva razón colonial.

CAPÍTULO IV.
LA DECONSTRUCCIÓN DEL CONCEPTO DE PROPIEDAD. UNA APROXIMACIÓN INTERCULTURAL A LOS DERECHOS TERRITORIALES INDÍGENAS

"Emplear el aparato coercitivo del Estado
con el objeto de mantener instituciones manifiestamente
injustas, constituye, de por sí, un uso ilegítimo
de la fuerza que las personas en su debido curso
tienen el derecho de resistir"
J. Rawls *Teoría de la Justicia*

INTRODUCCIÓN

El sujeto real de los pueblos indígenas constituye una de las dramáticas encarnaciones de eso que se viene denominando desde la exquisitez teórica como sujeto epistémico. Los pueblos indígenas no sólo inauguraron la temporalidad moderna con la "conquista de América", sino que instituyeron la espacialidad no reconocida del capital que posibilita y alimenta su expansión exponencial en otras geografías, parajes y cartografías.

Como bien estableció Schmitt, no existe derecho sin tierra (la *iustissima tellus*), ya que todo derecho se apoya sin excepción sobre presupuestos-fundamentos de adquisición territorial y de ordenamiento espacial. La fundación de la Modernidad y, por tanto, del derecho moderno, viene configurado por la "conquista de América" en cuanto nuevo territorio que exige ser domeñado física, psíquica y normativamente. La víctima implícita y explícita, ayer y hoy, de la colonialidad del poder, son los pueblos indígenas. El desorden americano resulta disciplinado desde la potencialidad del término *nomos,* que en la acepción schmittiana viene configurado como tomar/conquistar, repartir/dividir, cultivar/producir[1]. La política de la espacialidad es importante para el Derecho ya que a través de ella se fagocitan territorios y sujetos, se aniquilan vidas y proyectos; se delimitan fronteras como mecanismo privilegiado para demarcar jurisdicciones y comunidades políticas nacionales diferentes[2]; y se configuran ciudadanías a partir de unos patrones de inclusión/exclusión que adquieren tonalidad específica a partir de las heridas y desarraigos que produce la colonialidad.

El objetivo de este capítulo va a ser diseñar los contornos y asomar los contenidos de la tríada pueblos indígenas-hábitat-territorio que, desde una perspectiva decolonial crítica, irrumpe como una unidad inescindible arraigada a su sentido cosmovisional y, desde este lugar de enunciación, se arroja y se somete al difícil reto del diálogo intercultural. Para dar medida de nuestra pretensión, estructuraremos el mismo en cuatro momentos: un primer momento, donde procederemos a establecer una serie de aclaraciones terminológicas entorno al objeto de la discusión, es decir, qué se entiende por territorialidad, recursos naturales, biodiversidad, en el marco de sentido de los pueblos indígenas, y cómo estos mismos términos son asumidos con sentido diferente y muchas veces antagónico, por el derecho occidental; un segundo momento, propulsado desde la provocación conflictiva de otorgar luz sobre los conceptos, en donde procederemos a desarrollar un balance

---

1 SCHMITT, C., *El nomos de la tierra en el Derecho de Gentes del Jus Publicum Europaeum,* Centro de Estudios Constitucionales, Madrid, 1979.

2 Cf. El interesante ensayo de KYMLICKA, W. *Fronteras territoriales,* Trotta, Madrid, 2006.

crítico de la irrupción de las exigencias indígenas en los acuerdos medioambientales multilaterales, pero desde el vector metodológico de los derechos de los pueblos indígenas, lo que nos lleva abrazar una pretensión descolonizante, descentrada y desterritorializada en la manera de entender la universalidad y los derechos humanos; un tercer momento, apoyado en los basamentos anteriores, abordaremos los elementos centrales y polémicos de este excitante diálogo intercultural, como es el de Territorialidad indígena; un cuarto momento, donde trataremos de condensar muchas de las hipótesis anticipadas por la jurisprudencia que ha venido desarrollando los últimos años la Corte Interamericana de Derechos Humanos (IDH), jurisprudencia que puede ser calificada como germen de un auténtico Derecho intercultural para los pueblos indígenas.

1. PRECISIONES TERMINOLÓGICAS Y PLURALIDADES SEMÁNTICAS: EL DIFÍCIL CONSENSO DE LOS CONCEPTOS

La primera clarificación importante en materia de conceptos es asumir como axioma la imposibilidad de la universalidad real. En este ámbito de consideraciones no se puede aspirar al consenso liberal de ensoñaciones trascendentales, sino al polémico y antagónico encuentro de pluralidad de bienes y valores, alérgicos a la conformidad uniformizante. Sólo cabe, por tanto, la superposición de antagonismos, su intersección, para poder acceder a acuerdos políticos. La irrupción de los pueblos indígenas en la arena internacional-global, con un discurso propio y específico de derechos, constituye el ejemplo más paradigmático de este debate. No es posible, por tanto, hablar de derechos humanos, ni, específicamente, de Derecho Internacional del Medio Ambiente (por su especial afectación a los pueblos indígenas) como universalidad abstracta sancionada por el consenso y la aceptación. Hablaremos, más bien, de visiones antagónicas y confrontadas de derechos –derechos humanos *versus* derechos de los pueblos indígenas-; así como de visiones antagónicas de Medio Ambiente –Derecho Internacional Medioambiental *versus* Territorialidad indígena-. El conjunto inescindible y trabado de *pueblos indígenas-hábitat-territorio* ubica en el centro de la discusión la idea de Territorio, desplazando consideraciones ambientalistas sobre el mismo (focalizadas en recursos naturales y genéticos), por su tendencia a la despolitización de las exigencias y reivindicaciones indígenas.

La táctica indígena enarbolada en el discurso de los derechos humanos pretende pergeñar un conjunto de medidas especiales que reconozcan sus vínculos fundamentales con el hábitat y el territorio, así como derechos específicos derivados de esta matriz de imbricaciones. La dimensión táctica pretende depositar esas garantías especiales para los pueblos indígenas en el Derecho Internacional de los Derechos Humanos, así como en el Derecho Internacional Ambientalista, complementando así la clausurada universalidad occidental. Se trata, por tanto, de reformar, completar y aderezar textos internacionales de derechos humanos a partir de la irrupción de la diferencia indígena, mediante la metodología relacional de la interculturalidad, abierta a un universalismo de los derechos siempre en construcción. El resultado final será una nueva síntesis: los derechos de los pueblos indígenas orientados prioritariamente a la protección y sostenibilidad del territorio y los ecosistemas, condición de posibilidad para reproducir la cultura y la vida individual y colectiva de estos pueblos.

La importancia del territorio para los pueblos indígenas es multidimensional. De los territorios se derivan conocimientos tradicionales -conocimientos, innovaciones y prácticas orientadas a la conservación y utilización sostenible del medio ambiente, la biodiversidad y las generaciones futuras-. Los conocimientos tradicionales indígenas, son, sin embargo, ese residuo, ese resto que no es tenido en cuenta por las políticas ambientalistas al olvidar en su diseño, proyección y ejecución, las cuestiones sociales, colectivas y culturales de los pueblos indígenas. Aquí reside uno de los puntos nodales sobre los que instituir el diálogo intercultural, evitando que se proceda, como hasta ahora, a la construcción de un concepto de "medio ambiente", de acuerdo con las exigencias de las sociedades postindustriales del Norte.

La ausencia de metodologías interculturales ha conllevado la construcción de un eco-capitalismo que pivotaba sobre la idea de desarrollo, primero, y de desarrollo sostenible, después. Con ello se pretendía conciliar la dinámica del crecimiento económico del capital, con los límites de los sistemas biofísicos, mediante la construcción de conceptos -como el de desarrollo sostenible- para la conciliación taumatúrgica de tal imposibilidad (ese fue el presupuesto de Estocolmo 1972, o de la Comisión Brundtland). Por tanto, desde finales del siglo XX, el "medio ambiente" resulta conceptualizado a partir de la representación propia de los contextos sociales y culturales de opulencia con que se maneja y vive el Norte. La degradación ambiental en el Sur global se justificada como una deficiencia en el crecimiento económico de esta región; como la ausencia de educación y avance tecnológico; o como falta de planificación social suficientemente disciplinada para poder regular tales sociedades[3]. En este sentido, superar la escasez pasaba por la combinación sincronizada de todas estas deficiencias, cuya activación, se esgrimía, no conllevaría degradación ambiental ni colapso ecológico. Los grados de complejificación en la construcción y justificación de una naturaleza ambientalizada se han ido enredando con soportes ideológicos más espectaculares y mediáticos: desde el Protocolo de Kyoto (de 1997 pero que no entrará en vigor hasta 2005), pasando por los Objetivos

---

3 MARTÍNEZ DE BRINGAS, A., "Los Derechos de los pueblos indígenas como estrategias para la descolonización. Un análisis de sus potencialidades", *Política y Sociedad*, vol. 60, nº 3, 2023, pp. 40-68.

de Desarrollo del Milenio (ODM), hasta llegar a los Objetivos de Desarrollo Sostenible (ODS), donde "lo ambiental" irrumpe como una cláusula central de los mismos, pero de difícil realización práctica, dada la voluntad política expresada por la comunidad internacional.

En los ODS, específicamente en sus referencias medioambientales, se expone un discurso articulado desde las transiciones energéticas; discurso que se expresa por medio de exigencias y criterios económicos, sociales y culturales con los que vive y piensa el Norte global. Ello implica una suerte de taxonomía de principios, recursos, especies y geografías a proteger, obviando las propuestas, intereses y necesidades que las comunidades del Sur global, que habitan esos ecosistemas, proponen, entre ellos, los pueblos indígenas[4]. Se olvida la existencia de formas de vida comunitarias articuladas a través de conocimientos tradicionales que implican formas propias de existencia, alimentación, caza, pesca, educación, organización política, regulación normativa, reproducción cultural, etc.

Por contraposición a estas consideraciones semánticas y a la construcción de conceptos ambientales en la órbita occidental de poder, vamos a partir, como hipótesis fundamental, de una consideración de la biodiversidad tal y como esta es concebida, a modo de proposición, por los pueblos indígenas:

> "Biodiversidad es armonía entre el hombre y la naturaleza de manera espiritual. Es el manejo que se da por el pensamiento, la palabra y la obra. El pensamiento es el anciano que es la fuerza espiritual de la palabra. La palabra es la autoridad. Lo que obra es la fuerza que es la juventud. Hay que conservar lo que no se puede tocar. Hay que preservar lo que se puede tocar"[5]

---

4 Considérese estas cuestiones, especialmente, en los ODS 6, 7, 8, 10, 11, 12, 13, 14, 15.

5 Testimonio de Claudino Pérez, vocero de la mesa indígena en la Agenda Regional de Biodiversidad llevado a cabo en Leticia (Colombia), junio de

2. LA IRRUPCIÓN DE LOS ACUERDOS AMBIENTALES MULTILATERALES CON RELACIÓN A LOS PUEBLOS INDÍGENAS. UNA MIRADA CRÍTICA

La inserción disruptiva de los pueblos indígenas en los marcos de discusión de los Acuerdos Ambientales Multilaterales se produce a partir de la Declaración de Río sobre el Medio Ambiente y el Desarrollo (1992). Todo ello supuso un avance respecto a la insignificancia y falta de representación que los pueblos indígenas venían ocupando en la esfera internacional, con relación a los Acuerdos Medioambientales. La Cumbre de Río constituyó un activador de la consideración y presencia de los pueblos indígenas en cuestiones ambientales de vital importancia para la producción, reproducción y desarrollo de su identidad individual y colectiva. Su participación fue pertinentemente recogida en textos como La Declaración de Principios de Río; La Agenda 21 (en su capítulo 24); La Convención Marco de Naciones Unidas sobre cambio climático, junto con su mecanismo de financiación, el Fondo Verde para el Clima, creada en el 2010; La Declaración de Principios sobre Bosques; el Convenio sobre Diversidad Biológica; las Directrices Akwé: Kon; el Acuerdo de París; o a nivel regional (América Latina y el Caribe), el Acuerdo de Escazú, entro otros. Los pueblos indígenas, en cuanto nuevos actores, son aludidos de manera genérica como "guardianes de la tierra", haciendo referencias constantes a sus "sistemas propios de sostenibilidad".

Sin embargo, entre las limitaciones estructurales habría que considerar el hecho de que los pueblos indígenas no fueron convocados como sujetos protagónicos y actores fundamentales en la Cumbre de Río, lo que forzó la creación de una reunión y declaración paralela, como la Declaración de Kari Oka. La Declaración de Río, sin embargo, sí supuso la apertura de

---

2005.

nuevas vías de negociación y participación por parte de los pueblos indígenas, lo que se tradujo en diálogos de carácter multilateral. Implicó, también, la instauración, en el ámbito internacional, de una nueva manera de comprender la relación entre pueblos indígenas, derechos humanos y derechos ambientales, lo que conllevaba construir un discurso de derechos cargado de exigencias y reivindicaciones indígenas, modulado por demandas medio-ambientales, cuyo centro de significación era la territorialidad indígena. Fue el primer peldaño para avanzar hacia una lógica intercultural para la reconstrucción de los derechos humanos y los derechos medio-ambientales.

Ello se concretaría, más tarde, en la constitución de pequeños y tímidos espacios de representación indígena, como fue la Comisión de Desarrollo Sostenible, orientada a la negociación de cuestiones tan fundamentales para los pueblos indígenas como el cambio climático, la diversidad biológica, el Foro intergubernamental de Bosques, la Cumbre Mundial de Desarrollo Sostenible, etc.

Tres serían, sin embargo, los espacios normativos que resultaron más permeables y receptivos para ubicar las demandas de la emergencia indígena: la Convención Marco de Naciones Unidas sobre cambio climático; el Foro Intergubernamental sobre Bosques; y el Convenio sobre diversidad Biológica.

Con relación a la Convención Marco de Naciones Unidas sobre cambio climático, se escenifica una tímida participación de los pueblos indígenas en las reuniones preparatorias. Esto constituía un gran avance teniendo en cuenta el tratamiento político y normativo que los pueblos indígenas estaban teniendo en la esfera internacional.

En lo que respecta al Foro Intergubernamental sobre Bosques, la presencia indígena empezó teniendo un bajo perfil negociador y una escueta participación. No se logró que fuera un instrumento vinculante para los Estados. Para avanzar en las negociaciones y poder tener en cuenta la presencia de los pueblos indígenas en todas estas cuestiones, se constituyó la Alianza Mundial de Pueblos Indígenas y Tribales de los Bosques Tropicales[6].

El Convenio de Diversidad Biológica (CDB), que entró en vigor en 1993, constituye, sin embargo, el instrumento que mejor ha recogido la presencia, participación y puesta en escena del *lobby* indígena. Supuso un paso adelante en la inserción dignificada de los pueblos indígenas en la negociación y participación de los acuerdos ambientales multilaterales[7]. Los objetivos que enmarcaban este Convenio eran la conservación de la diversidad biológica; el uso sostenible de la misma; la participación justa y equitativa en los beneficios que se deriven de la utilización de recursos genéticos. Todo ello era de especial relevancia para los pueblos indígenas. También se afrontaron cuestiones biotecnológicas a través del Protocolo de Cartagena sobre Seguridad de la Biotecnología.

El Convenio ha dado pasos importantes de cara al reconocimiento de los pueblos indígenas como actores privilegiados

---

6 GARCÍA, L. y BORRAZ, P., "La participación indígena en los Foros internacionales: Lobby político indígena" en BERRAONDO, M. (ed.), *Pueblos indígenas y derechos humanos*, Universidad de Deusto, Bilbao, 2006, pp. 236 y ss.

7 BORRAZ, P. (coord.), *La participación indígena en el Convenio sobre Diversidad Biológica*, Watu, Madrid, 2006; "El Convenio sobre Diversidad Biológica y el conocimiento tradicional de los pueblos indígenas" mímeo; ITUARTE LIMA, C., *Derechos indígenas y medio ambienta a la luz del Derecho Internacional*, Tesis de licenciatura de Derecho, Universidad Iberoamericana, 2003; ITUARTE LIMA, C., "Conocimientos tradicionales de la biodiversidad y derechos de los pueblos indígenas", Instituto Nacional de Ecología, México, 2005; DARREL, P. y DUTFIELD, G., *Beyond Intellectual Property: towards traditional resource rights for indegenous peoples and local communities*, Internacional Developtment Research Center, Ottawa, 1996; LOA LOZA, E. y DURAND SMITH, L., "Hacia la Estrategia Mexicana de Biodiversidad" en *México y el Convenio de Diversidad Biológica* [en línea], 2000, <http://www.ciepac.org/biodiversity/Biodiversidad%20Estudio/CAP9.PDF>.[Consulta 12/04/2008]

y fundamentales para la conservación de la diversidad biológica, al definirlos como poseedores de conocimiento tradicional. También ha facilitado su participación informal a través de mecanismos como el Foro Internacional Indígena sobre Biodiversidad, que constituye un espacio paralelo a las sesiones oficiales para discutir los derechos de los pueblos indígenas y poder presionar para adoptar una perspectiva indígena en el seno oficial de las negociaciones.

Sin duda, uno de sus grandes logros fue la creación de un Grupo de Trabajo *ad hoc* para la discusión del artículo 8j, que reconocía el carácter protagónico de los pueblos indígenas en cuestiones de biodiversidad. Sin embargo, estos logros quedan oscurecidos al considerar a los Estados, soberanos sobre los recursos biológicos (art. 3)[8]. La primacía absoluta de los Estados sobre estos recursos constituye una merma importante de las posibilidades que conllevaba reconocer a los pueblos indígenas como poseedores y portadores de conocimiento tradicional. Supuso, en última instancia, una imposición de los intereses de los Estados sobre los recursos biológicos y genéticos existentes en los territorios indígenas. El avance que suponía inicialmente el CDB en todas estas cuestiones, queda todavía más mermado si se tiene en cuenta la inexistencia de mecanismos de obligatoriedad y sanción que obligue a las partes a cumplir con los compromisos asumidos. A ello habría que añadir la falta de reconocimiento del derecho territorial indígena; o las reticencias para reconocer el derecho de autodeterminación de los pueblos indígenas, condición de posibilidad para la implementación de las exigencias del CDB.

---

8 Hay que tener en cuenta que el órgano rector del CDB es la Conferencia de las Partes (COP). Es la autoridad suprema de todos los Gobiernos (o Partes) que han ratificado el tratado. Se reúne cada dos años para examinar el progreso, fijar prioridades y adoptar planes de trabajo.

En paralelo, se han ido construyendo otros espacios regionales para la consolidación de los diálogos indígenas en el marco global por la biodiversidad, como la Red de Mujeres Indígenas por la Biodiversidad, el Foro Indígena de Abya Yala, o el Fondo para el desarrollo de los pueblos indígenas en América Latina y el Caribe (FILAC).

De manera sumaria, se podría hacer un balance de elementos positivos y negativos para los pueblos indígenas, como consecuencia de la aparición de toda esta arquitectura medioambiental. Entre las cuestiones positivas estarían: el reconocimiento del valor del conocimiento tradicional; la creación de un Grupo de Trabajo específico para las discusiones del artículo 8 j; el reconocimiento del consentimiento previo, libre e informado en cuestiones de biodiversidad; el reconocimiento de derechos indígenas para la creación y gestión de áreas protegidas; o el vínculo del CDB con organismos especializados de Naciones Unidas con relación a temáticas indígenas, como el Foro Permanente para las Cuestiones Indígenas.

Sin embargo, también resulta pertinente ser crítico y señalar las limitaciones de todos estos procesos. Podemos evidenciar importantes fallas en la arquitectura normativa construida, como: la falta de reconocimiento de unos principios básicos que garanticen la participación real de los pueblos indígenas en la esfera internacional, participación siempre condicionada a la financiación existente, atravesada, además, por fuertes barreras idiomáticas; la exigencia de *currículas* académicas como condición de posibilidad para garantizar la participación indígena en los foros internacionales; la centralidad del principio de soberanía estatal, máxima que atraviesa y permea todo el sistema internacional de derechos humanos; la fuerte tecnificación y burocratización con la que se construyen y desarrollan estos espacios internacionales de carácter multilateral; la desviación de cuestiones claves sobre materias de biodiversidad a organismos que abrazan, sin ambages, la ideología neoliberal del capitalismo global, como es el caso de la Organización

Mundial del Comercio (OMC) o la Organización Mundial de la Propiedad Intelectual (OMPI), entre otras.

Se puede concluir, por tanto, que el surgimiento de las identidades ecológicas –del indígena ecológico, de los cuerpos verdes, como pretensión última de todos estos Acuerdos- coincide con la internacionalización del derecho ambiental, con la construcción de una eco-gubernamentalidad que otorga derechos a los indígenas sobre sus territorios, para así, poder entrar de lleno en el mercado ambiental, en un nuevo circuito de producción y consumo verde. El medio ambiente se convierte en un espacio de conocimiento. Derechos y mercado son un ensamblaje perfecto desde donde se ubica el nuevo ambientalismo global: la eco-gubernamentalidad[9].

3. EL ELEMENTO DISCRIMINADO POR LAS POLÍTICAS AMBIENTALES: LA TERRITORIALIDAD INDÍGENA

La discriminación de la perspectiva indígena en la consideración de las cuestiones ambientales y de biodiversidad, tiene su localización originaria en la centralidad con la que se impone el concepto de propiedad occidental. La lógica de este derecho patrimonial tiene su arraigo y proyección sobre toda la

---

9 Una de las contradicciones de la esta eco-gubernamentalidad es que las políticas ambientales reconocen, de manera simultánea, la propiedad individual de recursos naturales, territorios y ecosistemas; a la vez que los derechos de propiedad intelectual colectiva de los pueblos indígenas. Esta tensión irresoluble es la trampa de ese dispositivo que es la eco-gubernamentalidad: la contradicción manifiesta que existe entre derechos indígenas y derechos ambientales. ULLOA, A., *La construcción del nativo ecológico. Complejidades, paradojas y dilemas de la relación entre los movimientos indígenas y el ambientalismo en Colombia*, ICAHN, Bogotá, 2004, p. 39-49; RUTHERFORD, P., "Ecological modernization and Environmental Risk", en DANIER, E., *Discourses of Environment*, Blackwell Publishers, Oxford, 1999, pp. 95-118.

práctica discursiva del Derecho Internacional de los Derechos Humanos. Es, por tanto, este elemento, el que ocluye un debate intercultural en materia de derechos humanos, cuando tanto a un lado como a otro del diálogo, poseemos concepciones antagónicas y bien pertrechadas de cómo entender este derecho: por un lado, la propiedad privada, en su concepción lockeana; por otro lado, la territorialidad indígena, en cuanto concepto estructural que encierra una dimensión trans-propietaria.

El derecho de propiedad occidental se fundamenta en dos ideas claves que lo sustentan: por un lado, la libertad de acceso a la propiedad; por otro lado, la individualización del trabajo en la tierra en que arraiga esta institución jurídica[10]. Estas dos ideas marco coloran el sentido y contenido de la propiedad,

---

[10] GARCÍA HIERRO, P., "Territorios indígenas: tocando a las puertas del Derecho" en SURALLÉS, A. y GARCÍA HIERRO, P. (eds.), *Tierra adentro. Territorio indígena y percepción del entorno*, IWGIA, Documento nº 39, Copenhague, 2004; TOLEDO LLANCAQUEO, V., "Políticas indígenas y derechos territoriales en América Latina 1990-2004, ¿las fronteras indígenas de la globalización?," [en línea], (2004), <https://bibliotecavirtual.clacso.org.ar/clacso/gt/20101026125626/5Toledo.pdf>. [Consulta, 10/10/2003]; "Todas las aguas. Notas sobre la (des)protección de los derechos indígenas sobre las aguas, el subsuelo, las riberas, las tierras" en *Anuario Liwen*, nº 3, Temuco, CEDM LIWEN, 1997; ROLDÁN, R., "Territorios colectivos de indígenas y Afroamericanos en América del Sur y Central. Su incidencia en el desarrollo" en *Banco Interamericano de Desarrollo*, Washington, 2002; ZÚÑIGA, G., "La dimensión discursiva de las luchas étnicas. Acerca de un artículo de María Teresa Sierra" en *Alteridades*, 10 (19), 2000, pp. 55-67; ZÚÑIGA, G., "Los procesos de constitución de territorios indígenas en América Latina" en *Nueva Sociedad*, n º 153, enero-febrero, 1998, pp. 141-155; "Territorios indígenas: lugares de la etnicidad y la política en América Latina" en *Cuadernos de Trabajo sobre América Latina*, nº 1, París, Ecole des Hautes Etudes en Sciencies Sociales, 1998, pp. 60-104; COICA, "El territorio y la vida indígena como estrategia de defensa de la Amazonía" en *Primer Encuentro Cumbre entre Pueblos Indígenas y ambientalistas*, Coordinadora de Organizaciones Indígenas de la Cuenca Amazonía, Iquitos, 2000; BERRAONDO, M., *El derecho indígena al medio ambiente*, Tesis Doctoral, 2007.

por lo que, cualquier interposición en la libre proyección de sus fundamentos, incurre en vulneración de este derecho. A su vez, los basamentos de esta institución jurídica permiten desgranar analítica y prácticamente una serie de efectos, como son: la divisibilidad de la tierra; la alienabilidad; la circulación mercantil y la seguridad crediticia. Estos fundamentos, junto con los efectos añadidos a los mismos, totalizan y clausuran el sentido en la manera y las formas de entender la propiedad en cuanto categoría expuesta al debate intercultural.

El otro lado del pacto cultural, el indígena, procede a una interpretación intercultural de las potencialidades que se derivan de esos fundamentos y de sus efectos. Dicha hermenéutica permite rescatar tácticamente ciertas posibilidades para la construcción de una concepción propia de territorialidad e insertarla, de esta manera, en el discurso del Derecho Internacional de los Derechos Humanos[11]. Entre las posibilidades que se destilan de la concepción occidental de propiedad están: el carácter absoluto, exclusivo y permanente de la propiedad, lo

---

11 No desdeñamos, desde estas afirmaciones, el ingente esfuerzo intercultural que el Sistema Interamericano de derechos humanos viene realizando en la protección de los derechos territoriales indígenas. Una expresión panorámica y sistémica de este esfuerzo, con relación a la territorialidad indígena y sus recursos, puede verse en el Informe desarrollado por la COMISIÓN INTERAMERICANA, *Derecho de los pueblos indígenas y tribales sobre sus tierras ancestrales y recursos naturales,* OEA, 2009. En todo ello, el objeto de debate no es sólo que se reconozcan derechos territoriales a los pueblos indígenas, sino que se abra un debate intercultural-normativo sobre qué entiende cada pueblo por derechos territoriales, y cómo dialoga desde el antagonismo con el derecho estatal. En este aspecto, el Sistema Interamericano ha evolucionado hacia una interpretación intercultural y evolutiva al reconocer dentro del concepto de tierra "los derechos de los miembros de las comunidades indígenas en el marco de la propiedad comunal", tal y como se recoge en el artículo 21 de la Convención Americana de Derechos humanos. Cf. CORTE IDH, *Caso de la Comunidad Mayagna (Sumo) Awas Tingni, vs. Nicaragua,* Sentencia de 31 de agosto de 2001, serie c nº 79, párrafo 148.

que trasmuta en una consideración absoluta, exclusiva y permanente de la territorialidad como mecanismo de protección.

El problema de fondo es que la propiedad dispone de un régimen legal propio que expresa determinados valores culturales; el fundamento y las consecuencias que se derivan del mismo, responden a un patrón cultural determinado. Por ello, la propiedad privada es una institución jurídica que *a priori* presenta serios problemas de compenetración con el sentido indígena de hábitat. Existe una disfuncionalidad de raíz en este debate intercultural puesto que la apropiación táctica de ciertos sentidos y maneras de entender la propiedad por parte de los pueblos indígenas, supone forzar los sentidos de una institución hasta su desvirtuación y deformación, lo que invierte y hace problemático el pacto intercultural. Así, mientras el derecho occidental construye el concepto de propiedad a partir de las posibilidades que otorga el derecho civil, los sistemas normativos indígenas construyen el concepto de territorio intrínsecamente adosado al concepto de pueblo (indígena), pero desde las posibilidades que otorgan derechos colectivos, como la autonomía, condición de posibilidad para gestionar soberanamente los territorios indígenas[12].

Las consecuencias de todo ello, como ya se ha anticipado, son constantes correcciones y adulteraciones de una institución jurídica –la propiedad privada, tal como es construida en occidente- para poder encajar, aunque sea a contrapelo, la concepción indígena de territorialidad. Este ejercicio de manierismo jurídico constituye una adulteración del diálogo intercultural al sustraer los fundamentos más radicales de una institución jurídica, con un arraigue socio-cultural concreto, para implantarlos en otra cosmovisión bajo la adjetivación de diálogo intercultural. Sin embargo, en este proceso se olvida cómo se

---

12 Véase Capítulo I.

entiende originariamente la cuestión territorial indígena y, a partir de ahí, como se podría concitar un pacto transcultural entre dos instituciones antagónicas; más que adaptarse, deformando un sistema normativo con raigambres culturales propias y poco porosa a la flexibilidad. Un pacto así, está condenado al fracaso ya que siempre se aducirá, por una de las partes –occidental liberal-, que el resultado altera molecularmente la composición originaria de una institución jurídica como la propiedad, limitando un derecho fundamental como es la propiedad privada. Con ello, el diálogo intercultural quedará condenado a una lógica de recortes e implantes, más que a un difícil contraste de puntos de vista y cosmovisiones.

Así, del concepto liberal occidental de "disponer libremente" de la propiedad, se infiere, por deformación, la inalienabilidad, lo que en sí mismo es incompatible con la institución de la propiedad. Del concepto de "seguridad jurídica", se deduce la inembargabilidad. De las relaciones individuales que se producen entre el sujeto y el objeto de apropiación, se destila espuriamente el concepto de comunidad. Todo este compendio de asimétricas y violentas adaptaciones lleva a concebir un concepto de propiedad colectiva indígena como una institución que se desprende, por derivación, del concepto de propiedad occidental, instituyendo la territorialidad indígena con las cualidades de la subordinación y dependencia respecto al concepto occidental de propiedad. Sin embargo, la propiedad colectiva indígena, tal y como se está manejando en el ideario del Sistema Interamericano de Derechos Humanos, no supone copropiedad, en cuanto traslación analógica del concepto liberal. Supone, de manera simultánea, una consideración individual, comunitaria y supracomunitaria. Implica espacios de todas las personas y a su vez de ninguna. Comprende derechos de las antiguas y de las futuras generaciones. La propiedad indígena nunca es estrictamente absoluta o exclusiva; existen siempre un conjunto de mediaciones que actúan como restricciones o limitaciones a esa dimensión absoluta de la propiedad, como son las familiares, las comunitarias, las supracomunitarias, etc. La determinación de exclusividad e inalienabilidad no son más que derivaciones otorgadas a partir de los fundamentos de una institución jurídica como la propiedad. Estas adjetivaciones resultan alérgicas y ajenas a la cosmovisión indígena, mucho más si son utilizadas con carácter instrumental para mediatizar un diálogo intercultural. Ello nos pone frente a la verdadera complejidad que el antagonismo intercultural encierra y supone.

Una vez ubicado lo que consideramos el núcleo de la conflictividad intercultural en la cuestión tierra *versus* territorio, presente en toda su intensidad en el Convenio 169 de la OIT[13], pasaremos a desarrollar cómo es comprendido y construido el concepto de territorio desde la perspectiva de los pueblos indígenas. Se trata no sólo de reconocer los derechos territoriales indígenas, desde un plano normativo, sino de expresar qué se entiende por territorialidad indígena, cómo es construida, imaginada, asumida y proyectada desde la cosmovisión indíge-

---

13 El Convenio 169 de la OIT hace referencia a la territorialidad indígena, de manera un tanto desvirtuada y blanda, en su Parte II, artículos 13 a 19. Como se ve, hay claramente una transposición del concepto y del contenido de tierras sobre el de territorio. Se procede a definir el concepto de territorio indígena a partir de una consideración civilista de tierra, produciéndose un reconocimiento formal de las categorías de tierras y territorios en el artículo 13, pero dejando fuera el contenido material de lo que la territorialidad supone para los pueblos indígenas. En el artículo 14, sin embargo, la referencia a los territorios indígenas desaparece, proyectando ya sobre éstos una comprensión deducida del concepto de propiedad privada occidental. En este artículo, por tanto, no hay si quiera un reconocimiento formal normativo del concepto de territorialidad indígena. La Declaración de Naciones Unidas sobre los derechos de los pueblos indígenas, recoge la territorialidad de otra manera, mucho más cercana al sentido y comprensión de este término por parte de los pueblos indígenas, muy próximo, también, a la interpretación de la territorialidad indígena que viene haciendo la Corte Interamericana. Cf. especialmente el Preámbulo de la Declaración, así como los artículos 8, 10, 25, 27, 28, 29, 30 y 32 de la misma.

na, para, desde ese momento, poder acceder a un pacto intercultural. Para ello transitaremos por tres momentos que guardan unidad en la explicación: en primer lugar, estableceremos cuál es el alcance de la territorialidad indígena; en segundo lugar, sugeriremos cuál es el contenido simbólico de la misma (en su dimensión abstracta, ya que la concreción específica deberá hacerse desde cada imaginario indígena); en tercer lugar, desarrollaremos cuáles son los atributos que caracterizan jurídicamente al territorio indígena.

A) Con relación al alcance de la territorialidad indígena es necesario acercarse a cómo ésta queda recogida en el ámbito constitucional de algunos Estados latinoamericanos. A ese respecto es interesante considerar cómo fluctúa su incorporación a través de diferentes acepciones, como Territorios indígenas originarios campesinos, Municipios Autónomos, Territorios étnicos, Resguardos, Circunscripciones Territoriales Indígenas, etc. La propiedad comunal indígena es el resultado del reconocimiento legal de las variadas y específicas formas de control, propiedad, uso y usufructo de los territorios y los bienes concomitantes a ellos[14].

En ese sentido, para definir su alcance, se han venido usando diferentes criterios y registros como: 1) territorialidad originaria, que hace referencia a los derechos previamente existentes a la creación de los Estados-nación, lo que conferiría a estos pueblos títulos permanentes e inalienables; 2) ocupación tradicional, tal y cómo se recoge en el artículo 27 de la Declaración de Naciones Unidas sobre los Derechos de los pueblos indígenas; 3) Ocupación actual, como era el caso de Chile antes

---

14 COMISIÓN INTERAMERICANA DE DERECHOS HUMANOS, *Caso Mary y Carrie Dann vs. Estados Unidos de Norteamérica*, Informe de Fondo nº 75/02 de 27 de diciembre de 2002, párrafo 130.

del fallido proceso constituyente[15]; 4) Territorio como espacio de vida, es decir como lugar para la producción, reproducción y desarrollo de los procesos vitales, individual y colectivamente considerados; 5) Territorio como hábitat[16]; 6) o la utilización de criterios integradores, fusionando muchos de los ya mencionados, como es el caso del Convenio 169 de la OIT.

B) Con relación a los contenidos de la territorialidad indígena[17] es importante -para poder acercarnos desde una perspectiva intercultural y normativa- tener en cuenta la existencia de tres dimensiones: a) una base material de la territorialidad, que constituiría su sustento y arraigo biofísico, donde quedaría simbólicamente ubicado todo lo que hace referencia a cuestiones de hábitat, recursos naturales, medio ambiente, biodiversidad, ecosistemas, etc.; es decir, las entrañas eco-físicas de la territorialidad; b) un espacio socio-cultural, donde se materializa la influencia histórica de cada pueblo indígena y desde donde se construyen las especiales relaciones que tienen estos pueblos con la base material de la territorialidad. Desde esta especial relación social y cultural de los pueblos indígenas con sus territorios se deriva la existencia de conocimientos tradicio-

---

15 AYLWIN, J.], "Pueblos indígenas de Chile: antecedentes históricos y situación actual", [en línea], (2004), <http://www.xs4all.nl/~rehue/art/ayl1a.html>. [Consulta 12/06/2012]; TOLEDO, V., "Las tierras que consideran como suyas. Reclamaciones mapuches en la transición democrática chilena" en *Asuntos Indígenas*, IWGIA n°4, 2005.

16 La Ley Orgánica de Pueblos y Comunidades Indígenas de la República Bolivariana de Venezuela define el hábitat indígena como: "el conjunto de elementos físicos, químicos, biológicos y socioculturales, que constituyen el entorno en el cual los pueblos y comunidades indígenas se desenvuelven y permiten el desarrollo de sus formas tradicionales de vida. Comprende el suelo, el agua, el aire, la flora, la fauna y en general todos aquellos recursos materiales e inmateriales necesarios para garantizar la vida y desarrollo de los pueblos y comunidades indígenas".

17 TOLEDO, V., *Pueblo Mapuche, derechos colectivos y territorio. Desafíos para la sustentabilidad democrática*, LOM Ediciones, Chile, 2006.

nales y patrimonios propios; c) un espacio político y geográfico que hace referencia a las posibilidades de control y gestión política del territorio a partir de la utilización de derechos políticos como la autonomía. Es propiamente el ámbito y el nivel de la jurisdicción indígena, donde se confabulan, como una unidad inescindible, un bucle de derechos que completan la dimensión holística y estructural de la territorialidad en la cosmovisión indígena. Entre éstos estarían la territorialidad, la autonomía y la jurisdicción[18]. Solo un territorio autónomamente gestionado y con capacidad jurisdiccional sobre sus recursos biofísicos y sobre sus habitantes, puede dar medida de la territorialidad indígena como una unidad de vida completa[19]. Cuando hablamos de integralidad territorial indígena, este concepto equívoco y polisémico refiere a funciones económicas que estos pueblos realizan y desarrollan en el territorio; a las condiciones ecológicas en que la vida se desarrolla; a la percepción subjetiva que los sujetos que allí habitan tienen del propio territorio; a la naturaleza física del bien referido: elementos biofísicos, espirituales, culturales, simbólicos; es decir, a la fusión fértil y de difícil catalogación jurídica, por el Derecho occidental, de naturaleza y pueblo.

Todo este nivel abstracto, que funciona como propedéutica para poder ejercer un pacto intercultural normativo en la manera de construir y considerar la territorialidad indígena, queda reflejado en las referencias y comentarios que la Comisión Interamericana de Derechos Humanos realizó con relación al caso Mary y Carrie Dann. Allí se habla de "principios jurídicos internacionales generales que han evolucionado en

---

18 Véase Capítulos V y VI.

19 MARTÍNEZ DE BRINGAS, A., "El reto de hacer efectivo los derechos de los pueblos indígenas: la difícil construcción de una política intercultural", en MARTÍ, S. (ed.), *Pueblos indígenas y política en América Latina*, CIDOB, Barcelona, 2007.

el sistema interamericano y son aplicables dentro y fuera del mismo" (...) "....la Comisión considera que los principios jurídicos internacionales generales aplicables en el contexto de los derechos humanos de los indígenas incluyen: a) el derecho de los pueblos indígenas al reconocimiento legal de sus formas y modalidades variadas y específicas de control, propiedad, uso y usufructo de los territorios y bienes; b) el reconocimiento de su derecho de propiedad y posesión con respecto a tierras, territorios y recursos que han ocupado históricamente; c) en los casos en que los derechos de propiedad y uso de los pueblos indígenas deriven de derechos previamente existentes a la creación de sus Estados, el reconocimiento por los Estados de los títulos permanentes e inalienables de los pueblos indígenas y a que ese título sea modificado únicamente por consentimiento mutuo entre el Estado y el pueblo indígena respectivo cuando tengan pleno conocimiento y apreciación de la naturaleza o los atributos de ese bien. Esto también implica el derecho a una justa indemnización en caso de que esos derechos de propiedad y uso sean perdidos irrevocablemente".[20]

Sin embargo, todo ello plantea, como venimos viendo, serios conflictos a la construcción de un derecho internacional medioambiental capaz de integrar, desde una perspectiva de derechos, la dimensión de los pueblos indígenas. Para ello, el Derecho medioambiental internacional debería ser capaz de introducir en su corazón normativo valores socio-culturales de los pueblos indígenas, interpretados de manera específica, adaptándolos a la realidad cosmovisonal de cada pueblo, en cada realidad estatal. Ello tendría que venir acompañado, también, de principios de eficiencia para una correcta regulación de las relaciones humanas desde una perspectiva intercultural. Entre esos principios de regulación intercultural estarían

---

20 CIDH, *Caso Mary and Carrie Dann vs. EE.UU. de Norteamérica*, Informe de Fondo nº 75/02, diciembre de 2002, párrafos 129 y 130.

todos los necesarios para evitar una consideración estrecha y reductiva del territorio indígena, limitada, exclusivamente, a dimensiones occidentales centradas en espacios agrícolas y pecuarios[21]. También conllevaría la introducción de criterios interculturales que faciliten una comprensión territorial que exprese la riqueza de la alianza territorio-pueblos. En definitiva, una comprensión intercultural de los derechos humanos nucleada en torno a una consideración holística, procesual, polifacética y progrediente del Derecho a la Vida[22] en los territorios indígenas. La territorialidad indígena exige integrar con radicalidad los contenidos materiales que proponen los derechos colectivos indígenas, donde territorialidad y subjeti-

---

21 De nuevo la Corte Interamericana de Derechos Humanos vuelva a exhibir una lógica intercultural en la comprensión del territorio indígena cuando afirma: "Para las comunidades indígenas la relación con la tierra no es meramente una cuestión de posesión y producción sino un elemento material y espiritual del que gozan plenamente, inclusive para preservar su legado cultural y trasmitirlo a las generaciones futuras", CORTE IDH, *Caso de la Comunidad Mayagna (Sumo) Awas Tingni vs. Nicaragua,* Fondo, Reparaciones y Costas, Sentencia del 31 de agosto de 2001, serie C nº 79, párrafo 149; CORTE IDH, *Caso de la Comunidad Moiwana Vs. Surinam,* Excepciones Preliminares, Fondo, Reparaciones y Costas, Sentencia 15 de junio de 2005, Serie C No. 124, párrafo 131.

22 Resulta pertinente la siguiente afirmación, con relación al derecho a la vida, de la CORTE IDH, *Caso de los "Niños de la Calle" (Villagrán Morales y otros) Vs. Guatemala,* Fondo, Sentencia de 19 de noviembre de 199, Serie C, n. 63, párrafo. 144: "El derecho a la vida es un derecho humano fundamental, cuyo goce es un prerrequisito para el disfrute de todos los demás derechos humanos. De no ser respetado, todos los derechos carecen de sentido. En razón del carácter fundamental del derecho a la vida, no son admisibles enfoques restrictivos del mismo. En esencia, el derecho fundamental a la vida comprende, no sólo el derecho de todo ser humano de no ser privado de la vida arbitrariamente, sino también el derecho a que no se le impida el acceso a las condiciones que le garanticen una existencia digna. Los Estados tienen la obligación de garantizar la creación de las condiciones que se requieran para que no se produzcan violaciones de ese derecho básico y, en particular, el deber de impedir que sus agentes atenten contra él".

vidad colectiva resultan inescindibles. Por ello, la aplicación intercultural del derecho a la vida indígena trasciende una mirada agro-pecuaria del territorio. La introducción de la dimensión socio-cultural en la comprensión de la territorialidad indígena devalúa cualquier consideración productivista de la misma, tan intrínsecamente vinculada, por otro lado, a la institución jurídica de la propiedad. La lógica de la divisibilidad del territorio vuelve a ser una perspectiva impuesta desde una interpretación cultural-occidental del territorio. En la Amazonía indígena, el bosque tiene valor no por su suelo fértil –lógica productiva- sino por su estrato ecológico y su vuelo forestal, es decir, por toda la riqueza simbólica, espiritual y cultural que encierra el territorio, interpretado, necesariamente, desde la lógica de los sistemas normativos indígenas[23].

C) Finalmente, abordaremos los atributos que podrían caracterizar jurídicamente, desde una lógica intercultural, la territorialidad indígena. Para lograrlo, nos apoyaremos, en primer lugar, en las consideraciones previamente aludidas para caracterizar los derechos territoriales indígenas como derechos absolutos, exclusivos y perpetuos, para, de manera táctica, establecer matizaciones y restricciones al carácter positivo y occidental que encierran esas expresiones, y poder acceder, así, al campo allanado de los imaginarios desde los que proceder a construir la interculturalidad.

Hablar de derechos territoriales indígenas "absolutos y exclusivos" exige complementar, esta caracterización, con otra ca-

---

[23] "El derecho consuetudinario de los pueblos indígenas debe ser tenido especialmente en cuenta, para los efectos de que se trata. Como producto de la costumbre, la posesión de la tierra debería bastar para que las comunidades indígenas que carecen de un título real sobre la propiedad de la tierra obtengan el reconocimiento oficial de dicha propiedad y el consiguiente registro", CORTE IDH, *Caso de la Comunidad Mayagna (Sumo) Awas Tingni vs. Nicaragua,* Sentencia de 31 de agosto de 2001. Serie C nº 79, párrafo 151.

dena interdependiente de derechos y deberes colectivos orientados a producir, reproducir y desarrollar la vida indígena. Todo ello escapa a una simple mirada occidental en la comprensión de los derechos. Desde esta mirada entrecruzada, intercultural, complementaria, podemos acercarnos a dialogar con las formas occidentales de entender la propiedad y la tierra. Sin embargo, el carácter hermético, cerrado y totalizante que denotan términos como "absoluto y exclusivos", desde su dimensión positivista, resultan poco útiles para dar medida de la perspectiva y dimensión de los derechos territoriales indígenas.

Respecto al término "permanente" éste debe ser entendido desde una consideración histórica y socio-cultural, trascendiendo la temporalidad y la caducidad como característica inmanente de los derechos en la cosmovisión liberal-occidental. Se trata, por tanto, de dimensiones no vinculadas a la contingencia de la vida humana, desligadas del atributo de la titularidad. Es aquí donde la territorialidad muestra su doble rostro, individual y colectivo; así como su doble dimensión, trans-temporal (más allá de la temporalidad de la vida humana) y trans-espacial (más allá de la geografía occidental y de su manera de entender el espacio)[24]. La perpetuidad, como condición para acceder a la negociación intercultural, debe ser aderezada con el carácter originario de los sistemas normativos indígenas, lo que nos inserta, de nuevo, en otra lógica tempo-espacial y nos

---

[24] CORTE IDH, *Caso de la Comunidad Mayagna (Sumo) Awas Tingni vs. Nicaragua,* Sentencia de 31 de agosto de 2001, serie C, nº 79. Voto Razonado Conjunto de los Jueces A.A. Cançado Trindade, M. Pacheco Gómez y A. Abreu Burelli, párrfos 9-10: "La preocupación por el elemento de la conservación refleja una manifestación cultural de la integración del ser humano con la naturaleza y el mundo en que vive. Esta integración, creemos, se proyecta tanto en el espacio como en el tiempo, por cuanto nos relacionamos, en el espacio, con el sistema natural de que somos parte y que debemos tratar con cuidado, y, en el tiempo, con otras generaciones (las pasadas y las futuras), con relación a las cuales tenemos obligaciones".

lleva a la abdicación de los títulos de propiedad como única manera de reivindicar y garantizar estos derechos[25].

Todo ello debería ser complementado, en segundo lugar, con la radicalidad que implica la concesión de derechos territoriales a un sujeto colectivo como el de los "pueblos indígenas". Esa radicalidad supone situarse más allá de los estándares del derecho civil y privado en la manera de establecer y garantizar los derechos de propiedad[26]. La dimensión colectiva supone una elucidación prolífica de dimensiones y prismas jurídicos. De esta manera, la territorialidad tiene una dimensión transgeneracional (generaciones pasadas, presentes y futuras); transfronteriza, más allá de los estrechos marcos con los que se entienden los derechos de la ciudadanía en el ámbito del Estado-nación delimitado por fronteras; y transpersonal, implicando la dimensión pública del Derecho en la manera de fundamentar titularidades y ofertar garantías. En definitiva, derivar las consecuencias de la territorialidad indígena a partir del hemistiquio inescindible de pueblo-territorio.

En tercer lugar, deberá poder convalidarse toda forma y modalidad de control, propiedad, uso y usufructo que define la relación socio-económica del binomio pueblo-hábitat. Ello pasa por admitir la regulación de toda forma de control territorial indígena, implicando en dicho control jurisdiccional

---

25 CORTE IDH, *Caso Comunidad Garífuna de Punta Piedra y sus miembros Vs. Honduras*, Excepciones Preliminares, Fondo, Reparaciones y Costas, Sentencia de 8 de octubre de 2015, Serie C No. 304, párrafo 235.

26 CORTE IDH, *Caso de la Comunidad Mayagna (Sumo) Awas Tingni vs. Nicaragua*, Sentencia de 31 de agosto de 2001, serie C, nº 79. Voto Razonado Conjunto de los Jueces A.A. Cançado Trindade, M. Pacheco Gómez y A. Abreu Burelli, párrafo 9: "(...) al elemento de la *conservación* sobre la simple explotación de los recursos naturales. Su forma comunal de propiedad, mucho más amplia que la concepción civilista (jusprivatista), debe, a nuestro juicio, ser apreciada desde este prisma, inclusive bajo el artículo 21 de la Convención Americana sobre Derechos Humanos, a la luz de los hechos del *cas d'espèce*".

la totalidad de hábitat: superficie, subsuelo, vuelo forestal, aguas, recursos genéticos, etc. Como se desprende de la lógica de territorialidad, ello no podrá realizarse sin la concesión de derechos de autonomía que permitan un ejercicio real de la territorialidad y de la jurisdicción. La autonomía, en cuanto derecho colectivo[27], incluye: control político y jurisdiccional de la territorialidad; autonomía de uso y explotación; control social y espiritual del territorio y sus recursos; libertad interna para una distribución de derechos intra-territorial; control económico del territorio; seguridad jurídica en el territorio. Todo ello implica un juego de tensiones, síntesis, solapamientos y negociaciones entre los sistemas normativos indígenas y los sistemas normativos estatales -desde una lógica positiva y escriturística-.

Como es bien sabido, esta danza intercultural se topa con los conflictos que la colonialidad del poder ha ido trazando sobre la identidad de los pueblos indígenas, como son: la tiranía de la soberanía estatal en la manera de comprender y construir una dogmática de derechos humanos; las constantes reservas de dominio estatal sobre territorios indígenas como proyección de la larga sombra del monopolio estatal sobre los territorios; la comprensión productivista del territorio indígena, lo que ha supuesto arredrar la perspectiva socio-cultural[28]

---

27 La autonomía indígena tendrá consecuencias estructurales en la futura composición y distribución territorial del Estado. Es toda la compleja cuestión de integración de la territorialidad indígena al Estado y la adaptación de éste a la lógica de la territorialidad indígena, pero desde una perspectiva intercultural; no colonial-estatal, como hasta ahora. Cf. ROMERO BONIFAZ, C., *El proceso constituyente boliviano. El hito de la cuarta marcha de tierras bajas*, CEJIS, Bolivia, 2005; LÓPEZ BÁRCENAS, F., *Autonomía y derechos indígenas en México*, Cuadernos Deusto de Derechos humanos, nº 39, Bilbao, 2006. Consúltese el Capítulo VI de este libro dedicado a la autonomía indígena.

28 Importantes son, desde un punto de vista intercultural, las palabras del juez A. Cançado Trindade en el voto razonado de la sentencia de la comunidad

de los pueblos indígenas y la imposición de una dimensión exclusivamente utilitarista y rentable del territorio; el despliegue de políticas públicas multiculturales, con pretensiones integradoras y asimilacionistas, orientadas a fragmentar y dividir al movimiento indígena.

4. EL SISTEMA INTERAMERICANO DE DERECHOS HUMANOS ANTE LA TERRITORIALIDAD INDÍGENA

La reciente jurisprudencia de la Corte Interamericana de Derechos Humanos (IDH) ha venido creando un cuerpo jurídico garantista para la construcción, desarrollo y protección de los derechos de los pueblos indígenas, con una punzante proyección y potencialidad intercultural en la manera de interpretar el territorio[29]. Del análisis de este novedoso compen-

---

indígenas Sawhoyamaxa vs. Paraguay, *op. cit.*, sentencia de 29 de marzo de 2006, párrafos 28, 30 y 32: "El derecho a la vida es, en el presente caso de la Comunidad Sawhoyamaxa, abordado en su vinculación estrecha e ineludible con la identidad cultural. Dicha identidad se forma con el pasar del tiempo, con la trayectoria histórica de la vida en comunidad. La identidad cultural es un componente o agregado del derecho fundamental a la vida en su amplia dimensión. En lo que concierne a los miembros de comunidades indígenas, la identidad cultural se encuentra estrechamente vinculada a sus tierras ancestrales. Si se les privan de estas últimas, mediante su desplazamiento forzado, se afecta seriamente su identidad cultural y, en última instancia, su propio derecho a la vida *lato sensu*, o sea, el derecho a la vida de cada uno y de todos los miembros de cada comunidad". (...) "El vivir en sus tierras ancestrales es esencial para el cultivo y la preservación de sus valores, inclusive para su comunicación con sus antepasados". (...) "En mi Voto Razonado subsiguiente (del 08.02.2006) en el (mismo) caso de la *Comunidad Moiwana* (Interpretación de Sentencia), insistí en la necesidad de reconstrucción y preservación de la identidad cultural (párrs. 17-24), de la cual el proyecto de vida y de post-vida de cada miembro de la comunidad mucho depende".

29 Nos referimos, entre algunas de ellas, a sentencias como: CORTE IDH, *Caso de la Comunidad Mayagna (Sumo) Awas Tingni vs. Nicaragua*, de 31 de agosto

dio jurisprudencial pueden inferirse una serie de principios jurídicos interculturales que fundamentan el marco político y normativo para entender, por inferencia, el sentido de los derechos colectivos indígenas. Estos principios pueden destilarse de la Declaración de Naciones Unidas sobre los Derechos de los pueblos indígenas; de la Declaración Americana sobre Derechos de los Pueblos Indígenas y, de manera mucho más suavizada y recortada, del Convenio 169 de la OIT.

---

de 2001, serie C, nº 79; CORTE IDH, *Caso Masacre Plan de Sánchez Vs. Guatemala*, Reparaciones, Sentencia de 19 de noviembre de 2004, Serie C No. 116; CORTE IDH, *Caso comunidad Moiwana vs. Suriname*, de 15 de junio de 2005; CORTE IDH, *Caso comunidad indígena Yakye Axa vs. Paraguay*, de 17 de junio de 2005; CORTE IDH, *Caso comunidad indígena Sawhoyamaxa vs. Paraguay*, de 29 de marzo de 2006; CORTE IDH, *Caso del Pueblo Saramaka Vs. Surinam*, Excepciones Preliminares, Fondo, Reparaciones y Costas, Sentencia de 28 de noviembre de 2007, Serie C No. 172; CORTE IDH, *Caso Pueblo Indígena Kichwa de Sarayaku Vs. Ecuador*, Fondo y Reparaciones, Sentencia de 27 de junio de 2012, Serie C No. 245; CORTE IDH, *Caso de los Pueblos Indígenas Kuna de Madungandí y Emberá de Bayano y sus miembros Vs. Panamá*, Excepciones Preliminares, Fondo, Reparaciones y Costas, Sentencia de 14 de octubre de 2014, Serie C No. 284; CORTE IDH, *Caso Comunidad Garífuna de Punta Piedra y sus miembros Vs. Honduras*, Excepciones Preliminares, Fondo, Reparaciones y Costas, Sentencia de 8 de octubre de 2015, Serie C No. 304; CORTE IDH, *Caso Comunidad Garífuna Triunfo de la Cruz y sus Miembros Vs. Honduras*, Fondo, Reparaciones y Costas, Sentencia de 08 de octubre de 2015, párr. 100; CORTE IDH, *Caso Pueblos Kaliña y Lokono Vs. Surinam*, Fondo, Reparaciones y Costas, Sentencia de 25 de noviembre de 2015, párr. 129; CORTE IDH, *Caso de las Comunidades Afrodescendientes desplazadas de la Cuenca del Río Cacarica (Operación Génesis) Vs. Colombia*, Excepciones Preliminares, Fondo, Reparaciones y Costas, Sentencia de 20 de noviembre de 2013, Serie C No. 270; CORTE IDH, *Caso de los Pueblos Indígenas Kuna de Madungandí y Emberá de Bayano y sus miembros Vs. Panamá*, Excepciones Preliminares, Fondo, Reparaciones y Costas, Sentencia de 14 de octubre de 2014, Serie C No. 284; CORTE IDH, *Caso Pueblo Indígena Xucuru y sus miembros Vs. Brasil*, Excepciones Preliminares, Fondo, Reparaciones y Costas, Sentencia de 5 de febrero de 2018. Serie C No. 346.

Así, entre estos principios fundamentadores estarían[30]:

- El carácter colectivo de la propiedad indígena, que constituye el eje de interpretación y vector de sentido de la sentencia de la Corte IDH en el caso de la Comunidad Mayagna (Sumo) Awas Tingni vs. Nicaragua[31]. La dimensión colectiva de los derechos irrumpe, desde la particularidad indígena, en las sentencias de un sistema regional de protección de derechos, como es el caso de la Corte interamericana de derechos humanos. Una fina hermenéutica jurídica-intercultural con relación a la territorialidad indígena -lo que se ha venido expresando como una interpretación evolutiva del derecho de propiedad[32]- permite inferir una dimensión colectiva en la manera de fundamentar y construir los derechos humanos, perspectiva que complementa la limitada mirada individualista que desarrolla y articula el discurso occi-

---

30 Cf. RODRÍGUEZ-PIÑEIRO, L., "El sistema interamericano de derechos humanos y los pueblos indígenas" en BERRAONDO, M. (coord.), *Pueblos indígenas y derechos humanos*, Universidad de Deusto, Bilbao, 2006, pp. 153-203; MADARIAGA, I., "Sistema Interamericano de derechos humanos, pueblos indígenas y derecho de propiedad. Breves antecedentes" en COURTIS, Ch., HAUSER, D., RODRÍGUEZ, G. (comps.), *Protección Internacional de Derechos Humanos. Nuevos desafíos*, Ed. Porrúa, México, 2005, pp. 209-228.

31 Sentencia de 31 de agosto 2001, serie C, nº 79.

32 Esta interpretación evolutiva constituye un salto cualitativo en la manera de comprender el Derecho y los derechos, cuestión en la que venimos insistiendo, enconadamente, en todo el trabajo. *Ibidem.*, párrafo 148: "Mediante una interpretación evolutiva de los instrumentos internacionales de protección de derechos humanos, tomando en cuenta las normas de interpretación aplicables y, de conformidad con el artículo 29.b de la Convención –que prohíbe una interpretación restrictiva de los derechos-, esta Corte considera que el artículo 21 de la Convención protege el derecho a la propiedad en un sentido que comprende, entre otros, los derechos de los miembros de las comunidades indígenas en el marco de la propiedad comunal, la cual también está reconocida en la Constitución política de Nicaragua".

dental y liberal de derechos. Esta dimensión colectiva, en cuanto principio hermenéutico para comprender e interpretar los derechos humanos, otorga enormes pistas para la concreción de esta dimensión –la colectividad de los derechos- en parajes culturales diferenciados, con sujetos distintos, en situaciones geopolíticas muy variadas. De esta sentencia se deriva toda una ontología colectiva de los derechos humanos que exige ser teorizada y que permita deducir contenidos normativos concretos para situaciones específicas, pero cambiantes.

- La especial relación de los pueblos indígenas con sus tierras y territorios, siendo esta íntima anudación la que otorga sustantividad propia a la identidad indígena. Este principio arroja un instrumental muy interesante para construir una dogmática intercultural de los derechos humanos. Inextricablemente asociado al principio anterior –la dimensión colectiva de los derechos-, aquí se introduce el elemento de la territorialidad en un sentido corporal-colectivo, es decir, trascendiendo una dimensión patrimonialista, civilista y reductiva de la propiedad. Constituye, por tanto, el fundamento jurídico de todas las ideas que hemos venido relatando en este trabajo. Territorialidad en cuanto corporalidad identitaria de los pueblos indígenas, contenido inherente, a su vez, del derecho a la vida de los pueblos indígenas[33].

---

33 Corte IDH, *Caso Yakya Axa*, op. cit, párrafo 135. Como bien ha insistido AGAMBEN, la corporalidad (individual o colectiva), la *nuda vida* o vida desnuda y desamparada, es lo que constituye el fundamento de la soberanía política en la Modernidad: "sólo la *nuda vida* es auténticamente política desde el punto de vista de la soberanía". Considérese y profundícese esta perspectiva teniendo en cuenta el aplomo específico de la Colonialidad del Poder, no considerada por Agamben, pero que resulta valiosísima para construir un pensamiento crítico que tenga en cuenta las relaciones geopolíticas Norte-Sur, desde la perspectiva de la colonialidad. AGAMBEN, G., *Homo Sacer. El*

- El origen consuetudinario del derecho de propiedad comunal indígena, por contraste conflictivo con la intransigencia del derecho positivo occidental, cuya carta de identidad viene precedida por la exigencia de formas escritas, aval necesario para considerar el Derecho válido y legítimo. Como la propia Corte vuelve a recalcar "El derecho consuetudinario de los pueblos indígenas debe ser tenido especialmente en cuenta, para los efectos que se trata. Como producto de la costumbre, la posesión de tierra debería bastar para que las comunidades indígenas que carezcan de un título real sobre la propiedad de la tierra obtengan el reconocimiento oficial de dicha propiedad y el consiguiente registro"[34].
- Los deberes del Estado en relación con la propiedad comunal indígena. El caso Awas Tingni vuelve a ser el rotor que distribuye el agua fresca para la creación de nuevos derechos y deberes. En ese sentido insiste en la necesidad de garantías efectivas para poder implementar y llevar a buen término las radicales disposiciones que incorpora la sentencia. Para ello, apela a la necesidad de titulación de las tierras indígenas, que, aun siendo una exigencia propia del derecho occidental, derivado de la institución de la propiedad, constituía, en su momento, una mediación instrumental para otorgar carne, tendones y huesos al derecho de propiedad comunal indígena. Sin embargo, este principio, aunque ortodoxamente utilizado todavía en esta sentencia, es decir, sin claras codas interculturales, exhibe una potencialidad que permite

---

poder soberano y la nuda vida, Pre-textos, Valencia, 2003, p. 138. Un intento de profundización en lo previamente sugerido puede verse en el Capítulo VII de este libro.

34 CORTE IDH, *Caso de la comunidad Mayagna (Sumo) Awas Tingni vs. Nicaragua,* op. Cit, párrafo 151.

abrir corredores de vida en la angosta morfología del derecho clásico. El hecho de incidir expresamente en la especial responsabilidad del Estado nos sitúa ante un nuevo plano de garantías para los derechos, trascendiendo una comprensión estrecha de las mismas que las reduce a meras garantías jurídicas, institucionales o legales[35]. Permite además asirnos a una dimensión descentrada y desubicada de las garantías sociales del Derecho, como las que puedan enunciarse desde la perspectiva de las comunidades y movimientos indígenas. Es toda la cuestión de nuevas estrategias de protección frente a nuevos derechos; nuevas formas de entender el litigio estratégico[36]. Ello implica instaurar una nueva comprensión de la relación derechos-deberes, remitiéndonos, sincrónicamente, a una consideración nueva de las subjetividades-víctimas; así como a una nueva reformulación de los deberes públicos del Estado en la protección de los derechos humanos. Exige una revisión integral de las garantías del derecho desde nuevos fundamentos, reformulados a partir de las consecuencias que se derivan de la revisión de la interdependencia derechos-deberes.

- El conflicto entre propiedad comunal indígena y derechos de terceros. Esta es una cuestión complementaria del principio anterior, pero que, dada su conflictividad real, exige un tratamiento específico. Es decir, el replan-

---

35 Para una profundización de los diferentes prismas y posibilidades que ofertan las garantías del Derecho, puede consultarse, PISARELLO, G., *Los Derechos sociales y sus garantías. Elementos para una reconstrucción,* Madrid, Trota, 2007; COURTIS, Ch., *Derechos sociales, ambientales y relaciones entre particulares. Nuevos horizontes,* Cuadernos Deusto de Derechos Humanos, nº 42, 2007, pp. 31-47.

36 MARTÍNEZ DE BRINGAS, A., "Strategic litigation as a framework for the protection of indigenous rights. An analysis of some of the achievements, difficulties and challenges involved", *The Age of Human Rights Journal,* nº. 15, 2020, pp. 117-139.

teamiento de la lógica de los derechos-deberes, a partir de la irrupción en escena de derechos indígenas emergentes, exige repensar los diagramas en que éstos se expresan como consecuencia de la entrada en escena de nuevos actores. No sólo es necesario pensar la relación víctima-Estado, desde un plano garantista, sino la responsabilidad que las empresas tienen, con el consentimiento de los estados, para vulnerar los derechos territoriales indígenas. De nuevo, la territorialidad irrumpe como el alma de toda la corporalidad indígena. No sólo otorga ontología a la identidad, sino que constituye el elemento nuclear en la espinosa cuestión de las multi-garantías, en un ámbito de confrontación intercultural tan polémica como es la territorialidad. La Corte IDH vuelve a hacer una exhibición de creatividad jurídica al llamar la atención sobre la importancia que la territorialidad indígena tiene en la conformación, reproducción y desarrollo de la subjetividad (indígena). Este especial bien jurídico, que es la territorialidad, sin el cual la identidad queda destazada, exige una protección jurídica cualificada. La Corte desarrolla una hermenéutica intercultural de la que se deduce la primacía absoluta de la territorialidad en el *corpus* de valores indígenas. Ello supone el desplazamiento de otros bienes que puedan entrar en conflicto con la territorialidad, especialmente, si se trata de la propiedad privada de terceros. En este caso, la interpretación intercultural debe compensar las asimetrías de poder existente en estos conflictos, diferenciando entre el estatus jurídico de la territorialidad indígena y la propiedad de terceros[37]. Por ello, la Corte permite un desplazamiento de los derechos de terceros cuando éstos entran en coli-

---

[37] Cf. CORTE IDH, *Caso Comunidad indígena Yakye Axa vs. Paraguay*, op. cit., párrafos 65 y ss, y 146-149; CORTE IDH, *Caso comunidad indígena Sawhoyamaxa vs. Paraguay*, op. cit., párrafos 153 y 164.

sión con derechos fundamentales indígenas. Añade, además, que corresponde al Estado establecer las garantías pertinentes para proceder a una demarcación titulada de los territorios indígenas con el fin de ubicar dónde se produce la vulneración, respecto a qué bienes, y cuál es concretamente el conflicto que se plantea. Por tanto, la sentencia incrementa la responsabilidad del Estado, desplegada a partir de la lógica de derechos-deberes, para poder garantizar derechos fundamentales indígenas.

- Extinción de los derechos de propiedad indígena. En este supuesto se trata de proceder a una interpretación intercultural de la prescriptibilidad de los derechos territoriales indígenas, teniendo en cuenta la existencia de múltiples actores en conflicto: pueblos, Estados, terceros, empresas, etc. La Corte establece, como criterio matriz para interpretar la durabilidad de los derechos territoriales indígenas, el tiempo que perdure la existencia de un vínculo íntimo entre estos pueblos y el territorio que ocupan y han ocupado[38]. Ese especial vínculo -entre pueblos indígenas y territorio- se mantiene siempre que se pueda demostrar la existencia de prácticas o usos en el tiempo que sean reflejo de la dimensión cultural y espiritual de estos pueblos. En estos supuestos, se da una prioridad de la dimensión socio-cultural de los pueblos indígenas, que se materializa en el territorio y en las posibilidades que éste abre. Ello está sólidamente ligado a nuevos derechos, puesto que la territorialidad, para ser esgrimida y ejercida, exige del derecho a la autonomía indígena, que incluye la jurisdicción indígena sobre la territorialidad y el reconocimiento de los sistemas normativos indígenas[39].

---

[38] *Ibidem*, párrafo 131, entre otros.

[39] Véase Capítulo V y VI de este libro.

Por ello, en caso de producirse una conculcación del derecho a la territorialidad, éste tiene prioridad incluso frente a disposiciones de derecho interno que deberán ceder en el supuesto de conflicto de jurisdicciones, teniendo en cuenta el carácter fundamental que la territorialidad tiene para los pueblos indígenas. Ello también es predicable si la desposesión indígena de sus territorios se ha producido como consecuencia de la utilización de la fuerza por parte de terceros.

CONCLUSIONES

La territorialidad indígena -como derecho colectivo- mantiene una diferencia específica respecto a cómo es comprendida la propiedad y la tierra en la cosmovisión occidental de derechos. Este capítulo pretendía mostrar las cualidades diferenciales que la territorialidad indígena tiene desde una perspectiva colectiva. Exponer cuáles eran las características y componentes de del modo indígena de entender el territorio, así como la importancia que tiene para la salvaguarda y sostenibilidad de la vida indígena y de otros derechos. Para ello resultaba fundamental otorgar claridad sobre el haz de relaciones que la territorialidad tiene y teje con las prácticas culturales y espirituales indígenas, para constituirse en clave interpretativa y posibilitadora de la vida indígena. Para ello ha sido necesario establecer un diálogo intercultural entre distintos paradigmas de derechos -el indígena y el Occidental- para otorgar luz sobre las diferentes maneras de entender el territorio; así como sugerir los puentes necesarios para construir un diálogo entre prácticas colectivas de apropiación del territorio y las maneras estatales de entender la propiedad. Para la definición de la territorialidad indígena desde una sensibilidad intercultural ha resultado fundamental analizar las sentencias de la Corte Interamericana de Derechos Humanos, auténtica expresión de un Derecho intercultural orientado a construir vías de conexión entre sistemas normativos diferentes: el del Estado y el de los pueblos indígenas.

CAPÍTULO V.

SISTEMAS NORMATIVOS INDÍGENAS Y PLURALISMO JURÍDICO. UN ANÁLISIS DESDE EL ENFOQUE COLECTIVO DE DERECHOS

1. SISTEMAS NORMATIVOS INDÍGENAS ANTE EL PLURALISMO JURÍDICO. ANÁLISIS DE SUS FUENTES DE LEGITIMIDAD

Hablar de justicia indígena implica insertarse en las procelosas avenidas del Pluralismo Jurídico (PJ), categoría que hasta ahora ha gozado de un valor esquivo, pluri-semántico, sirviendo más para adjetivar y definir valores, situaciones, estatutos y coyunturas que ni eran plurales, ni jurídicas; o que, en muchos supuestos, eran, más bien, el *alter ego* de una consideración amplia y flexible de pluralismo jurídico. Nos movemos en lo que en un sentido común llamaremos "PJ aparente".

Hecha esta matización, hablar de justicia indígena implica referir a un todo mayor, más omnicomprensivo, como es el de los Sistemas Normativos Indígenas (SNI) que se conforman y despliegan en dialéctica conflictiva con los Sistemas normativos del Estado. Por tanto, el marco de referencia del PJ es aquel que avista como núcleos normativos para el debate, la confrontación y complementación de los sistemas normativos estatales, junto con los sistemas normativos indígenas. Nunca una visión aislada, atomizada y sin conexión de ninguno de ellos.

Vamos a entender el PJ como un hecho fáctico, como aquella situación en la que dialectizan y se entreveran dos sistemas jurídicos diferentes y autónomos, que coexisten en el mismo campo social[1], cada uno válido por sí mismo en el orden de la fundamentación, sin necesidad de que ninguno de ellos tenga que remitir al otro como fuente última de validez y legitimidad. Sólo desde esta premisa constitutiva puede entenderse el verdadero sentido de lo que es el PJ. Ello implica cuestionar, *a priori*, cualquier forma de supremacía en la manera de gestionar las relaciones entre normas estatales y sistemas normativos indígenas. Los principios fundamentales que guían la articulación entre esos dos órdenes normativos serán los de colaboración, complementariedad, interconexión, coordinación y convergencia; frente a aquellas concepciones distorsionadas de PJ que introducen el principio de jerarquía como el único rotor fundamental desde el que entender el funcionamiento entre órdenes jurídicos diferentes. Si este último fuera el caso en el que nos ubicamos y del que partimos –situando el principio de jerarquía como condición de posibilidad para el funcionamiento de órdenes jurídicos otros-, nos alejaríamos de una consideración fértil y porosa del PJ, acercándonos, con ello, a otra adjetivación jurídica, en contradicción con la lógica de existencia de los propios derechos indígenas. Guiarse exclusivamente por el principio de jerarquía[2] -como parece ser la

---

1 MERRY, S. E., "Pluralismo Jurídico" en MERRY S., GRIFFITHS J., TAMANAHA B.Z., *Pluralismo Jurídico,* Siglo de Hombre Editores, Colombia, 2007, pp. 89-141.

2 La pertenencia de una norma a un sistema jurídico no depende de su contenido, ni de su fuente originaria de producción, sino del hecho de haber sido creada por entes y mecanismos competentes, siguiendo un procedimiento fijado en un origen último de sentido y validez, como es la norma fundamental llamada Constitución. En palabras de Kelsen, el ordenamiento jurídico tiene: "una estructura jerárquica y sus normas se distribuyen en diversos estratos superpuestos. La unidad del orden reside en el hecho de que la creación –y por consecuencia la validez- de una norma está determinada por otra

práctica mayoritaria del constitucionalismo global- implica una inversión en la lógica constitutiva del pluralismo (jurídico) al considerar que un solo sistema jurídico, como es el constitucional, es fuente última de validez y legitimidad de todos los ordenamientos jurídicos existentes en un marco estatal. En función de ello, los otros sistemas de derecho que existan, como los SNI, tendrán un carácter subordinado, constituido desde la legitimidad que otorga, despliega y concede el orden constitucional en cuanto fuente última de valor y verdad. Trascender el principio de jerarquía *á* la Kelsen implica distinguir radicalmente entre sistemas internamente plurales, aquellos con los se expresa el "PJ aparente" para definir su diversidad interna; y pluralismo de sistemas: SNI frente a sistema normativo estatal.

Utilizamos la consideración de SNI puesto que la constelación de normas indígenas codificadas consuetudinariamente en torno a un sistema, trasciende el estrecho valor de lo jurídico, o lo que se viene adjetivando como jurídico. Lo normativo hace alusión a una totalidad cosmovisional regulada y normada bajo otras formas de expresión que no necesariamente son consideradas como jurídicas; o que incluso van más allá que éstas. En este sentido, lo normativo alude a la dimensión cosmovisional de los pueblos indígenas encerrada en torno a un concepto colectivo de buen vivir y vida digna, que se despliega a partir de la interdependencia con la territorialidad y la autonomía indígena[3]. De ahí la estrechez de miras cuando desde otro sistema normativo, como el estatal, se trata de reducir lo normativo a lo jurídico, tal y como es comprendido en el marco estatal.

---

norma, cuya creación, a su vez, ha sido determinada por una tercera norma. Podemos de este modo remontarnos hasta la norma fundamental de la cual depende la validez del orden jurídico en su conjunto". KELSEN, H., *Teoría pura del Derecho,* Ed. Nacional de Buenos Aires, Buenos Aires, 1979, p. 147.

[3] Véase Capítulos IV y VI de este libro.

Lo normativo indígena trasciende lo jurídico estatal, otorgando y sugiriendo más pistas para enriquecer, fortalecer o complejificar el diálogo entre sistemas normativos. Por tanto, el concepto de PJ, como se viene entendiendo en un sentido convencional[4], no puede encerrar la categoría de SNI; estos transcienden el estrecho cincho de la juridicidad adhiriendo muchos más matices a la comprensión del sistema. Funcionan más bien con una sensibilidad heurística para hacer traducible al marco normativo estatal los contenidos y el diagrama de los SNI. En este sentido, con Teubner, creemos que el derecho son prácticas discursivas y comunicativas en la que los diferentes participantes codifican y regulan sus actos bajo la distinción binaria entre lo legal y lo ilegal[5]. Lo jurídico brotaría de

---

4 Sería lo que GRIFFITHS ha venido llamando Pluralismo Jurídico débil, esto es, aquel que se desarrolla sobre derecho trasplantado; por el que "usos y costumbres", "derechos consuetudinarios indígenas" se incorporan asimilativamente, a veces incluso integrativamente, depende del registro constitucional, al régimen de Derecho del Estado. Hay una especie de concesión permisiva, con carácter vertical y jerárquica, desde lo que se considera normatividad constituyente: la constitución del Estado. La perspectiva aquí defendida tampoco se identificaría con lo que el mismo autor denomina PJ fuerte, en el que él mismo se sitúa, junto con Leopold Pospisil, con su multiplicidad de subsistemas jurídicos vinculados a subgrupos sociales; con M. G. Smith, para quien el derecho funciona como un "orden interno" de grupos corporativos; con Eugen Ehrlich y su concepto de "derecho vivo"; o con Sally Falk Moore y su concepto de autogeneración de normas y el poder de los grupos sociales para hacerlas cumplir. Aun no compartiendo los fondos de estas perspectivas, constituyen un puente pedagógico importante con el que dialogar en este marco normativo. Cf. GRIFFITHS, J., "What is Legal Pluralism", en *Journal of Legal Pluralism*, 1, (1986), pp.14-37; MOORE S. F., *Law as a Process*, Routledge, Boston, 1978; EHRLICH, E. *Escritos sobre sociología y jurisprudencia*, Marcial Pons, Madrid, 2005.

5 TEUBNER, G., "The Two Faces of Janus: Rethinking Legal Pluralism", en *Cardozo Law Review*, n° 13, (1992), pp. 1143-1462; "The King´s Many Bodies: The Self-Deconstruction of Law´s Hierarchy", *Law & Society Review*, n° 31 (4), (1997), pp. 763-787.

convenciones y prácticas sociales que se definen a sí mismas como jurídicas; no de estructuras exteriores e impuestas a estos nichos de practicidad y convivencia[6]. Desde este sentido de enunciación, al insertar la disyuntiva confrontada de pluralismo normativo, con pluralismo jurídico, como venimos haciendo, el campo de la complejidad y de la conflictividad aumenta. Pero también nos proporciona un mayor valor heurístico para comprender que los SNI no se levantan en abstracto, sino concomitantemente asociados al contenido material de muchos derechos colectivos: como la territorialidad, la autonomía y la jurisdicción indígena. Es importante, en este esfuerzo, intentar comprender los SNI de una manera no esencialista, cosa que resulta complicado hasta para los propios pueblos indígenas. Ello implica que, incluso, para aquellas normas de los sistemas indígenas que puedan ser adjetivadas como jurídicas, el concepto de derecho que es necesario manejar tiene que desvincularse de funciones, propiedades o características específicas, y conceptos predeterminados, como se hace en el marco estatal: así, la tendencia a entender el derecho como institucionalización de procesos; o como expresión de funciones cerradas y paradigmáticas, como "control social"; o como "el monopolio en el ejercicio de la fuerza". Estas no son las únicas maneras de entender, contextualizar y proyectar lo que venimos entendiendo por Estado-Democrático-de Derecho; en nuestra perspectiva, son burdas reducciones esencialistas[7].

Los SNI pueden tener varios órdenes de consideración y valoración. Nos interesan dos. Uno sería el plano de la fundamentación por el que los SNI tienen un carácter pre-estatal,

---

6 TAMANAHA, B. Z., "La insensatez del concepto científico social del pluralismo jurídico" en MERRY S., GRIFFITHS J., TAMANAHA B.Z., *Pluralismo Jurídico,* Siglo de Hombre Editores, Colombia, 2007, pp. 223-276.

7 TAMANAHA, B. Z., "A Non-Essentialist Version of Legal Pluralism", *Journal of Law and Society,* 2000, pp. 296-321.

es decir, responden a la cualidad de originarios al haberse constituido y aplicado con anterioridad a la constitución de los Estados-Nación. Con ello no queremos decir que en el orden de la fundamentación los SNI constituyan nada, más allá que a sí mismos. Únicamente otorgamos un estatuto específico a los SNI. Otro sería el plano de lo normativo, el campo real de los conflictos como consecuencia de la interactuación entre sistemas normativos estatales y SNI, entendiendo lo normativo como un término más prolífico, complejo y plural que lo jurídico, entreverando y complicando, en ello, otros derechos colectivos indígenas. Por razones prácticas y pedagógicas hablaremos de PJ como el escenario donde se produce interculturalmente el conflicto-diálogo entre legalidades para consensuar lo jurídico, pero conscientes, siempre, de que los SNI implican bastante más.

Ubicados en el plano normativo de interactuación entre sistemas normativos diferentes es necesario considerar una serie de cambios que se están produciendo como consecuencia de la globalización del Derecho, y que afectan a la naturaleza y estructura del PJ; esto es, determinan, en última estancia, el campo de representación en que se ubica la escenografía del PJ y, por tanto, de los SNI.

Uno de esos cambios estructurales que es necesario restañar es la duda que genera el aserto de que los Sistemas normativos son expresión y hechura, exclusiva, del monopolio del Estado. Los SNI vienen a poner en crisis y a desbaratar esta afirmación. Hablar de SNI supone ubicar en el centro de la discusión el concepto de lo "político", en cuanto eje desde donde articular un PJ que adquiera especificación desde los SNI. La posibilidad de diseñar un concepto amplio, poroso y elástico de PJ; o, por el contrario, restrictivo y estrictamente vinculado a la producción jurídica de los Estados, depende, en última instancia, de la concepción de lo "político" con la que nos vengamos manejando para alcanzar una definición de contenidos y posibilidades.

Hasta ahora el PJ se ha venido definiendo en un campo epistémico en el que la política –en cuanto prácticas productoras de discursos normativos- quedaba subordinada al Estado por medio y a través de partidos políticos. El resultado inevitable de esta operación es el monopolio político de la producción jurídica por parte del Estado: el monismo jurídico. Versiones débiles de esta operación, como se ha dicho, han sido expresiones de pluralismo donde la fuente de legitimidad y validez última de producción normativa residía en sede constitucional. Sin embargo, hablar de SNI implica, o ha implicado, la existencia de un "movimiento indígena" que ha pujado enconadamente por alterar y transformar la relación entre movimiento y política. La existencia de un posible movimiento indígena ha pretendido poner en escena otra lógica de poder y, concomitantemente asociada a la misma, otra manera de entender la producción normativa desde los propios SNI, dando contenido material concreto al PJ. Se ha pretendido, durante mucho tiempo, la sustitución de la política de partidos por la política de movimientos (indígenas). Una cuestión diferente es si esto se ha conseguido –quizá una aproximación a ello fue el ya añejo proceso constituyente boliviano-; si ha periclitado este esfuerzo, o si se puede hablar a día de hoy de alguna suerte de movimiento indígena como tensión transformadora de la política en su esencia. De la posibilidad de dar respuesta a este planteamiento depende la suerte del PJ y de los SNI. Por tanto, sin la existencia de un movimiento indígena que replantee las relaciones entre pueblos y el poder estatal; sin que se reformulen y tensionen dialécticamente las posibilidades de adaptación de la jurisdicción indígena al territorio del Estado y de este último a los SNI, con todo lo que esto supone, es muy difícil sostener una idea de PJ para los pueblos indígenas.

La existencia de un movimiento indígena redefine la lógica de la producción normativa estatal y propone como alternativa la dinámica de los SNI. Lo que se plantea es una profundización en el principio de igualdad; un paso más en la conquista de la igualdad material para los pueblos indígenas, en el marco del Estado. Una posibilidad para la consecución de una igualdad compleja y diferenciada es confrontarse con sistemas normativos otros, diferentes y complejos. Por tanto, los SNI no tienen una consideración aislada o autónoma en sí mismos, sino que son más bien la prolongación y el mecanismo de profundización en una estrategia política: la que ha venido proponiendo el movimiento indígena. Como hemos dicho, no está claro si éste –el movimiento- existe como tal ahora mismo en América Latina, con lo que se alteraría, también, la tensión en el reclamo y en los modos de enunciación y de legitimidad de los SNI. La existencia del movimiento (indígena) ha implicado la irrupción en el escenario de lo político de una nueva acción, de una manera nueva de entender la esencia de lo político, que ha implicado la creación de nuevos tiempos y espacios. Un tiempo distinto del de la economía de los flujos; un tiempo distinto al de la acción procesal tan propia de los sistemas normativos estatales. Y un espacio diferente, nuevos lugares de representación para la legitimidad indígena a través de sus propios principios y autoridades, procedimientos, normas y acuerdos resolutivos. Espacio y tiempos nuevos, como los dos vectores políticos del movimiento indígena, constituyen el lugar desde donde puede interpretarse la novedad del PJ que los SNI proponen. Un espacio jurisdiccional nuevo, no mediado por los flujos de la economía bajo cuya determinación funciona el derecho estatal. Un espacio de legitimidad que permita entender los sistemas de autoridad, de jurisdicción, de validez, legitimidad, prescripción, verdad, de otra manera y, desde ahí, poder entender la novedad de un procedimiento y una jurisdicción indígena otra, mediada políticamente, por otras consideraciones de tiempo y espacio[8].

---

8 Véase Capítulo I.

Otro cambio importante, estructuralmente concatenado al anterior, tiene que ver con la despolitización del Derecho estatal que se ha venido produciendo como consecuencia de la acción, punción y reclamo del movimiento indígena en las últimas décadas en América Latina. La despolitización del derecho estatal implica una repolitización de los SNI cuya conclusión final es la validez y legitimidad de otros órdenes normativos, allende del orden estatal. En definitiva, existen otros sistemas normativos distintos que reclaman su validez, lugar y tiempo de enunciación.

Otras transformaciones que atañen y dan valor al objetivo de este capítulo son las alteraciones que, paralelamente, se han producido en el Derecho (estatal) en cuanto instrumento y principio privilegiado para la transformación social políticamente legitimada. Es aquí donde se ubica con toda su intensidad la labor de un posible movimiento indígena que ha propuesto y desarrollado otras formas de entender la legitimidad y la legalidad, incluso, la transformación y la propia soberanía. A ello han ayudado, sin duda, una serie de factores externos que han sido entendidos y utilizados sincrónicamente por el propio movimiento indígena, unas veces con más consciencia, y otras con menos. Entre estos factores habría que citar la tendencia a la flexibilización y porosidad de las fronteras, junto con la idea de Estados abiertos en el sentido de globalización económica; la privatización y transnacionalización que se ha venido haciendo en la producción jurídica en general; la pérdida de capacidad de los Estados para determinar autónomamente el contenido del Derecho; la procedimentalización del derecho, lo que ha implicado una creciente descentralización en la toma de decisiones jurídicas, una mayor informalidad en los modos de producción jurídica y en la comprensión de las fuentes del derecho, implicando una avenida de oportunidades para renegociar jurisdicción y espacios jurídicos desde la lógica de los SNI; o, por contra, crisis en la arquitectura de los sistemas jurídicos, entendidos, hasta ahora, exclusivamente, como sistemas piramidales, herederos de una manera kelseniana de entender e interpretar el Derecho[9].

2. LA JUSTICIA INDÍGENA EN EL SISTEMA INTERNACIONAL DE DERECHOS HUMANOS

Procederemos escalonadamente desde lo más abstracto, esto es, la vinculación con lo que consideramos principios esenciales para dar sustento y formato a los SNI, amparados por y amarrados en la normativa internacional de derechos humanos; para transitar hacia expresiones más concretas, sugeridas desde sentencias y comentarios de operadores jurídicos en el marco de la OEA –Comisión y Corte Interamericanas, fundamentalmente-, que permitan dar una fisonomía más tangible y articulada al tema que nos ocupa: la fundamentación de los SNI como un derecho específico de estos pueblos.

El reconocimiento del Derecho y la Justicia indígenas quedan recogidos en los artículos 34 y 35 de la Declaración de Naciones Unidas sobre los derechos de los pueblos indígenas[10]. El germen de dichos artículos se encontraba ya en el primer borrador de Declaración elaborado por la presidenta del Grupo de Trabajo sobre Poblaciones Indígenas en 1989, teniendo allí una consideración más amplia, pues se hablaba del derecho de estos pueblos a un reconocimiento de sus características propias en el "sistema jurídico y en las instituciones políticas y socioeconómicas"[11]. Por tanto, los artículos de la Declaración

---

9 ESTÉVEZ ARAUJO, J.A., *El revés del Derecho. Transformaciones jurídicas en la globalización neoliberal*, Universidades Externado de Colombia, Bogotá, 2006.

10 RODRÍGUEZ-PIÑEIRO, L., "Justicia y Derecho Indígena", en BERRAONDO M. (ed.), *La Declaración sobre los Derechos de los Pueblos Indígenas. Punto y seguido*, Alternativa, Barcelona, 2008, pp. 123-138.

11 E/CN.4/Sub.2/1989/33(15 de junio de 1989), art. 21.

no son más que expresión final de un proceso de negociación política, de trasiego y selección jurídica, que dista mucho de la consideración de PJ que previamente hemos afirmado. El contenido final de los artículos 34[12] y 35[13] son una traducción de traducciones de lo que sería el sentido originario de los SNI en la manera de entender y articular estas cuestiones y sus contenidos. De ahí que, frente a los términos defendidos en la primera parte de este trabajo, el texto de la Declaración habla reductivamente de "sistemas jurídicos" indígenas, de "derecho indígena", acotando estrictamente el sentido del PJ propuesto. Sin duda la Declaración fue un proceso conflictivo de negociación política sobre términos y categorías, cuyo consenso final, plausible en términos de derechos humanos, expurgo las densas dimensiones con las que necesitan expresarse los SNI. Sin embargo, el valor propedéutico y heurístico de la Declaración para la profundización –a través de un largo sendero político de lucha, articulación e implementación de los derechos allí recogidos y reconocidos- es indiscutible[14]. La importancia jurídica y política de su implementación tiene que ver con la posibilidad de profundizar en los densos sentidos que los SNI poseen en sus articulaciones originarias.

En los procesos de negociación política de la Declaración, y en sus procesos de implementación posterior, así como en lo que constituye los laboratorios de experimentación más interesantes en materia de derechos indígenas, como consecuencia

---

12 "Los pueblos indígenas tiene derecho a promover, desarrollar y mantener sus estructuras institucionales y sus propias costumbres, espiritualidad, tradiciones, procedimientos, prácticas y, cuando existan, costumbres o sistemas jurídicos, de conformidad con las normas internacionales de derechos humanos".

13 "Los pueblos indígenas tienen derecho a determinar las responsabilidades de los individuos para con sus comunidades".

14 Cf. CHARTES C. y STAVENHAGUEN R. (eds.), *El Desafío de la Declaración. Historia y futuro de la Declaración de la ONU sobre pueblos indígenas*, Iwgia, Copenhague, 2010.

de sendos procesos constituyentes –como han sido los casos de Bolivia y Ecuador-, se han podido observar enconadas tendencias a limitar el reconocimiento de la Justicia indígena, reconduciéndola, de manera aditiva, a los postulados y exigencias del derecho estatal. También se han podido testar problemas de fondo y de forma que pueden sugerir criterios para el arraigue y la implementación de los SNI en el marco del Estado. Así, en algunos supuestos se ha querido articular el "derecho indígena" a partir de funciones propias que corresponden al derecho estatal, como es la función de control social. Esta desviación, en ambos márgenes del debate, ha llevado a movilizaciones sospechosas, restricciones y retractaciones en el ámbito de interlocución del Estado. Otras veces se ha querido coronar a los SNI con características propias y típicas del derecho oficial y de sus funciones, como reacción alérgica a que el Derecho estatal pueda devorar el sentido último de los SIN, si estos no se pertrechaban desde el principio con una cierta pretensión de hegemonía. En otras ocasiones hay que constatar la imposibilidad para fundamentar un concepto transcultural de lo normativo y del Derecho que permita identificar derechos en todos los contextos indígenas. Es decir, la imposibilidad de traducir a códigos normativos las expectativas y exigencias de derechos indígenas en un sentido lato.

Si retornamos al artículo 34 de la Declaración, puede atisbarse en su redacción normativa la existencia de una dicotomía y fractura fundante, enormemente expresiva. Por un lado, habla, como algo desgajado, que no forma parte de la constitución de los SNI, de "promover, desarrollar y mantener sus estructuras institucionales y sus propias costumbres, espiritualidad, tradiciones, procedimientos, prácticas"; por otro lado, habla, en un sentido dicotómico, de, cuando existan, "costumbres o sistemas jurídicos", como si los dos elementos, puestos en confrontación paralela, no constituyeran parte integrante e inconsútil de los SNI.

Además de estos dos artículos de la Declaración, el Convenio 169 de la OIT hace referencia, en el artículo 8.1, a "costumbres" y "derecho consuetudinario", que deberán ser tomados en consideración por los Estados al aplicar la legislación nacional. En el 8.2 habla de "costumbres e instituciones propias" cuyo límite de articulación serán los derechos fundamentales reconocidos en el ámbito nacional y el Derecho Internacional de los derechos humanos[15]. El artículo 9.1 obliga a los Estados a respetar "los métodos a los que los pueblos interesados recurren tradicionalmente para la represión de los delitos cometidos por sus miembros".

En el contexto americano, La Declaración Americana sobre los derechos de los pueblos indígenas incluye un amplio reconocimiento del derecho indígena en conformidad con las normas internacionales de derechos humanos[16]. La Corte Interamericana de Derechos Humanos en el caso Awas Tingni otorgó mucha importancia a los sistemas normativos indígenas, un valor que trascendía los meros valores, usos y costumbres indígenas. Es el propio derecho indígena, como totalidad abstracta, el que sustenta otros derechos más específicos, como el derecho de propiedad comunal sobre tierras, territorios y recursos naturales, en ausencia de un título formal que lo justifique[17].

---

15 A este respecto, la constitución peruana guarda consistencia con el Convenio al establecer que la jurisdicción especial no debe vulnerar los derechos de la persona. Otras constituciones limitan el reconocimiento de la jurisdicción al respeto de la Constitución y las leyes en un sentido abstracto. Venezuela resulta más restrictiva al establecer como umbral de recorte de la jurisdicción indígena un límite tan omnicomprensivo como el orden público.

16 Artículo XXII 1 y 2.

17 CORTE IDH, *Caso de la Comunidad Mayagna (Sumo) Awas Tingni Vs. Nicaragua.* Fondo, Reparaciones y Costas, Sentencia de 31 de agosto de 2001. Serie C No. 79.

2.1. *El vínculo del Derecho indígena con el derecho a la cultura propia*

Dicho vínculo queda recogido a través de la conexión que se da entre el artículo 34 y el 11 de la Declaración. En este sentido, el Derecho indígena se expresa como derecho a "practicar y revitalizar sus tradiciones y costumbres culturales". Es a partir de este vínculo por el que tiene sentido hablar de SNI, como se ha hecho en la primera parte, esto es, entender que el "Derecho indígena" tiene un fundamento más hondo, más dilatado, más denso, arraigado en procesos culturales y cosmovisionales, trascendiendo, de esta manera, el simple debate sobre la juridicidad y el derecho. El reconocimiento del derecho indígena implica, de manera inherente, todo el aparato institucional y jurisdiccional necesario para su aplicación y concreción. Por tanto, institucionalidad indígena y jurisdicción propia son condiciones de posibilidad, asideros necesarios de este derecho. El artículo 35 enfatiza en ello al establecer que los pueblos indígenas tienen derecho a determinar las responsabilidades de los individuos para con sus comunidades. Ello presupone la existencia de un conjunto normativo, de prácticas, de procedimientos, de principios, de referencias institucionales con carácter intracomunitario, que son las que darían contenido y fisonomía a los SNI. Como se ve, el fundamento último de esta conexión es la cultura en un sentido colectivo y complejo. Derivar responsabilidades de estos presupuestos supone trascender la mera consideración de prácticas normativas y ubicarse, más bien, en una consideración de SNI. En todo ello hay un tránsito necesario de una cosmovisión liberal, arraigada en consideraciones individuales de vida y convivencia, como la del Estado, a una cosmovisión colectiva, como la de los pueblos indígenas, cuyo centro de potencialidades son los SNI. En esta conexión con la cultura se establece también una triangularidad entre derechos colectivos indígenas (territorialidad y autonomía especialmente), el derecho indígena y los procesos culturales: todo ello da medida material de los SNI[18].

El artículo 34 establece también algunos límites claros, como aquellos supuestos en que sistemas, prácticas, procesos, tradiciones, formas de vida no se encuentren vigentes, por extinción o por una transformación radical de las mismas a partir de la influencia de factores como las migraciones indígenas hacia las ciudades. Entre estos límites estaría también el hecho de que el derecho estatal pueda regir como derecho supletorio, en el sentido que implique una coerción y aprisionamiento de los SNI por parte de la razón jurídica estatal. Sin embargo, la regulación y tasación concreta de la supletoriedad, asegurando su valor instrumental, más que sustantivo, es importante para que esta cláusula no funcione como criterio sistemático de invasión y subsunción de un sistema normativo por el otro.

De alguna manera el artículo 34 no hace sino apuntalar el carácter dinámico, fluyente y cambiante del derecho indígena, en conexión última con las prácticas culturales y cosmovisionales que se producen y reproducen con nuevas expresiones en cada momento.

2.2. El vínculo del Derecho indígena con el derecho a la autonomía

En este epígrafe trataremos de poner en conexión los artículos 34 y 35, con el artículo 4, donde se reconoce "el derecho a la autonomía o autogobierno en las cuestiones relacionadas con los asuntos internos y locales". Se trata de una nueva

---

18 Una expresión, a modo de principio de lo afirmado, puede verse en el Preámbulo de la Declaración cuando dice: "Reconociendo y reafirmando que las personas indígenas tienen derecho sin discriminación a todos los derechos humanos reconocidos en el derecho internacional, y que los pueblos indígenas poseen derechos colectivos que son indispensables para su existencia, bienestar y desarrollo integral como pueblos...".

triangularidad a partir de las exigencias que reclaman para su ubicación los SNI: en este supuesto, de manera evidente, el derecho a la autonomía funciona como condición de posibilidad para el ejercicio de la institucionalidad propia y de la jurisdicción indígena. Elementos inescindibles de las autonomías indígenas serían la territorialidad; la gestión, administración y propiedad de los recursos naturales; el fortalecimiento de la institucionalidad indígena para poder hacerla viable; la profundización política en la delimitación descentralizada de sistemas educativos y de salud propios; el fortalecimiento y sistematización de las distintas formas y prácticas con las que se presenta el Derecho indígena, etc. Ello afecta al corazón de lo que venimos considerando SNI.

En concreto, del espíritu de la Constitución boliviana se deriva la necesidad de combinar un concepto intercultural de jurisdicción indígena, junto con el de territorialidad y autonomía, accediendo, de esta manera, a una rica combinación de principios y derechos constitucionales, en clave intercultural. Es decir, combinar necesariamente estos derechos-fuertes, tan propios de la cosmovisión indígena, más que proceder a una interpretación aislada y atomizada de sus contenidos y naturaleza. Ello otorga importantes pistas para entender las profundidades y exigencias del PJ. Estamos ante la necesaria reciprocidad e interconexión entre derechos individuales y colectivos para poder entender los derechos indígenas en su completud[19].

---

19 Ese es precisamente el tenor y el espíritu del artículo 1 de la Declaración de Naciones Unidas sobre los derechos de los pueblos indígenas cuando establece: "Los indígenas tienen derecho, como pueblos o como personas, al disfrute pleno de todos los derechos humanos y las libertades fundamentales reconocidos por la Carta de las Naciones Unidas, la Declaración Universal de Derechos Humanos y la normativa internacional de los derechos humanos". Como vemos, insiste en el "disfrute pleno de todos los derechos humanos y libertades fundamentales", en un marco más plural de jurisdicciones. Este

2.3. La coordinación entre jurisdicciones indígena-estatal

Asentado lo anterior, una parte importante del conflicto entre sistemas normativo tiene que ver con las condiciones de posibilidad y participación en las formas de coordinación. Como se dijo en la primera parte del trabajo, lo que caracteriza al PJ son precisamente principios como coordinación, compenetración y complementariedad. Las condiciones procesales en las que se construye, diseñan que la coordinación resulta fundamental para el sostenimiento de los SNI. Fallas en la dimensión procesal de esta coordinación implican la suspensión del contenido sustantivo de los derechos en juego en este conflicto. La regulación jurídica de este proceso de coordinación puede encontrarse en el Convenio 169 de la OIT, en su artículo 8.2: "procedimientos para solucionar conflictos que puedan surgir"; en la Declaración Americana sobre los Derechos de los Pueblos Indígenas, que en su artículo XXII (1) dice: "Los pueblos indígenas tienen derecho a promover, desarrollar y mantener sus estructuras institucionales y sus propias costumbres, espiritualidad, tradiciones, procedimientos, prácticas y, cuando existan, costumbres o sistemas jurídicos, de conformidad con las normas internacionales de derechos humano"; (2) "El derecho y los sistemas jurídicos indígenas deben ser reconocidos y respetados por el orden jurídico nacional, regional e internacional". Ello implica, necesariamente, la introducción y adaptación bilateral de los SNI al Estado, pero también, de este último, a los propios pueblos indígenas. Sin una relación dialógica de derechos-deberes, la lógica de los derechos no podría encontrar sustento.

---

artículo habría que dialectizarlo y conjugarlo con el artículo 3 cuando dice: "Los pueblos indígenas tienen derecho a la libre determinación. En virtud de ese derecho determinan libremente su condición política y persiguen libremente su desarrollo económico, social y cultural".

Desde una perspectiva constitucional, en lo que hace referencia a PJ interno, las constituciones de Colombia y Perú reconocen a los pueblos indígenas: i) la potestad de establecer sus propias instituciones y autoridades (autoridades propias, legítimas, naturales); ii) la potestad normativa de darse sus propias normas y procedimientos; iii) la potestad de administrar justicia o ejercer funciones jurisdiccionales, lo que supone la posibilidad de establecer jurisdicciones especiales indígenas, ejercer funciones judiciales específicas para la resolución de conflictos o disponer de instancias de justicia propias.

En cuanto al ámbito de competencias jurisdiccionales[20], las distintas constituciones manejan registros diferentes en relación con las tres esferas de competencias: territorial, personal y material. Colombia y Perú se mueven más en el ámbito de la competencia territorial, a partir de sendos reconocimientos territoriales en la esfera constitucional. Venezuela maneja registros de competencia personal. Ecuador y Bolivia se abren, sin duda, a una consideración material de las jurisdicciones, con amplia competencia personal en el supuesto que los conflictos afectasen a bienes jurídicos indígenas. Sin embargo, en ciertos países, el ámbito material de las jurisdicciones ha sido recortado por vía legislativa, como ha sido el caso de Venezuela a través de la Ley Orgánica de Pueblos Indígenas; o por vía jurisprudencial, como en Colombia. Aquí puede hablarse de jurisdicción ordinaria y jurisdicción especial indígena, teniendo ésta un carácter excepcional y subsidiaria respecto a la

---

20 Cf. IRIGOYEN, R., "El horizonte del constitucionalismo pluralista: del multiculturalismo a la descolonización", en RODRÍGUEZ GARAVITO, C., *El Derecho en América Latina. Un mapa para el pensamiento jurídico del siglo XXI,* Argentina, 2011, pp. 139-159; "Pluralismo jurídico, derecho indígena y jurisdicción especial en los países andinos" en *El Otro Derecho,* n° 30, junio 2004, IlSA, Bogotá, pp. 171-195; "Vislumbrando un horizonte pluralista: rupturas y retos epistemológicos y políticos" en CASTRO, M., *Los desafíos de la interculturalidad,* Universidad de Chile, Santiago de Chile, 2004, pp. 191-228.

vía ordinaria. Colombia fijó, por vía jurisprudencial, una serie de límites materiales para evitar desfondar y dejar sin competencia material a la jurisdicción indígena. Esos límites implicaban que la jurisdicción indígena no pudiera afectar ni referir a supuestos que tuviesen que ver con esferas que afecten a la vida de las personas, como la pena de muerte; a tortura o esclavitud; o incluso, que las decisiones en jurisdicción indígena fueran predecibles, respetando, el sentido procesal del debido proceso[21].

Los dos últimos procesos constituyentes en América Latina, el boliviano y el ecuatoriano, también han supuesto un ajuste cualitativo, una profundización en los contenidos de un PJ que pueda dar cabida a los SNI. Constituciones como la boliviana no sólo otorga una dimensión específica al tratamiento del SNI, si no que éstos, de alguna manera resultan trasversales a todo el texto. De hecho, el ejercicio de los sistemas jurídicos indígenas se realiza en consonancia con la cosmovisión de estos pueblos, acercándose, de esta manera al sentido de PJ esbozado en la primera parte de este capítulo.

De manera general, en ambas constituciones, se reconoce el principio de PJ, junto con la libre determinación de los pueblos. Ello implica un reconocimiento de las autonomías indígenas como condición de posibilidad para el ejercicio de las jurisdicciones, lo que implica la elección de autoridades de acuerdo a mecanismos de elección propios. Se garantiza la equidad de las mujeres en la participación y en la representación comunitaria. Además, se establece el principio de igual jerarquía entre jurisdicción indígena y la ordinaria, lo que significa que la jurisdicción indígena originario campesina, en Bolivia, es autosuficiente y se agota en sí misma, sin necesidad

---

21 SÁNCHEZ JARAMILLO, E., *La jurisdicción especial indígena*, Procuraduría General de la Nación y Procuraduría Delegada para minorías Étnicas, Bogotá, 2001.

de validación por parte de la jurisdicción del Estado. Se establece, además, un Tribunal Constitucional Plurinacional de composición plural y paritaria. Se encuadra el PJ en el marco de principios como justicia, solidaridad y diversidad. Se reconocen funciones jurisdiccionales a las autoridades indígenas de acuerdo con el propio derecho.

Pese a todos estos avances reales, tanto en Bolivia como Ecuador se ha procedido a una fuerte limitación de las competencias jurisdiccionales indígenas, densamente reconocidas en la Constitución, por vía legislativa. En este sentido, se ha recortado la autonomía indígena como condición para el ejercicio de los SIN; a la vez que se han producido serias limitaciones para el ejercicio de la competencia territorial, material y personal en el ámbito de la jurisdicción indígena.

En lo que hace referencia a la coordinación y resolución de conflictos entre jurisdicciones, en las constituciones de Perú y Colombia se habla de ley de coordinación; en Ecuador, de ley de compatibilización, mientras que la constitución boliviana remita a una ley de deslinde jurisdiccional. Resulta fundamental para este ejercicio de coordinación la horizontalidad como criterio regulador que equilibre el sistema normativo estatal con el indígena. Es esta horizontalidad la que se ha mostrado enormemente retórica; las pretensiones de profundización en el PJ han quedado desbaratadas en los procesos postconstitucionales por vía legislativa, como se ha expresado previamente, atentando, de esta manera, contra la horizontalidad necesaria reclamada desde el principio de coordinación jurisdiccional.

3. JUSTICIA INDÍGENA Y DERECHOS HUMANOS

El artículo 34 establece el necesario ajuste del derecho y la justicia indígena a las normas internacionales de derechos humanos. De nuevo este artículo 34 conecta interpretativamente con el artículo 1 de Declaración al decir: "Los indígenas tienen derecho, como pueblos o como personas, al disfrute pleno de todos los derechos humanos y las libertades fundamentales reconocidos por la Carta de las Naciones Unidas, la Declaración Universal de Derechos Humanos y la normativa internacional de los derechos humanos". La conexión con este criterio no funciona como una restricción a la jurisdicción indígena, sino más bien como un criterio de garantismo intercultural. Se expresa como hermenéutica para la comprensión de la totalidad de los SNI con relación a los derechos humanos. Se establece aquí, como criterio intercultural, la necesidad de tensionar los derechos colectivos con el correspondiente ramal de derechos individuales que resulten afectados por los conflictos indígenas. No hay una prioridad lógica, analítica ni epistémica de lo individual sobre lo colectivo, ni de lo colectivo sobre lo individual; sino una constante tensión y confrontación de lo uno con lo otro para resolver conflictos de bienes jurídicos entre derechos. Es necesario un reconocimiento de la doble dimensión de todo derecho -individual y colectiva-, para desentrañar la tensión cuya resolución exigiría un análisis intercultural localizado y situado.

Esta tensión es paralela a la necesidad de coordinación entre SNI y sistemas normativos estatales: la confrontación entre cosmovisiones colectivas (indígenas) e individuales (sujeto de derechos). Ahora bien, esta tensión, esta dialéctica confrontación, no implica, en ningún momento, un sometimiento de los SNI al derecho interno de los Estados. Los principios de coordinación y autonomía son fundamentales en la lógica de este conflicto para evidenciar la importancia del PJ, frente a concepciones reductivas, como las del monismo jurídico.

El PNUD define e identifica el acceso a la justicia indígena con derechos humanos. Lo define como: "La capacidad de los individuos de buscar y obtener una respuesta satisfactoria a sus necesidades jurídicas a través de las instituciones formales o informales de justicia, de conformidad con las normas de derechos humanos"[22]. Esta definición, desde la abstracción de atributos culturales, cosmovisionales y colectivos, constituye una consideración de la Justicia en clave de derechos, enrocando, de alguna manera, los SNI en necesidades, pretensiones o expectativas que pueda tener cualquier persona y/o grupo; en cualidades universalizables y predicables respecto de cualquier ser humano. Desde ahí, el propio PNUD desgrana algunos elementos esenciales para dar corporalidad expresa a esta necesidad universal de justica, como son: la protección legal, lo que implicaría reconocimiento de derechos en el interior de los SNI: autonomía, jurisdicción, territorialidad, autoridades e institucionalidad propia, mecanismos y reglas propias de articulación jurisdiccional de acuerdo a criterios culturales y cosmovisionales, etc.; conciencia legal, que implica conocimiento veraz e informado sobre sus propios derechos y, fundamentalmente, sobre el derecho a los SNI; asistencia y asesoramiento legal, lo que implicaría una dimensión positiva y capacitadora en el ejercicio de los sistemas de justicia indígena; adjudicación, lo que supone todo el complejo y entramado proceso de articulación *inter* e *intra* jurisdicciones; ejecución, esto es, condiciones necesarias para la implementación veraz de los SNI; mecanismos de supervisión por parte de órganos interculturales en el marco de la sociedad civil, etc.

4. DERECHO INDÍGENA Y SU CONEXIÓN CON TIERRAS, TERRITORIOS Y RECURSOS NATURALES

El derecho indígena, de manera más amplificada, los SNI, alcanzan su máximo expresión, o un nivel de expansión e in-

---

22 UNDP, *Programming for Justice – Acces for all. A practitioner´s Guide to a Human Rights-Based Approach to Access to Justice*, 2005.

tensidad muy importante, por medio de su conexión con el derecho a la tierra, al territorio y a los recursos naturales. Ese es el propósito del artículo 26 de la Declaración cuando establece a través de sus tres parágrafos lo siguiente:

1. Los pueblos indígenas tienen derecho a las tierras, territorios y recursos que *tradicionalmente han poseído, ocupado o de otra forma utilizado o adquirido.*
2. Los pueblos indígenas tienen derecho a poseer, utilizar, desarrollar y controlar las tierras, territorios y recursos que poseen *en razón de la propiedad tradicional u otra forma tradicional de ocupación o utilización, así como aquellos que hayan adquirido de otra forma.*
3. Los Estados asegurarán el reconocimiento y protección jurídicos de esas tierras, territorios y recursos. Dicho reconocimiento *respetará debidamente las costumbres, las tradiciones y los sistemas de tenencia de la tierra de los pueblos indígenas de que se trate.*

La cursiva, nuestra, expresa esa dimensión de los derechos de territorialidad que engarza, complementa, compenetra y da sentido a los SNI. Su fundamento y desarrollo implica y compromete estructuralmente a otros derechos, como los de territorialidad y los recursos naturales que contienen.

En este mismo sentido hay que interpretar el vínculo del artículo 34 con el 27 de la Declaración. El derecho indígena es condición de posibilidad de los derechos de propiedad, posesión y uso de territorios y recursos. Por tanto, formará parte de la articulación de los SNI la forma tradicional de ocupación o utilización de las tierras y territorios indígenas, entendiendo que lo tradicional establece un vínculo y conexión entre pueblos indígenas y sus territorios, vínculo al que se debe otorgar plenos efectos jurídicos, precisamente, por su enroque y arraigue en los SNI[23]. La territorialidad no es un elemento instrumental a los SNI. La territorialidad otorga la pertenencia de los pueblos a los lugares que ocupan y utilizan de manera tradicional, precisamente, porque las maneras de habitar, utilizar, usar o usufructuar territorio reside y arraiga en sus SNI. El nivel de relación entre SNI, territorios y recursos es de necesaria complementariedad; no de autónoma funcionalidad.

La Corte Interamericana de Derechos Humanos, por medio de la sentencia de Awas Tingni, hace explícita referencia a esta cuestión al establecer como principio el hecho de que la propiedad comunal indígena sobre tierras tradicionales es producto de la costumbre y del derecho consuetudinario indígena. Por tanto, el reconocimiento de la territorialidad indígena no está vinculado a la existencia de un título oficial de propiedad sobre ellas, ya que son otras expresiones, fundamentadas desde los SNI, las que dan carta de naturaleza y sustento a la territorialidad indígena[24]. Ello es aplicable a los conflictos de propiedad con terceros presentes en territorio indígena; o incluso a la explotación de recursos naturales en territorio indígena[25].

En este sentido es muy sintomático que la Declaración establezca la necesidad de que el Estado otorgue su "reconocimiento oficial" a través de los procesos de demarcación y titulación. Reconocer no es crear. Los derechos territoriales indígenas existen con carácter pre-estatal; su fundamento y sentido no arraiga, en el orden de su existencia, en el reconocimiento estatal; sí para su implementación y garantía, que es

---

23 Véase Capítulo IV.

24 CORTE IDH, *Caso de la Comunidad Mayagna (Sumo) Awas Tingni Vs. Nicaragua.* Fondo, Reparaciones y Costas, Sentencia de 31 de agosto de 2001. Serie C No. 79, párr. 151.

25 CORTE IDH, *Caso de la Comunidad Mayagna (Sumo) Awas Tingni Vs. Nicaragua.* Fondo, Reparaciones y Costas, Sentencia de 31 de agosto de 2001. Serie C No. 79, párr. 153 y ss.

algo diferente. Por ello, la delimitación, demarcación y titulación debe basarse, también, en el derecho y prácticas de estos pueblos, esto es, en sus SNI; no en criterios agraristas, civilistas o estatales en la manera de entender y proyectar la propiedad.

En relación con las violaciones del derecho territorial indígena, el Sistema Interamericano de derechos humanos ha ido haciendo aportaciones sustantivas y de enorme trascendencia para entender las formas y maneras de reparación en estos supuestos, lo que afecta de manera directa y trasversal a la relación de interdependencia que se produce entre los SNI, los derechos territoriales indígenas y el Estado. Se establece en forma de declaración de intenciones que la forma más acertada para la reparación es la restitución del territorio ancestral reclamado. *Restitutio in integrum* lo llama la Corte Interamericana[26] por considerar que los Estados están obligados a respetar y restituir los derechos a la propiedad comunitaria, así como al otorgamiento gratuito de tierras en extensión y calidad suficientes para la conservación y desarrollo de sus formas de vida[27], lo que engarza, directamente, con la necesidad de promocionar y proteger los SNI como condición de posibilidad para el ejercicio de los derechos territoriales.

Si no fuera posible la restitución, se impone la necesidad de compensación de acuerdo con el valor que la tierra perdida tiene para los pueblos indígenas[28]. Esto es, otorgar tierras alter-

---

[26] CORTE IDH, *Caso de la Comunidad Indígena Xákmok Kásek vs. Paraguay*, Fondo, Reparaciones y Costas. Sentencia de 24 de agosto de 2010, Serie C No. 214, párr. 281.

[27] CIDH, *Tercer Informe sobre la Situación de los Derechos Humanos en Paraguay*. Doc. OEA/Ser./L/VII.110, Doc. 52, 9 de marzo de 2001, párrs. 50, Recomendación 1.

[28] CIDH, *Acceso a la Justicia e Inclusión Social: El camino hacia el fortalecimiento de la Democracia en Bolivia*. Doc. OEA/Ser.L/V/II, Doc. 34, 28 de junio de 2007, párr. 241. Ver también: CORTE IDH, *Caso Comunidad Indígena Yakye Axa Vs. Paraguay*. Fondo, Reparaciones y Costas, Sentencia de 17 de junio de 2005. Serie C No. 125, párr. 149.

nativas en calidad y extensión suficiente, vinculando la calidad, directamente, con el sentido práctico de su uso, ocupación y utilización, a partir de los SNI. Siempre subyace el derecho a la indemnización en estos supuestos de restitución, pero ésta es instrumental y funcional a la restitución del territorio desde las lógicas que los SNI establezcan.

El Comité para la Eliminación de la Discriminación Racial, en su Recomendación General 23, ha establecido para los Estados: "que reconozcan y protejan los derechos de los pueblos indígenas a poseer, explotar, controlar y utilizar sus tierras, territorios y recursos comunales, y en los casos en que se les ha privado de sus tierras y territorios, de los que tradicionalmente eran dueños, o se han ocupado o utilizado esas tierras y territorios sin el consentimiento libre e informado de esos pueblos, que adopten medidas para que les sean devueltos. Únicamente cuando, por razones concretas, ello no sea posible, se sustituirá el derecho a la restitución por el derecho a una justa y pronta indemnización, la cual, en la medida de lo posible, deberá ser en forma de tierras y territorios". [29]

La Corte Interamericana ha establecido que las reparaciones por violaciones de derechos territoriales tienen una dimensión individual y otra colectiva[30], siendo esta última la que nos interesa por su conexión con los SNI. Establece que las reparaciones han de cubrir los daños inmateriales causados a los pueblos por la violación de sus derechos territoriales, entendiendo por daño inmaterial el "[que] puede comprender tanto los sufrimientos y las aflicciones causados a las víctimas

---

[29] Comité para la Eliminación de la Discriminación Racial ⊠ Recomendación general N° 23, relativa a los derechos de los pueblos indígenas, 51° período de sesiones, U.N. Doc. HRI/GEN/1/Rev.7 at 248 (1997), párr. 5.

[30] CORTE IDH, *Caso Comunidad Indígena Yakye Axa Vs. Paraguay*, Fondo, Reparaciones y Costas. Sentencia de 17 de junio de 2005. Serie C No. 125, párrs. 188 y 189.

directas y a sus allegados, el menoscabo de valores muy significativos para las personas, así como las alteraciones, de carácter no pecuniario, en las condiciones de existencia de la víctima o su familia"[31]. Para la valoración de los daños inmateriales ha de tenerse especialmente en cuenta que la falta de garantía del derecho a la propiedad comunitaria causa sufrimiento a los miembros de las comunidades indígenas afectadas[32]; así como la falta de concreción del derecho a la propiedad comunal, o las graves condiciones de vida a las que se han visto expuestos los miembros de la comunidad correspondiente, como consecuencia de la demora estatal en la realización efectiva de sus derechos territoriales[33].

La especial relación entre los pueblos indígenas y tribales y sus territorios tradicionales, también ha sido tenida en cuenta por la Corte a la hora de establecer las reparaciones. Así, en el caso *Moiwana*, la Corte consideró que el desplazamiento forzoso de la comunidad había causado daños emocionales, espirituales, culturales y económicos a sus miembros, considerando este hecho relevante para el cálculo de las reparaciones por daño inmaterial que el Estado debía otorgar[34]. En efecto, la relación con el territorio y su significado es relevante para fijar el monto de las indemnizaciones compensatorias: "la sig-

---

31 CORTE IDH, *Caso Comunidad Indígena Sawhoyamaxa Vs. Paraguay*, Fondo, Reparaciones y Costas. Sentencia de 29 de marzo de 2006. Serie C No. 146, párr. 219.

32 CORTE IDH, *Caso Comunidad Indígena Sawhoyamaxa Vs. Paraguay*, Fondo, Reparaciones y Costas. Sentencia de 29 de marzo de 2006. Serie C No. 146, párrs. 73⊠75.

33 CORTE IDH, *Caso Comunidad Indígena Yakye Axa Vs. Paraguay*, Fondo, Reparaciones y Costas. Sentencia de 17 de junio de 2005. Serie C No. 125, párr. 202.

34 CORTE IDH, *Caso Comunidad Moiwana vs. Surinam*, (Excepciones Preliminares, Fondo, Reparaciones y Costas), Sentencia de 15 de junio de 2005, Serie C No. 124, párr. 195(c).

nificación especial que la tierra tiene para los pueblos indígenas en general (...) implica que toda denegación al goce o ejercicio de los derechos territoriales acarrea el menoscabo de valores muy representativos para los miembros de dichos pueblos, quienes corren el peligro de perder o sufrir daños irreparables en su vida e identidad cultural y en el patrimonio cultural a transmitirse a futuras generaciones"[35]. Para los pueblos indígenas y tribales, "la posesión de su territorio tradicional está marcada de forma indeleble en su memoria histórica y la relación que mantienen con la tierra es de una calidad tal que su desvinculación de la misma implica riesgo cierto de una pérdida étnica y cultural irreparable, con la consecuente vacante para la diversidad que tal hecho acarrearía"[36]. En forma similar, en el caso de la comunidad Sawhoyamaxa, la Corte Interamericana tuvo en cuenta, al valorar el daño inmaterial, "la falta de concreción del derecho a la propiedad comunal de los miembros de la comunidad Sawhoyamaxa, así como las graves condiciones de vida a las que se han visto sometidos como consecuencia de la demora estatal en la efectivización de sus derechos territoriales"[37]. Como ha quedado evidenciado, existe una relación estructural, complementaria e interdependiente entre SNI y territorialidad indígena en un sentido lato.

También es importante hacer referencia a las reparaciones en aquellos supuestos que afecten a recursos naturales sitos en territorio ancestral, por las implicaciones que estas referencias

---

35 CORTE IDH, *Caso Comunidad Indígena Yakye Axa Vs. Paraguay*, Fondo, Reparaciones y Costas. Sentencia de 17 de junio de 2005. Serie C No. 125, párr. 203.

36 CORTE IDH, *Caso Comunidad Indígena Yakye Axa Vs. Paraguay*, Fondo, Reparaciones y Costas. Sentencia de 17 de junio de 2005. Serie C No. 125, párr. 216.

37 CORTE IDH, *Caso Comunidad Indígena Sawhoyamaxa Vs. Paraguay*, Fondo, Reparaciones y Costas. Sentencia de 29 de marzo de 2006. Serie C No. 146, párr. 221.

tienen para los SNI. Puede hablarse de indemnizaciones por daños ambientales causados por proyectos de exploración y explotación de recursos en la medida que afecten a las actividades básicas de subsistencia de los pueblos indígenas, prácticas enclavadas estructuralmente en lo que venimos llamando SNI[38].

El artículo 40 de la Declaración también es muy denotativo a este respecto cuando habla de "una reparación efectiva de toda lesión de sus derechos individuales y colectivos". Con ello se está aludiendo a daños causados sobre la capacidad productiva de las tierras, sobre sus recursos, o que afecten a la propia salud de los pueblos indígenas, elementos, todos ellos, que conectan con cuestiones axiológicas culturalmente arraigadas en las cosmovisiones y en los SNI. No se acota el tenor de estas disposiciones sólo para los Estados, sino que también refieren y afectan a empresas comerciales y otros actores privados. Cuando se habla, en relación con estas reparaciones, de mecanismos efectivos y accesibles de reparación, efectividad y accesibilidad son adjetivaciones que deben cobrar sentido desde el marco de los SNI, esto es, desde otras calificaciones normativas que las del Estado. El derecho a participar en la determinación de los daños ambientales causados por estos proyectos implica tener en cuenta de manera directa y estructural lo que se consideran como actividades básicas de subsistencia para estos pueblos, incluyendo sus propias prioridades de desarrollo, e implicando de manera estructural ese gran paraguas normativo que son los SNI[39].

---

38 CIDH, *Democracia y Derechos Humanos en Venezuela.* Doc. OEA/Ser.L/V/II, Doc. 54, 30 de diciembre de 2009, párr. 1137, Recomendación 6. Ver también: CIDH, *Acceso a la Justicia e Inclusión Social: El camino hacia el fortalecimiento de la Democracia en Bolivia.* Doc. OEA/Ser.L/V/II, Doc. 34, 28 de junio de 2007, párr. 297, Recomendación 6.

39 CIDH, *Democracia y Derechos Humanos en Venezuela.* Doc. OEA/Ser.L/V/II, Doc. 54, 30 de diciembre de 2009, párr. 1137, Recomendación 6. Ver también: CIDH, *Acceso a la Justicia e Inclusión Social: El camino hacia el fortalecimiento de*

La sentencia sobre el caso Saramaka establecía de manera contundente que: "(...) el daño ambiental y la destrucción de las tierras y recursos utilizados tradicionalmente por el pueblo Saramaka, así como el impacto que ello tuvo sobre la propiedad de dicho pueblo, no sólo en cuanto a los recursos de subsistencia sino también respecto de la conexión espiritual que el pueblo Saramaka tiene con su territorio (...). Asimismo, existe prueba que indica el sufrimiento y la angustia que el pueblo Saramaka ha atravesado como resultado de una larga y continua lucha por el reconocimiento legal de su derecho al territorio que tradicionalmente han ocupado y utilizado durante siglos (...), así como la frustración respecto del sistema legal interno que no los protege contra violaciones a dicho derecho (...). Todo ello constituye una denigración de sus valores culturales y espirituales. La Corte considera que el daño inmaterial que estas alteraciones causaron en el tejido de la sociedad misma del pueblo Saramaka les da el derecho de obtener una justa indemnización"[40]. La Corte añadió que: "todos los asuntos relacionados al proceso de consulta con el pueblo Saramaka, así como aquellos relacionados a los beneficiarios de la 'justa indemnización' que se debe compartir, deberán ser determinados y resueltos por el pueblo Saramaka de conformidad con sus costumbres y normas tradicionales, y según lo ordenado por el Tribunal en la Sentencia"[41].

---

la Democracia en Bolivia. Doc. OEA/Ser.L/V/II, Doc. 34, 28 de junio de 2007, párr. 297, Recomendación 6.

40 CORTE IDH. *Caso del Pueblo Saramaka Vs. Surinam.* Excepciones Preliminares, Fondo, Reparaciones y Costas. Sentencia de 28 de noviembre de 2007. Serie C No. 172, párr. 200.

41 CORTE IDH, *Caso del Pueblo Saramaka Vs. Surinam,* Interpretación de la Sentencia de Excepciones Preliminares, Fondo, Reparaciones y Costas. Sentencia de 12 de agosto de 2008: Serie C No. 185, párr. 27.

5. ESPECIFICACIONES Y COMPLEMENTOS A LOS SNI

Transitaremos en este epígrafe a través de dos momentos que guardan conexión entre sí. En primer lugar, complementando los contenidos materiales de los SNI, -cuya conexión con principios y derechos colectivos en la Declaración han quedado ya establecidos en el epígrafe II de este trabajo-, con especificaciones y aportes sustantivos sustraídos de informes y pronunciamientos de la Comisión Interamericana de Derechos Humanos, y sentencias de la Corte, con el fin de otorgar bases más sólidas a los SNI. Se trata, en definitiva, de otorgar argumentos para fundamentar el derecho a los SNI, desde el punto de vista de los mecanismos administrativos efectivos para el acceso a la justicia, con el fin de proteger, garantizar y promover los derechos territoriales indígenas, complementando, algunos de los argumentos esbozados en el apartado II de este ensayo. Ello otorgará criterios sólidos para fortalecer los SNI y habilitar un diálogo más fecundo con los sistemas normativos estatales. Procederemos, también, en un segundo momento, exponiendo otras experiencias que nos hablen de los SNI, pero, ya no en el marco de la OEA, sino desde el ámbito jurídico internacional de otros pueblos indígenas.

Cuando se habla de mecanismos administrativos efectivos para el acceso a la justica ¿a qué estamos aludiendo? ¿qué tipo de referencias jurídicas interculturales implica estos para los pueblos indígenas y para los Estados? ¿nos movemos en el ámbito de lo factible, o en el de la ficción jurídica? En este sentido, la Corte Interamericana, en íntima conexión con el artículo 25 de la Convención Americana de Derechos Humanos, ha establecido que fijar mecanismos efectivos para cuestiones como la titulación o la demarcación territorial implica atender a las "características particulares" de estos pueblos, lo que exige una exploración sobre los fondos normativos de los

SNI[42]. Corresponderá a los Estados fijar estos procedimientos garantizando siempre que los trámites de los mismos sean accesibles y simples, y que los órganos a su cargo cuenten con las condiciones técnicas y materiales necesarias para dar oportuna respuesta a las solicitudes que se les hagan en el marco de dichos procedimientos[43]. Para ello debe evitarse todo tipo de medidas regresivas, aquellas donde la dimensión procesal y procedimental del derecho estatal pueda arruinar y vaciar de contenido los derechos indígenas.

En este sentido, el derecho a un recurso administrativo implica la posibilidad de obtener una solución definitiva, con relación a la cuestión territorial planteada, en un plazo razonable y sin demoras injustificadas. Tasar como vulneración de derechos la ineficacia administrativa del Estado en los supuestos de reclamación territorial es muy importante, puesto que, aunque son expresiones de recortes y límites a la libertad negativa[44], su conculcación implica la suspensión, desplazamiento y vaciamiento de contenidos materiales de los SNI, en la manera de entender los derechos territoriales. Ello supondría la vulneración de los mecanismos propios de elección y representación de líderes indígenas; de dinámicas propias en la construcción, reconocimiento y designación de la personalidad jurídica, expresión colectiva de representación jurídica de estos pueblos; o

---

42 CORTE IDH, *Caso de la Comunidad Mayagna (Sumo) Awas Tingni Vs. Nicaragua.* Fondo, Reparaciones y Costas, Sentencia de 31 de agosto de 2001. Serie C No. 79, párrs. 122 y 123.

43 CORTE IDH, *Caso Comunidad Indígena Yakye Axa Vs. Paraguay,* Fondo, Reparaciones y Costas. Sentencia de 17 de junio de 2005. Serie C No. 125, párr. 102.

44 En el sentido de que no se trata de promocionar el derecho indígena al propio proceso, si no de reconocer, que la ineficacia estatal en el cumplimiento de sus obligaciones y responsabilidades, en asegurar el acceso a la justica, vulnera las posibilidades de defensa de los pueblos indígenas, en un primer nivel, y por conexión diferida, los derechos sustantivos a la justica indígena.

el desplazamiento de procedimientos *ad hoc* para la titulación, demarcación y restitución de tierras, más allá de los clásicos mecanismos administrativos fijados por el Estado, ofertados como terapia alternativa a los conflictos. Demoras y retrasos en los procesos de identificación de tierras son expresiones claras de la vulneración del goce efectivo de los derechos de territorialidad indígena[45]. Retardos excesivos en la administración de justicia, como los 11 años del caso Yakye Axa, constituyen, sin duda, una violación de las garantías judiciales[46].

Como dejó claro el ex Relator Especial para pueblos indígenas[47], la estructura institucional de la administración pública es un obstáculo, en sí misma, para la implementación de las disposiciones jurídicas que protegen los derechos de los pueblos indígenas, siendo una manifestación clara de ello, la "brecha de implementación", esto es, el desfase programático entre lo escrito y enunciado en cartas de derechos (locales, nacionales o internacionales), y lo que realmente se hace y lleva a cabo por parte de los Estados para la aplicación y reconocimiento real de los derechos. La dimensión administrativa del Estado está mal pertrechada para asumir la multiculturalidad y el derecho a la diferencia, las políticas de reconocimiento, la igualdad compleja, siendo clara expresión de ello: toda gama de actitudes asimilacionistas ínsitas en la política pública de los Estados; la falta de aplicación real y concreta de los derechos indígenas, pese a la existencia de un nivel declarativo de los mismos, mediante cartas de derechos ratificadas y asumidas

---

45 CIDH, *Acceso a la Justicia e Inclusión Social: El camino hacia el fortalecimiento de la Democracia en Bolivia.* Doc. OEA/Ser.L/V/II, Doc. 34, 28 de junio de 2007, párrs. 235, 238, 244; 297 – Recomendación 3.

46 CORTE IDH, *Caso Comunidad Indígena Yakye Axa Vs. Paraguay*, Fondo, Reparaciones y Costas. Sentencia de 17 de junio de 2005. Serie C No. 125, párr. 86.

47 Informe del Relator Especial sobre la situación de los derechos humanos y las libertades fundamentales de los indígenas, Sr. Rodolfo STAVENHAGEN. Doc. ONU E/CN.4/2006/78, párr. 87.

por los Estados; la discriminación como eje de funcionamiento de muchos órganos del Estado; el racismo de Estado tan densamente instalado en la trama interna de su práctica política, y un largo etc.

Con el fin de ajustar el discurso de derechos a los SNI, y más en concreto, el artículo 25 de la Convención Americana de Derechos Humanos sobre "protección judicial"; junto con el 8, sobre "garantías judiciales", la Corte Interamericana ha establecido la necesidad de que el Estado tenga siempre en cuenta las particularidades propias de los pueblos indígenas, sus características económicas y sociales, el derecho consuetudinario, valores, usos y costumbres indígenas que son expresión de su identidad cultural, así como la especial situación de vulnerabilidad en la que se encuentran. Ha apuntillado al respecto que los sistemas normativos estatales deben adaptarse y habilitarse para dar cabida a los procesos y procedimientos propios de estos pueblos en la manera de gestionar y tratar con el territorio; incluso, corresponde al Estado la habilitación y capacitación necesaria de sus funcionarios para dar respuesta al reto de los SNI[48]. Se hace necesario que los Estados desarrollen una evaluación completa de la situación de las comunidades que vayan a ser objeto de titulación territorial, así como de las dificultades técnicas, jurídicas y administrativas que hayan podido incidir en tal desposesión[49]. La Comisión Interame-

---

48 CORTE IDH, *Caso Comunidad Indígena Yakye Axa Vs. Paraguay,* Fondo, Reparaciones y Costas. Sentencia de 17 de junio de 2005. Serie C No. 125, párr. 63; CORTE IDH, *Caso Comunidad Indígena Sawhoyamaxa Vs. Paraguay,* Fondo, Reparaciones y Costas. Sentencia de 29 de marzo de 2006. Serie C No. 146, párrs. 82 y 83; CORTE IDH, *Caso Comunidad Indígena Sawhoyamaxa Vs. Paraguay,* Fondo, Reparaciones y Costas. Sentencia de 29 de marzo de 2006. Serie C No. 146, párr. 104 y 108.

49 CIDH, *Acceso a la Justicia e Inclusión Social: El camino hacia el fortalecimiento de la Democracia en Bolivia.* Doc. OEA/Ser.L/V/II, Doc. 34, 28 de junio de 2007, párr. 229, 275, 276 y 297. Así como la Recomendación 9.

ricana ha establecido que corresponde a los Estados asegurar los fondos y recursos necesarios para dar cumplimiento a las obligaciones constitucionales y a las del derecho internacional de los derechos humanos, para poder dar respuesta a las exigencias de los derechos territoriales indígenas[50].

En materia de tutela judicial efectiva la Corte Interamericana ha establecido que la ausencia de recursos judiciales efectivos supone una violación de los artículos 8, 25, 2 y 1.1 de la Convención Americana. No basta con que existan tales recursos; estos deben ser efectivos, siendo el Estado responsable de la debida aplicación del mismo por parte de las autoridades judiciales, adoptando medidas afirmativas que garanticen que los recursos aportados son eficaces[51]. En definitiva, la ausencia de tutela judicial efectiva implica una vulneración del derecho sustantivo a la protección judicial de los pueblos indígenas; esta violación se produce si en el proceso de implementación no se tienen en cuenta los SNI. Incluso, la revisión judicial de las decisiones administrativas que modifiquen o extingan títulos jurídicos de propiedad de los pueblos indígenas debe estar basada en fundamentos jurídicos que evidencien la pertinencia de dicha modificación. Esto es, se trata, en última instancia,

---

50 CIDH, *Tercer Informe sobre la Situación de los Derechos Humanos en Paraguay*. Doc. OEA/Ser./L/VII.110, Doc. 52, 9 de marzo de 2001, párr. 50 – Recomendación 2. Ver también CORTE IDH, *Caso Comunidad Indígena Sawhoyamaxa Vs. Paraguay*, Fondo, Reparaciones y Costas. Sentencia de 29 de marzo de 2006. Serie C No. 146, párr. 143.

51 CORTE IDH, *Caso Comunidad Indígena Sawhoyamaxa Vs. Paraguay*, Fondo, Reparaciones y Costas, Sentencia de 29 de marzo de 2006. Serie C No. 146, párr. 74(b); CORTE IDH, *Caso de la Comunidad Mayagna (Sumo) Awas Tingni Vs. Nicaragua*, Fondo, Reparaciones y Costas. Sentencia de 31 de agosto de 2001. Serie C No. 79, párr. 135; CIDH, *Informe No. 40/04, Caso 12.053, Comunidades Indígenas Mayas del Distrito de Toledo (Belice)*, 12 de octubre de 2004, párr. 184; CIDH, *Informe 11/98, Caso 10.606, Samuel de la Cruz Gómez (Guatemala)*, párr. 52 y 126.

de una aplicación del principio *pro homine:* proceder de tal manera que las medidas que se adopten beneficien siempre a la parte más frágil, para cuya protección se institucionalizan los derechos humanos.

De manera sintética podríamos decir que las decisiones judiciales del Estado que estarán sujetas a revisión judicial, son: i) las decisiones relativas a la aprobación del planes o proyectos que tengan incidencia en territorio indígena; todas las cuestiones relativas a la consulta, el resultado de la misma, así como el deber estatal de obtener el consentimiento de los pueblos indígenas cuando sea necesario, como se desprende del tenor de la Declaración y del Convenio 169 de la OIT; ii) las decisiones relativas a la aprobación de estudios de impacto social y ambiental, o la facultad de realización de los mismos, con certificación y aval sobre la calidad, objetividad e independencia de dichos estudios; iii) las decisiones relativas al establecimiento de mecanismos de participación en los beneficios u otras formas de compensación. Todas estas garantías judiciales se levantan como contrapeso a todo ejercicio de extralimitación por parte del Estado en su manera de entender y aplicar el PJ. Ello implica una consideración rigurosa de los SNI, como vienen haciendo la Comisión y la Corte Interamericana de derechos humanos.

Todo ello reivindica la centralidad de los derechos colectivos como palanca para el ejercicio del PJ. Una expresión clara de ello sería el reconocimiento de la capacidad jurídica colectiva de los pueblos indígenas, en cuanto titulares del derecho de propiedad comunal, lo que implica el acceso a la justicia como sujeto colectivo –comunidad- en conformidad con sus SNI. El derecho de los pueblos indígenas al acceso a la justica, en un sentido lato, implica que éstos puedan participar como partes –como sujetos colectivos- en los procesos ante los órganos judiciales[52]. Por tanto, la capacidad de obrar colectiva de estos pueblos forma parte de este derecho, que se deriva y fundamenta en el estatus colectivo que contiene la propiedad comunal indígena. En el caso Saramaka vs. Surinam la Corte estableció que la limitación de la personalidad jurídica colectiva atenta contra la naturaleza colectiva del derecho a usar y gozar la propiedad de acuerdo a sus tradiciones ancestrales[53]. De nuevo, se vuelve a establecer un criterio intercultural, desde la perspectiva de los SNI, en la sensible y delicada dialéctica de confrontación entre derechos individuales y colectivos de los pueblos indígenas. Son muy claras las palabras de la Corte al establecer que la facultad de reconocimiento de la dimensión colectiva de la subjetividad de derechos pone a los pueblos afectados en una situación de extrema vulnerabilidad, al producirse una posible primacía e imposición de los derechos individuales sobre los derechos de propiedad comunal, lejos del equilibrio dialéctico que este maridaje exige. Ello imposibilita fundamentar la necesidad de protección judicial de los pueblos indígenas como consecuencia de la violación de sus derechos colectivos, tal y como quedan recogidos en el artículo 21 de la Convención Americana[54]. Como ya ha quedado evidenciado, la personalidad jurídica colectiva implica, necesa-

---

52 CORTE IDH, *Caso del Pueblo Saramaka Vs. Surinam*, Excepciones Preliminares, Fondo, Reparaciones y Costas, Sentencia de 28 de noviembre de 2007. Serie C No. 172, párr. 194(b); CIDH, *Acceso a la Justicia e Inclusión Social: El camino hacia el fortalecimiento de la Democracia en Bolivia*. Doc. OEA/Ser.L/V/II, Doc. 34, 28 de junio de 2007, párr. 280.

53 CORTE IDH, *Caso del Pueblo Saramaka Vs. Surinam*, Excepciones Preliminares, Fondo, Reparaciones y Costas, Sentencia de 28 de noviembre de 2007. Serie C No. 172, párr. 168.

54 CORTE IDH, *Caso del Pueblo Saramaka Vs. Surinam*, Excepciones Preliminares, Fondo, Reparaciones y Costas. Sentencia de 28 de noviembre de 2007. Serie C No. 172, párr. 173.

riamente, el reconocimiento paralelo de las formas de organización política y social propia de estos pueblos.

Procederemos, en esta parte, a ejemplificar algunas prácticas que den medida de una consideración reductiva de los SNI. En Bangladesh se ha procedido al reconocimiento del derecho consuetudinario familiar indígena. Sin embargo, el reconocimiento de los SNI se subordina a la interpretación estatal de los diferentes supuestos en conflicto, con criterios poco claros y muchas veces discriminantes. Las leyes personales de los pueblos indígenas de Chittagong Hill Tracts en Bangladesh, que afectan a diferentes cuestiones de orden comunitario-familiar, como puede ser la herencia o el matrimonio, sólo son aceptadas por el Estado en la medida que dicha legislación indígena doméstica no colisione con el sistema normativo estatal[55]. Los SNI indígenas existen siempre que no entren en conflicto con los sistemas normativos estatales. El principio de fondo para interpretar lo indígena es el de subordinación al Estado.

En Kenia, se ha producido un reconocimiento limitado del derecho consuetudinario en el caso de los Maasái. Hay muchos elementos que quedan recogidos bajo esta titulación consuetudinaria: matrimonios, adopciones, entierros, regímenes de transmisión de propiedad, e incluso el reconocimiento de autoridades y líderes. Ocurre, sin embargo, que las condiciones de validez del "derecho consuetudinario" de los Masái queda condicionada y rebajada por lo que se ha venido llamando la "cláusula de contrariedad". Ésta establece que el derecho consuetudinario es válido en la medida que esté en consonancia y no contradiga las leyes escritas estatales. Cláusula muy similar al tratamiento del derecho indígena en muchas constituciones latinoamericanas. La cláusula es utilizada con sistematicidad para recortar los derechos sobre la tierra y los recursos de los

---

55 ILO, *Indigenous and Tribal Peoples´Right in Practice. A Guido to ILO Convention Nº. 169*, 2009, p. 87.

Maasái[56], en una interpretación espuria que quiebra las disposiciones de los derechos indígenas contenidas en el Derecho Internacional de los Derechos humanos.

Las limitaciones también existen en Finlandia, Noruega y Suecia, con relación al reconocimiento de las costumbres y el derecho consuetudinario Sami, pese a que las costumbres y prácticas tradicionales Sámi son fuente de aplicación del derecho en los respectivos sistemas jurídicos nacionales. Resulta fundamental para la implementación de un pluralismo jurídico real, que las tradiciones jurídicas Sámi informen las fuentes normativas estatales, las complementen y las maticen en aquellos aspectos y dinámicas en las que aparecen conflictos interculturales[57].

Con relación al reconocimiento de autoridades tradicionales en Namibia, el Comité para la Eliminación de la Discriminación Racial (CERD) ha cuestionado la falta de criterios sustantivos y la ausencia de instituciones que puedan sustanciar, o evaluar, un procedimiento, como el del reconocimiento de dirigentes tradicionales indígenas. La Ley de Autoridades Tradicionales del 2000 preveía el reconocimiento de las mismas, por parte del Estado, siempre que se elevara una solicitud *ad hoc*, con lo que la capacidad final para el reconocimiento de autoridades tradicionales reposaba exclusivamente en manos del Estado. Estamos ante un formato de clara asimilación jurídica de los SNI por parte del sistema estatal[58].

En el supuesto de Groenlandia, su Código Penal se basa, en parte, en el derecho consuetudinario de los Inuit, al que se recurre para la sanción de delitos penales, mientras que la

---

56 *Op. Cit*, p. 88.

57 *Ibidem.*

58 Observaciones finales del CERD: CERD/C/Nam/CO/12 (Namibia, Agosto de 2008).

determinación de culpabilidad, así como su imputabilidad, viene determinada por el derecho penal danés. Este paisaje normativo, con este reparto material de competencias normativas entre diferentes sistemas, se atiene más a lo que venimos reclamando como PJ[59]. Se trata de caminar hacia un principio de coordinación y complementariedad entre SNI y sistemas normativos estatales.

Finalmente, en Filipinas, la Ley de Derechos de los Pueblos Indígenas reconoce el derecho de estos pueblos a emplear sistemas jurídicos, instituciones de resolución de conflictos, procesos y mecanismos para la consolidación de otras leyes y prácticas consuetudinarias, en la medida que sean compatibles con el sistema jurídico nacional y los derechos humanos. Se trata de una expresión muy adelgazada de PJ, a partir de esa exigencia de compatibilidad con el sistema jurídico estatal como patrón de validez y legitimidad últimos[60].

CONCLUSIONES

Sally Engle Merry sistematizaba las grandes aportaciones del PJ en torno a tres ejes: i) el de la interacción entre órdenes normativos que son fundamentalmente diferentes en sus principios conceptuales y fundamentos de sentido; ii) el de la elaboración del derecho consuetudinario como producto histórico; iii) el de la dialéctica entre órdenes o sistemas normativos diferentes[61]. Si hemos venido defendiendo que los SNI consti-

---

59 ILO, *Indigenous and Tribal Peoples´Right in Practice. A Guido to ILO Convention Nº. 169*, 2009, p. 89.

60 http://www.ncip.gov.ph/mandatedetail.php?mod=ipra

61 MERRY, S.E., "Pluralismo Jurídico", en MERRY S.E., GRIFFITHS, J., TAMANAHA, B. Z., *Pluralismo Jurídico*, Siglo del Hombre Editores, Bogotá, 2007, p. 97.

tuyen una complejificación del añejo sentido de PJ es porque éstos unifican e integran de manera interdependiente y solapada estos tres ejes, otorgando una imagen inconsútil y unificada. No es posible discernir en los SNI, de manera autónoma y aislada, cualquiera de estos ejes sin descomponer el complejo y articulado sentido que los SNI guardan como totalidad.

Una de las tentaciones o perversiones de un supuesto PJ estatalizado es reducir los SNI a uno sólo de estos ejes, como se ha venido mostrando a lo largo del trabajo. Este ejercicio de exclusión, que hemos intentado explicar, debe ser expurgado para poder articular un verdadero PJ. El nuevo constitucionalismo latinoamericano, las reformas constitucionales que se han venido propiciando, así como los nuevos intentos normativos por auparse al tren de la historia del PJ han acabado tratando los SNI de manera asimilativa, según los usos y costumbres de la vieja política pública. El intento de este capítulo, a partir de las excusas y provocaciones que otorgan los SNI, ha sido el de ubicar el carácter novedosamente cualitativo que éste –y en su conjunto, todos y cada uno de los SNI- tienen y tendrán para renovar el diálogo y los procesos de profundización en el PJ.

En este sentido ha sido enormemente importante establecer la conexión que los SNI mantienen, en una suerte de interdependencia, con otros derechos colectivos indígenas: la territorialidad, la autonomía, la cultura, la jurisdicción indígena, etc. Con ello se quería expresar que los SNI constituyen un nudo cosmovisional de derechos, de tal manera que la formulación de los SIN como derecho propio de estos pueblos es condición de posibilidad para la producción, reproducción y desarrollo de otros derechos indígenas, individuales y colectivos; así como su no consideración, implica la vulneración de otros derechos estructuralmente vinculados a los SNI, entre ellos, el derecho al debido proceso.

CAPÍTULO VI.

AUTONOMÍAS INDÍGENAS EN AMÉRICA LATINA. BRECHAS Y DIFICULTADES PARA SU CONSTRUCCIÓN DESDE UNA MIRADA COMPARADA

INTRODUCCIÓN

La autonomía indígena, en cuanto derecho, se expresa y proyecta como proceso político a través del cual los pueblos indígenas ejercen su derecho a la libre determinación en el marco del Estado. Ello se concreta como capacidad para determinar libremente su condición política como pueblos, su propio desarrollo económico, así como sus estructuras sociales y culturales para la producción, reproducción y desarrollo de la vida individual y colectiva. Para todo ello resulta fundamental el reconocimiento de la subjetividad política colectiva -pueblo indígena- en el marco del Estado[1].

---

1 James Anaya delimita el contenido y perfil del derecho a la autodeterminación indígena, a partir de las posibilidades que abre la Declaración de Naciones Unidas sobre los derechos de los pueblos indígenas, de la siguiente manera: "(...) la Declaración, por sus propios términos, reconoce que los pueblos indígenas tienen el mismo derecho a la libre determinación que el que disfrutan otros pueblos. La libre determinación se interpreta, adecuadamente, como surgida del marco de los derechos humanos del derecho internacional contemporáneo, más que del marco tradicional de los derechos de los estados

Sin embargo, la subjetividad política indígena tiene un carácter eminentemente relacional[2], lo que resulta fundamental para explicar y comprender los procesos autonómicos. La autonomía indígena no es un proceso auto-reflexivo, racionalmente teorizado, construido a partir de los parámetros que la teoría del Estado oferta y propone; es, más bien, un proceso y dinámica que se construye y formaliza a través de las relaciones corporales; de las interacciones comunitarias; del modo de relación y confrontación con la naturaleza, el territorio y los recursos que tienen los pueblos indígenas; de las formas de expresión y articulación que la organización política indígena expresa, y un largo etc. Posee una densa raigambre en los vínculos comunitarios, más que en la racionalidad teórica -tan propia de la ciencia política y constitucional en la manera

---

(...) la Declaración identifica a los pueblos indígenas ahora como "pueblos" libremente determinados sin calificación, en un marco de derechos humanos en oposición a los derechos de los estados. Al pertenecer a los "pueblos", el derecho de libre determinación, y otros derechos afirmados en la Declaración, son derechos colectivos pero, en cualquier caso, son en el fondo derechos humanos o, al menos, se derivan de ellos o son instrumentales para los mismos (...) Entendida como un derecho humano, la idea esencial de la libre determinación es que los seres humanos, individualmente o como grupos, tienen por igual el derecho de ejercer el control sobre sus propios destinos y de vivir en los órdenes institucionales de gobierno que se diseñen de acuerdo con ese derecho (...) La libre determinación se fundamenta en los preceptos de libertad e igualdad que pueden encontrarse enraizados, a lo largo del tiempo y el espacio, en diferentes tradiciones culturales en todo el mundo. ANAYA, J., "El derecho de los pueblos indígenas a la libre determinación tras la adopción de la Declaración" en CHAMBERS C. y STAVENHAGUEN, R., *El desafío de la Declaración. Historia y futuro de la Declaración de la ONU sobre Pueblos indígenas*, IWGIA, Dinamarca, 2010, pp. 196 y 198.

2 HERNANDO, A., "¿Por qué la arqueología oculta la importancia de la comunidad?", *Trabajos de Prehistoria,* 72, N. ° 1, enero-junio 2015, pp. 22-40; "Identidad relacional y orden patriarcal", HERNANDO, A. (ed.), *Mujeres, hombres, poder. Sobre la reproducción del dispositivo de género en la modernidad,* Traficantes de Sueños, Madrid, 2015, pp. 83-124.

de pensar los modelos autonómicos, y que se ha venido imponiendo como patrón paradigmático para entender y construir la autonomía en el marco del Estado. De ahí, los desfases teóricos y prácticos (cosmovisionales, diríamos) entre el derecho de autodeterminación –tal y como es entendido por el Derecho Internacional- y la autonomía indígena.

Como se ha expresado, la pertenencia colectiva y los vínculos comunitarios constituyen la base de la seguridad ontológica de los pueblos indígenas, siendo la función última de las autonomías garantizar y dar protección a dicha seguridad; a esa manera relacional de entender el mundo, la vida y los procesos sociales, cuestión dífilamente comprensible desde la razón de estado, en cuanto soporte último para entender y dar solución a la integración intercultural de las autonomías indígenas, en el marco del Estado.

La autonomía indígena se actualiza constantemente a partir de las maneras de estructuración en que se expresan las cosmovisiones de cada pueblo; por tanto, no existe un patrón, ni un paradigma estático y concreto en el que apoyarse y desde el que construir el modelo autonómico indígena. Ésta es una realidad dinámica, compleja, estrictamente vinculada a la cosmovisión y a la espiritualidad, que propone maneras diferentes de entender las relaciones sociales, las formas de representación y el poder político. La autonomía implica una tensión intercultural de gran potencia que complejifica y hace difícilmente traducible el modelo indígena de autonomía, a las maneras estatales de comprenderla, formalizarla y normativizarla. De esta dificultad intercultural, que genera fuertes tensiones en la relación pueblos indígenas-Estado, queremos hablar en este capítulo.

El manejo ideológico de la categoría "autonomía indígena" que se viene haciendo desde instancias discursivas de poder-saber, a partir de su flamante recepción en textos de derechos humanos -como la Declaración de Naciones Unidas sobre los derechos de los pueblos indígenas- nos ubica ante la dialéctica de dos presupuestos irreconciliables: i) uno, en qué medida la autonomía indígena resulta funcional al Estado, instrumento necesario para revitalizar el modo de gobernanza estatal; ii) dos, en qué medida, su reconocimiento, está orientado, realmente, a la construcción, capacitación y fortalecimiento del sujeto político pueblo indígena. Formulado de otra manera, el tratamiento que se está haciendo de la autonomía indígena en el marco de los Estados: ¿ayuda a la construcción de los reclamos indígenas en forma de derechos?, ¿coadyuva a su dependencia y subordinación al Estado?; ¿constituye la autonomía indígena una mediación instrumental necesaria para asentar la dimensión democrática a los Estados, pero sin derechos para los pueblos indígenas? o, por el contrario, ¿podemos asistir a la construcción de procesos autonómicos indígenas que permitan la consolidación política del concepto pueblo indígena, a la vez que el desarrollo y coagulación de sus formas y expectativas de vida, lo que implicaría un límite al poder de los Estados y a sus deseos de implacable expansión?

Esta tensión entre la dimensión emancipadora-crítica de la autonomía indígena y la dimensión legitimadora de las formas de gobernanza estatal es el presupuesto -incontestado- que va a interrogarnos a lo largo de todo este capítulo. Esta dialéctica ambivalente y conflictiva ha marcado la construcción teórica y práctica del término autonomía indígena en América Latina produciendo dos maneras antitéticas de entenderla: autonomía como razón de Estado, desactivadora de luchas, reclamos y reivindicaciones indígenas; o autonomía como proceso y límite a los excesos del poder estatal[3].

---

3 ORTIZ, P., *"Dilemas y desafíos de la autonomía territorial indígena en Latinoamérica"*, en ORTÍZ, P. y CHIRIF, A., *¿Podemos ser autónomos? Pueblos indígenas vs. Estado*

Teniendo en cuenta cómo se está afrontando y se pueda afrontar en el futuro esta tensión, inmanente a la autonomía indígena, nos asomaremos a otros interrogantes que despliegan y complementan los dos presupuestos anteriormente citados. En este sentido, teniendo en cuenta el estado de la cuestión de las autonomías indígenas en América Latina, nos preguntamos: ¿es la autonomía indígena una alternativa real para los pueblos indígenas?; si fuese así, ¿cómo da respuesta –jurídica, política y social- a los anhelos de autodeterminación indígena?; ¿qué impacto produce el reconocimiento y desarrollo de la autonomía indígena en las estructuras políticas del Estado y cuáles son las consecuencias reales de todo ello?

Todas estas preguntas, que apuntan a las razones políticas últimas de la autonomía, encierran una complejidad a la que no pretendemos dar respuesta en este escrito, pero que mantendremos como una tensión inmanente, una interpelación crítica necesaria para afrontar las dificultades y las dinámicas de instrumentalización que acompañan los procesos de autonomía indígena, conscientes que cualquier alternativa a una implementación ventajosa y beneficiosa para los pueblos indígenas, debe tenerlas como fundamento último para entender el para qué de la autonomía.

---

en Latinoamérica, Intercooperación/RRI., Quito, 2010, pp. 10-129; GONZALEZ, M., "Autonomías territoriales indígenas y regímenes autonómicos (desde el Estado) en América Latina", en GONZÁLEZ, M. *et. al.*, *La autonomía a debate. Autogobierno indígena y estado plurinacional en América Latina*, Flacso, Ecuador, 2010, pp. 35-62; FUKASAKU, K., y HAUSMANN, R., *Democracy, decentralization and deficits in Latin America*, Development Centre of the Organization for Economic Co-operation and Development, Inter-American Development Bank, 1998; KINGSTONE, P., "After the Washington Consensus. The Limits do Democratization and Development in Latin America", *Latin American Research Review*, 41, 2006, pp. 153-164.

La complejidad referida se hace más enérgica si tenemos en cuenta que el concepto de autonomía es interpretado normativamente de manera polifacética y dispersa, sin criterios homogéneos de armonización entre los diferentes Estados que la han regulado constitucionalmente y que han intentado dar un desarrollo de la misma en su legislación interna[4]. A ello habría que sumar el hecho –problemático- de que cada pueblo indígena posee una diferente comprensión de la autonomía y sus procesos, lo que hace difícil llegar a consensos sobre los contenidos mínimos que podrían identificar y delimitar la autonomía en el marco del Estado, así como de sus condiciones de realización práctica.

Partiendo de este enmarque, el objetivo último del capítulo es presentar una radiografía de los procesos autonómicos indígenas en algunos países de América Latina, aquellos en los que hemos considerado que los procesos de construcción autonómica han tenido mayor protagonismo, relevancia e intensidad política, como Bolivia, Ecuador, Perú y Colombia. No se pretende hacer un análisis en profundidad de los países referidos[5]; sino presentar una serie de elementos problemáti-

---

4 Una reformulación política y crítica de estas complejidades puede verse en ROSALES, G., "Autonomía indígena en Bolivia: mecanismo de articulación y dispositivo de complejidad social", *Sociológica*, año 30, número 84, enero-abril de 2015, pp. 143-179; PRADA, R., "Articulaciones de la complejidad", [en línea], (2010), <http://www.reduii.org/cii/sites/default/files/field/doc/Estado%20plurinacional%20%20R%20Prada.pdf>. [Consulta 12/03/2018]

5 SCHVELZON, S., *El nacimiento del Estado plurinacional en Bolivia. Etnografía de una Asamblea Constituyente,* Clacso, Cejis&Iwgia, 2012; TOMASSELLI, A. "Autonomía Indígena Originaria Campesina in Bolivia: Realizing the Indigenous Autonomy?", *European Diversity and Autonomy Papers, EDAP,* 01/2012, pp. 5-56; ALBÓ, X. y ROMERO, M., *Autonomías indígenas en la realidad boliviana y su nueva Constitución,* Vicepresidencia de la República, La Paz, 2009; MAYORGA, F., "Bolivia: democracia intercultural y Estado Plurinacional", en *El debate contemporáneo sobre los fundamentos de la democracia en la región: participación popular y arquitectura del Estado,* Seminario Internacional

cos que irrumpen de manera sistemática y continua en la construcción de los procesos autonómicos en América Latina. Estas dificultades emergen como una variable constante y repetitiva en la configuración de muchos de los procesos autonómicos que vamos a analizar. Para ello, estableceremos lo que consideramos elementos esenciales de la autonomía indígena, algunas de sus notas constitutivas sin las cuales ésta no podría existir ni desarrollarse. Desde ahí, nos haremos cargo de las limitaciones estructurales con las que dichos procesos se están encontrado, lugares comunes desde los que partir para sugerir y encontrar alternativas a esas dificultades.

1. ELEMENTOS DE LA AUTONOMÍA INDÍGENA

Cuando hablamos de autonomía desde la perspectiva de los pueblos indígenas es necesario referir a la existencia de una serie de componentes o elementos básicos de la misma, sin los

---

FLACSO, Quito, 2013; ALBÓ, X. y BARRIOS, J., *Por una Bolivia pluricultural e intercultural con autonomías*, PNUD, Bolivia, 2006; FUNDACIÓN TIERRA BOLIVIA, *Territorios Indígenas Originarios Campesinos en Bolivia, entre la Loma Santa y la Pachamama*, Fundación Tierra, La Paz, 2011; CHIRIF, A., *Estudio Regional. Comparación de la normativa sobre los territorios indígenas y de su implementación. Bolivia, Colombia, Ecuador, Perú, Paraguay*, Programa Pro-indígena, Quito, 2015; GONZÁLEZ, M., *La autonomía a debate. Autogobierno indígena y estado plurinacional en América Latina*, Flacso, Ecuador, 2010; TAMBURINI, L., "La importancia del territorio y el autogobierno en el sistema jurídico indígena", en *Memoria del Seminario Nacional 2011. Transformaciones estatales: avances, dificultades y desafíos*, Bolivia, La Paz, 2011, pp. 177-186; ROLDÁN, R. y SÁNCHEZ BOTERO, E., *"La problemática de tierras y territorios indígenas en el desarrollo rural"*, en *Reflexiones sobre la ruralidad y el territorio en Colombia. Problemáticas y retos actuales*, Oxfam, Bogotá, 2013, pp. 189-273; ORTÍZ, P., *"Dilemas y desafíos de la autonomía territorial indígena en Latinoamérica", op. cit.*, pp. 10-129; HOUGHTON, J.C., "Desterritorialización y pueblos indígenas", en CECOCIN-OIA, *La tierra contra la muerte. Conflictos territoriales de los pueblos indígenas en Colombia*, CECOIN-OIA, Bogotá, 2008, pp. 15-55.

cuales ésta queda troceada, recortada e instrumentalizada. Dichos componentes se deducen de la comprensión territorial que los propios pueblos indígenas han venido expresados, así como de la implementación de Planes de Vida y manejo territorial que algunos pueblos han desarrollado y expuesto[6].

Por otro lado, la tendencia de los Estados es suprimir (negociadamente) o reprimir (violentamente) algunos de estos componentes esenciales de los procesos autonómicos, sin los cuáles no podríamos acercarnos a una comprensión plena de la autonomía indígena. El resultado final sería la puesta en escena de procesos autonómicos fragmentados, profundamente limitados en sus aspiraciones, recortados según los propósitos y de acuerdo a la comprensión estatal del territorio, así como de las necesidades de administración del mismo.

El gran peligro de las autonomías indígenas es la puesta en escena de una dinámica unilateral y coercitiva de adaptación del territorio indígena al territorio del Estado -a sus marcos de

---

6 Resulta enormemente importante otorgar centralidad a los Planes de Vida indígena para poder entender la compleja y completa protección territorial que los pueblos indígenas proponen. Los Planes de Vida resultan fundamentales para comprender la fundamentación política que activa y orienta las resistencias territoriales indígenas a través de las autonomías. Sugieren, ante todo, una consideración integral de la sostenibilidad. Más que un modelo de desarrollo, implican alternativas y transiciones diferentes al desarrollo. Proponen un análisis complejo y estructural de las causas profundas del colapso ecológico, vinculando, de manera interdependiente, la desterritorialización que sufren comunidades y pueblos, con el modelo productivo imperante. Los Planes de Vida son la visión política de la comunidad a largo plazo; el fulcro para entender y dinamizar las resistencias indígenas. Expresan una radiografía de las formas de autogestión, de los modelos de producción y de las propuestas de sostenibilidad territorial de una comunidad indígena. Por ello, son el rotor de las resistencias indígenas; en ellos reposa la razón política de cualquier reivindicación. Cf. MARTÍNEZ DE BRINGAS, A. y URRUTIA, G., "Estrategias de resistencia a operaciones mineras en la Amazonía: el caso del Proyecto Mocoa (Colombia)" *op. cit.*, pp. 61-98.

posibilidad y de gestión-, rompiendo el carácter intercultural -basado en la bilateralidad, la reciprocidad y simetría- que los procesos de autonomía exigirían desde la perspectiva de los pueblos indígenas. Ello puede implicar un proceso de racionalización, de comprensión estatalizada del Derecho, que pueda descomponer la parte vital, cosmovisional y existencial de las autonomías indígenas. De hecho, como ha ocurrido en Bolivia y Ecuador, la incorporación de la autonomía indígena al aparato normativo del Estado, su subsunción bajo el paraguas normativo estatal, ha implicado, en mucha medida, el vaciamiento de un concepto, de su contenido originario y existencial.

La implementación de los nuevos textos constitucionales de Bolivia y Ecuador ha implicado una reducción de la densidad creativa y de la potencialidad que encerraban los contenidos de autonomía indígena que se manejaron en los procesos constituyentes. Esta es una limitación de la que necesariamente hay que hacerse cargo para poder entender y gestionar el proceso político de construcción autonómica. Por ello, antes de que el poder constituido limara a contrapelo las reivindicaciones y enunciaciones de autonomía indígena en Bolivia y Ecuador, ésta se enunciaba y explicaba a partir de una matriz trinitaria: i) la autonomía indígena exige la desconcentración territorial del poder para poder dar cabida a los modos de autoorganización indígena como pueblos y naciones; ii) exige la plurinacionalidad[7], lo que implica la habilitación intercultural de pueblos y naciones como sujetos políticos con soberanía, dimensiones hasta ahora desconocidas en el marco del Esta-

7 BAUTISTA, R., *Pensar Bolivia. Del Estado colonial al Estado plurinacional.* Vol. II: "La reposición del Estado señorial: 2009-2012", Rincón Ediciones, La Paz, 2012; NÚÑEZ DEL PRADO, J., *Autonomía indígena truncada.* Proyectos y praxis de poder indígena en Bolivia Plurinacional, Cides/Umsa, La Paz, 2015, pp. 252 y ss.

do[8]; iii) y exige, también, el reconocimiento de una economía plural, tensionada como pluralismo jurídico, lo que implicaba la coexistencia articulada en el Estado de diferentes modos de producción y organización de la vida, así como de una plural comprensión de lo jurídico para su implementación[9].

La autonomía indígena ha sido polimórfica en sus formas de expresión y representación en muchos países de América Latina, especialmente en Bolivia, Ecuador y Colombia. La estrategia política ha llevado a que las diferentes formas en que se expresaba la autonomía adquirieran dominancia en función de criterios de oportunidad política. Unas veces la autonomía se expresaba -como en el proceso constituyente boliviano- como un pétreo bloque con liderazgo nacional. Una suerte de coagulación estratégica del movimiento indígena para poder generar una organización política consistente, sólida y consensuada, que pudiera funcionar como fuerza social emergente frente a otros bloques sociales del país con talante netamente contra indígena. Una propuesta de federalismo indígena, combinado con movimientos sociales del país para la construcción de formas de democracia comunitarias no liberales (ayllus, juntas vecinales, parroquias, resguardos...)[10].

Otras veces se expresaba como un movimiento accionado y promocionado por líderes indígenas locales. La autonomía aquí era concebida como un mecanismo para la recuperación de espacios políticos perdidos; como medio para la reconstitu-

---

8 MENSI, A., *Indigenous Peoples, Natural Resources and Permanent Sovereignty*, Brill/Nijhoff, United Kingdom, 2023, pp. 123-148.

9 GARCÍA LINERA, A., *Geopolítica de la Amazonia. Poder hacendal, patrimonial y acumulación capitalista*, Vicepresidencia del Estado Plurinominal-Presidencia de la Asamblea Legislativa Plurinacional, Bolivia, 2012.

10 HYLTON, F. "El federalismo insurgente: una aproximación a Juan Lero, los *comunarios* y la guerra federal", *Tinkazos. Revista Boliviana de Ciencias Sociales*, año 7, núm. 16, mayo, 2004, pp. 99-118.

ción de territorios ancestrales –como el Qollasuyu o el Tawantinsuyu-. Se trataba de lograr una conciencia de sí y para sí como pueblos y naciones originarias; de reivindicar el sujeto político indígena como agente independiente y auto afirmativo, con fuerte conciencia de pueblo y de territorio. Ésta ha sido una estrategia muy fértil para la institucionalización del movimiento indígena en lucha por sus derechos en toda América Latina.

Y, otras, la autonomía se expresaba como una experiencia plena de vida; como reivindicación enérgica de la cosmovisión indígena en su relación con el territorio y la vida. Autonomía como proceso en construcción[11].

Teniendo en cuenta estas reflexiones, precondiciones para acercarse a la comprensión indígena de la autonomía, podemos referir algunos componentes esenciales de ésta que, muchas veces, han sido abordados de manera aislada, pero no sistémica e interdependiente, como un cuerpo inconsútil que sólo en estricta unidad e interrelación constituye la gramática de la autonomía indígena. En este sentido hablamos de:

1. Territorio integral asegurado, lo que implicaría la configuración de territorios con un claro contenido jurisdiccional a través del cual los pueblos indígenas puedan ejercer el autogobierno y justicia, siendo la jurisdicción la base material desde la que desplegar formas y expresiones de pluralismo jurídico entre el derecho indígena y el derecho estatal. La autonomía se afirma, entonces, como estrategia para defender y arraigar los derechos de los pueblos indígenas[12]. Sin embargo, es necesario tener en cuenta que no todas las organizaciones y

---

11 TAPIA, L., *Política Salvaje,* Muela del Diablo Editores, La Paz, 2008, pp. 25 y ss.

12 MAMANI, P., "Memoria y geoestratégica social. Apuntes para pensar en otros territorios epistemológicos", en MAKARAN G. (coord.), *Perfil de Bolivia (1940-2009).* Universidad Nacional Autónoma de México, México D. F., pp. 165-194.

movimientos indígenas en América Latina asocian de manera interdependiente la defensa del territorio con la autonomía indígena, separando dichos elementos como si se trataran de reclamos disociados, de derechos autónomos, a partir de consideraciones restrictivas del territorio, como las del Convenio 169 de la OIT, en su artículo 13.2, al poner el énfasis en la "totalidad del hábitat de las regiones que los pueblos interesados ocupan". Una comprensión así del territorio tiene una pretensión fuertemente despolitizante. La concepción de hábitat no tiene implicaciones políticas ni jurisdiccionales. Esta es, también, una constante en el tratamiento y comprensión del territorio por parte de los Estados en su modulación normativa. Desligar el territorio de sus funciones jurisdiccionales supone instrumentalizar un derecho como la autonomía y vaciarla de contenido básico. En los procesos de autonomía, el territorio guarda una función política, jurisdiccional, económica, cultural, simbólica y ecológica fundamental[13]. Para poder ejercer los derechos indígenas se hace necesario que el territorio indígena funcione como territorio autónomo. En definitiva, se trataría de construir una base política territorial para lo que la autonomía es un complemento garantista indispensable. El territorio autónomo indígena permite exponer una nueva lógica en la distribución y configuración del poder estatal; sugiere una nueva consideración en la configuración del ordenamiento político territorial estatal y esa es, en última instancia, la pretensión fundamental de la autonomía indígena. El sentido de la proclamación de algunas "autonomías indígenas de hecho", "sin permiso", como en México, o en Perú, tiene que ver con esta disfunción: la despolitización del contenido fundamental del derecho indígena a la autonomía. Derechos territoriales sin autonomía son procesos y dinámicas arrojadas y expuestas

---

[13] TAMBURINI, L., "La importancia del territorio y el autogobierno en el sistema jurídico indígena", en *Memoria del Seminario Nacional 2011. Transformaciones estatales: avances, dificultades y desafíos*, La Paz, 2011, pp. 177-186.

a la explotación y al despojo, como estamos viviendo recientemente en América Latina. Sólo se puede hablar genuinamente de territorios indígenas si estos incluyen control colectivo del mismo, junto con procesos de autogobierno en los que se evidencien formas de organización y gestión indígena que expresen sus modos de vida colectivos.

2. Competencias, en cuanto conjunto de poderes y capacidades propios e inherentes a los pueblos indígenas para habitar y gobernar el territorio. Ello implicará, necesariamente, competencias sobre medio ambiente, conocimientos tradicionales, organización y gestión territorial, patrimonio cultural e intelectual, soberanía y seguridad alimentaria, educación intercultural, prácticas medicinales indígenas y un largo etc. Para el ejercicio de estas competencias se exige, como condición previa, que la territorialidad indígena incluya derechos de titulación colectiva, así como el control efectivo de sus recursos naturales de propiedad común. Un ramal importante de esas competencias, en conexión con la esencia del pluralismo jurídico, sería el establecimiento de un nuevo marco de relaciones con el Estado, con sus diferentes ámbitos y niveles de gestión territorial.

3. La participación y representación política en la vida del Estado[14]. Esta es la base de la interculturalidad: la participación de los pueblos indígenas en procesos institucionales y políticos con el Estado que les permita tomar y asumir decisiones, como prolongación necesaria y concluyente del régimen de autonomía. Todo ello reclama una reorganización del poder, de las instituciones y de los sujetos en clave plurinacional. La esencia de la plurinacionalidad reposa, por tanto, en una comprensión centrífuga del poder a partir del reclamo de las autonomías indígenas, lo que implica una transformación de la estructura

---

14 ONIC, *Proyecto de capacitación para el fortalecimiento al proceso de preparación de planes de vida,* ONIC, Bogotá, 1998.

política, administrativa, territorial, jurídica y económica del Estado, mediante la creación de entidades territoriales indígenas autónomas, por las cuales la territorialidad se adapta al Estado, y éste a las entidades territoriales indígenas, produciéndose una transformación estructural de la distribución territorial del poder dentro del Estado en su relación con los pueblos indígenas[15].

Teniendo en cuenta todo lo anterior, una mirada retrospectiva sobre los diferentes modelos y prácticas desarrolladas en América Latina para la implementación de la autonomía indígena nos permite constatar algunas variables conflictivas[16], pero relevantes, para poder determinar las problemáticas y las necesidades que los modelos de autonomía indígena presentan para su implementación.

1. Mientras algunos proyectos autonómicos han intentado incorporar todos los elementos que se consideran esenciales para poder hablar de autonomía indígena, otros proyectos sólo incorporan, de manera fragmentaria, algunos de ellos.

2. Los mecanismos para garantizar e implementar la autonomía indígena han sido entendidos y afrontados de manera diversa, tanto por Estados, como por pueblos indígenas. Algunos modelos se han entendido exclusivamente como un régimen de regulación jurídico-político en el marco del Estado; mientras otros proyectos, más anclados en el movimiento indígena, han interpretado la

---

15 PRADA, R., "Antecedentes y objetivos de un estado plurinacional bajo amenaza", en *Memoria del Seminario Nacional 2011. Transformaciones estatales: avances, dificultades y desafíos*, Bolivia, La Paz, 2011, pp. 21-30.

16 Estas variables las proyectaremos y servirán de guía y brújula para detectar y comprender la problemática en los países elegidos como experiencia de análisis de las autonomías.

autonomía como un proceso, una mediación necesaria para la construcción y consolidación de otros derechos.

3. Una cuestión fundamental es la consideración de los diferentes niveles de organización territorial para la aplicación de la autonomía indígena. En este sentido, se puede hablar de construcción multinivel de la autonomía indígena a través de diferentes estratos en que se articula administrativamente la organización territorial de un Estado; o se puede hablar de autonomía indígena como algo que afecta al territorio (indígena) de manera sistémica y estructural, una dimensión que no entiende de niveles y que escapa a la regulación administrativa del territorio, y a la manera de estructurar y regular el mismo en el marco del Estado. Así, se puede hablar de autonomía comunal, municipal, regional, territorial indígena, intentando desarrollar dinámicas de autonomía en todos o en algunos de esos niveles; o podemos comprender que no se puede construir la autonomía indígena sin una comprensión transversal y estructural del territorio, lo que transciende esa manera de administrar, regular y tasar el mismo.

4. Una última cuestión relevante tiene que ver con las precondiciones para la implementación de los procesos de autonomía. En este sentido, el reconocimiento y regulación normativa de los procesos autonómicos indígenas, en el contexto de América Latina, puede implicar: a) la creación de nuevas constituciones que afronten el tema autonómico, al menos programáticamente, como un elemento nuclear en los procesos de transformación constitucional del Estado, como ha sido el caso de las nuevas constituciones de Bolivia y Ecuador; b) la realización de profundas transformaciones y reformas políticas, con el despliegue de toda una arquitectura normativa complementaria que permita el desarrollo de los procesos autonómicos, como pueda ser el caso de Colombia, Panamá, Nicaragua, México o Perú, entre otros; c) la regulación

de mínimos cambios en la estructura del Estado para dar cabida a la autonomía indígena, lo que nos pone, de nuevo, ante un formato de asimilación blanda de la cuestión indígena, sin cambios estructurales en el Estado, como es el caso de Chile después del proceso constituyente truncado; Brasil, Argentina, entre otros.

2. UNA MIRADA COMPARADA SOBRE LAS AUTONOMÍAS INDÍGENAS

En este epígrafe desarrollaremos un breve análisis comparado sobre los procesos de construcción de la autonomía indígena en América Latina. Para dicho análisis hemos tenido en cuenta aquellos países en los que la construcción del proceso autonómico ha resultado más prolífico e intenso desde un punto de vista normativo, tanto en sede constitucional como en el desarrollo de legislación secundaria (como es el caso de Bolivia y Ecuador), lo que se ha traducido en avances técnico-jurídicos y en la implementación de una importante arquitectura procesal para su desarrollo. Tendremos en cuenta, también, procesos en los que la autonomía se ha construido de manera más fáctica que normativa, permitiendo otras estrategias políticas para la consolidación de una concepción fuerte de los derechos territoriales indígenas, como es el caso de Colombia. Finalmente, haremos alusión a supuestos en donde la agresión y vulneración a los derechos indígenas ha sido una manera sistemática de entender y acercarse a la realidad de los pueblos, lo que ha dificultado, en todo momento, no sólo la construcción del proceso autonómico, sino la consolidación mínima de derechos indígenas, como es el caso de Perú.

La mirada metodológica está orientada a desvelar las dificultades estructurales que los procesos de construcción autonómica indígena están sufriendo en estos países por la intervención de múltiples actores. Desde ahí obtendremos un material político interesante para trabajar y afrontar esas dificultades y vislumbrar vías de salida al estancando y estatalizado proceso de construcción de las autonomías en América Latina.

A. Bolivia

La regulación de los procesos de construcción autonómica en Bolivia –sujetos de autonomía, junto con la base territorial que los contiene y sustenta- vienen recogidos en la Constitución Política del Estado (CPE) y en la Ley Marco de Autonomía y Descentralización (LMAD). En Bolivia, las vías de acceso a la autonomía indígena, a partir de estos presupuestos normativos, han sido tres: i) la vía de los territorios indígenas originarios campesinos (TIOC); ii) la de los municipios (indígenas); iii) y la de las regiones. Las vías de acceso a la autonomía indígena en Bolivia vienen desarrolladas en la LMAD, con un lenguaje complejo, densamente normativo, diseñando una arquitectura jurídica y procesal de difícil comprensión para los pueblos indígenas.

La vía de acceso a las autonomías, a partir de los TIOC, tiene como base para su construcción las Tierras Comunitarias de Origen (TCO), que existían en Bolivia desde los cambios constitucionales de 1994 y desde la Ley INRA de 1996. En el entramado de esta Ley se crean las TCO, un modo de propiedad colectiva –aunque no de jurisdicción[17]- que introduce ya

---

17 Cuando hablamos aquí de jurisdicción nos estamos refiriendo al reconocimiento de los sistemas de justicia propios de los pueblos indígenas, a las posibilidades de desplegar sus propias formas de organización, articulación y desempeño jurídico, en confrontación dialéctica con los sistemas de justicia que propone el Estado. Estos eran ya un proceso en construcción, no reconocido, pero sí reclamado. En el marco de la Nueva Constitución Política, el Tribunal Constitucional Plurinacional reconoce que la Autonomía indígena es cualitativamente diferente a otras formas de autonomía reconocidas en la Constitución, y uno de los destellos de ese plus de cualidad es el reconoci-

el concepto de autonomía indígena al hablar del control de recursos renovables y la posibilidad de consulta sobre los no renovables. Las TCO constituyen el medio de entrada y consideración de las autonomías indígenas en la agenda pública del Estado boliviano. Las TCO funcionaron como la antesala de los TIOC, a través de un doble proceso: por un lado, las TCO ya tituladas como propiedad colectiva, transitan para convertirse en TIOC; por otro lado, estos pueden, además, adoptar la cualidad de autonomía indígena (AI), a partir de la manifestación de la voluntad de su población (indígena), de conformidad con sus propias normas y procedimientos (art. 293-I de la CPE). El término TIOC, sin embargo, resulta ambiguo pues refiere tanto a una forma particular de propiedad agraria, que puede constituirse en AI, como a una categoría de estructuración y estratificación del ordenamiento territorial del Estado[18].

La vía de acceso municipal, por el contrario, ha sido utilizada en aquellos supuestos de municipios con composición poblacional fundamentalmente indígena, lo que implica la ventaja de disponer de las competencias propias de los municipios, así como de los medios de financiación de los que estos disponen. La vía del TIOC permitía disponer de una base material de titulación territorial colectiva. La vía regional de acceso a la autonomía ha sido, sin embargo, la vía más extraña y artificial de acceso, e implicaba la existencia de varios municipios o provincias con continuidad geográfica, pero que no superaban los límites departamentales[19].

---

miento de los sistemas de justicia indígena. Esta reivindicación estaba ya en barbecho en esta primera manera de estructurar la territorialidad indígena con dimensión colectiva. Cf. Tribunal Constitucional Plurinacional, Declaración Constitucional Plurinacional 9/2013, 27 de junio del 2013, 11 y ss.

18 ALBÓ, X. y ROMERO, M, *Autonomías indígenas en la realidad boliviana y su nueva Constitución*, Vicepresidencia de la República, La Paz, 2009, cap. I.

19 ALBÓ, X., "Las flamantes autonomías indígenas en Bolivia", en GONZÁLEZ, M. et. al., *La autonomía a debate. Autogobierno indígena y estado plurinacional en*

En este marco arquitectónico complejo irrumpen una serie de dificultades que ayudan a entender la construcción de los procesos autonómicos indígenas en otros lugares de América Latina. Estas dificultades son:

- Los TIOC no se ajustan ni corresponden con la disposición político-administrativa del Estado boliviano, lo que, como punto de partida, implica una dificultad grande para ajustar el territorio indígena a los marcos administrativos del Estado. Muchos TIOC van más allá de los marcos municipales y departamentales, resultando enormemente extensos, lo que implica una dificultad para la constitución de una unidad territorial compacta y homogénea, orgánicamente indígena. El resultado es: TIOC sin continuidad territorial, enormemente atomizados y fragmentados[20].
- La superposición de derechos sobre recursos naturales entre los TIOC y el Estado. Los pueblos indígenas tienen derechos sobre tierras, bosques, y recursos mineros e hidrocarburos, aunque también el Estado los reclama para

---

América Latina, Flacso, Ecuador, 2010, pp. 355-390.

20 Tres de cada diez TIOC no tienen continuidad territorial, lo que constituye un fuerte impedimento para la constitución de las autonomías indígenas. El caso del TIOC Guaraní Isoso, en el Chaco, es discontinuo en 35 bloques. En tierras bajas, el 58% de los TIOC son discontinuos. Según la Fundación Tierra, aunque esto expresa la voluntad estatal por proteger territorios y comunidades indígenas, en medio de tierras de propiedad de terceros, elimina las posibilidades de que los TIOC se conviertan en unidades territoriales viables para la formación de autogobiernos indígenas. La discontinuidad es, por tanto, una forma de fractura y diseminación de la autonomía indígena. FUNDACIÓN TIERRA BOLIVIA, *Territorios Indígenas Originarios Campesinos en Bolivia, entre la Loma Santa y la Pachamama,* Fundación Tierra, La Paz, pp. 40 y ss. Resulta, sin embargo, peligrosamente paradójico que la LMAD establezca que la presencia de terceros no implique discontinuidad (Art. 47, VII), siendo ésta reconocida sólo en aquellos supuestos en los que las TCO han sido fraccionadas en dos o más bloques.

sí como competencias propias[21]. En este sentido, resulta paradójico que se defina como competencia exclusiva del Estado la política general sobre tierras y territorios, siendo este elemento la base, uno de los núcleos esenciales para la constitución de la autonomía indígena (art. 298-II-38, CPE).

- La superposición de derechos entre los TIOC y las áreas protegidas[22], estableciendo una suerte de confrontación paradójica entre la manera indígena de entender la sostenibilidad, el desarrollo y la protección del medio ambiente, y la manera estatal de articular esta protección. Nuevamente nos encontramos ante un choque de cosmovisiones, ante el gran reto de la interculturalidad: la confrontación de la razón de estado con la comprensión indígena de la vida.
- Superposición de TIOC y concesiones mineras. En el 2008, el 32% de las concesiones mineras se encontraban dentro de los territorios indígenas del altiplano y de los valles interandinos[23].

Son múltiples los retos y dificultades que el proceso de construcción de la autonomía indígena en Bolivia está implicando. Entre ellos, a modo de vector crítico para poder mejorar la

---

21 El 20% de las concesiones forestales, ascendente a 1.2 millones de hectáreas, están dentro de las áreas demandadas por los indígenas pero que, en general, han sido excluidos de sus derechos. *Ibidem*, p. 326.

22 Cerca de 3,2 millones de hectáreas de las 20.70 tituladas como TCO son a su vez ANP. Es el caso de los parques Eduardo Abaroa en Potosí, TIPNIS en Beni y Cochabamba, Madidi en La Paz y San Matías en Santa Cruz, y de la Reserva de Biosfera Pilón Lajas en La Paz y Beni. *Ibidem*.

23 CIDH, *Pueblos indígenas, comunidades afrodescendientes y recursos naturales: protección derechos humanos en el contexto de actividad de extracción, explotación y desarrollo*, CIDH, OEA, 2015, p. 35.

implementación de las autonomías indígenas, destacaremos las siguientes:

- Las Tierras Comunitarias de Origen (TCO) -en cuanto primer estrato normativo para el reconocimiento y asentamiento de la propiedad colectiva en Bolivia- no se construyeron con la intención estratégica de consolidar sistemas de justicia indígenas. Esta dificultad originaria, vital para nuestros intereses, se traslada y proyecta también –como problema- a la LMAD, así como al proceso actual de construcción de las autonomías indígenas.
- La falta de voluntad política por parte del Estado boliviano para el desarrollo e implementación de las autonomías indígenas. La autonomía indígena no es una prioridad para el actual gobierno boliviano, más bien, un conflicto estructural para el desarrollo productivo del país[24].
- Los complejos y burocráticos protocolos diseñados para el acceso a la autonomía indígena han desincentivado a los pueblos indígenas para la consolidación de sus derechos a través de esta vía. Un análisis funcional y estructural de la LMAD nos da medida del tedioso grado de tecnificación y sofisticación que soporta el espíritu de la Ley, ininteligible, en muchos aspectos, para los principales destinatarios de la autonomía indígena: los pueblos indígenas.
- La construcción de las autonomías indígenas implica una reconfiguración estructural del Derecho Público boliviano, de la articulación territorial del país y del ámbito competencial de los diferentes sujetos de autonomía que se reconocen. En este sentido, si la municipalidad (indígena) es una de las vías privilegiadas de acceso a la

---

24 *Ibidem*, 36 y ss.

autonomía, al encontrarnos con TIOC que transcienden y van más allá de la base municipal, ocupando varios municipios, las estrategias que se abren para la construcción de la autonomía son varias: o reforzar la municipalidad como base territorial de la autonomía; o priorizar los TIOC, como estructura nominal desde la que la LMAD permite la consolidación de territorios indígenas con el reconocimiento de sistema de justicia propios. Sin embargo, esta última alternativa plantea un problema al Estado en términos competenciales: si se disuelven los municipios, en cuanto soporte administrativo del Estado, ello tiene serias consecuencias desde el punto de vista estatal. Por un lado, la pérdida del caudal electoral existente en los municipios indígenas; por otro lado, la disolución del protagonismo que hasta ahora han tenido los partidos políticos –en cuantos medios privilegiados para la canalización de la participación política- en los municipios. Las dos vías a través de los cuales se hace presente la huella del Estado en territorialidad indígena -como es la base municipal y la presencia de partidos políticos- quedarían muy minimizados. Ello evidencia la dificultad para establecer un Derecho intercultural que permita una fluida coordinación entre jurisdicciones territoriales –estatal e indígena-, con la consecuente dificultad para la construcción de las autonomías. La complejidad intercultural se plantea de la siguiente manera: en qué medida las formas indígenas de organización interna, de articulación, de participación y de canalización de sus formas de gobierno y autonomía, chocan frontalmente con las maneras que tiene el Estado de entender estas cuestiones y gestionarlas.

- Otra importante dificultad sería el carácter asimétrico que comportan las jurisdicciones territoriales indígenas, lo que impide establecer protocolos simplificados de acceso a las autonomías, multiplicando exponencialmente la casuística y las problemáticas. Ello implica una multiplicación de las formas en que puede expresarse la autonomía, con su complejidad concreta y específica, impidiendo establecer procedimientos relativamente simétricos y homogéneos de acceso a la misma. El resultado de todo ello son demarcaciones indígenas muy desproporcionadas en territorio y geografía, desbordando los límites departamentales[25] y con composición de población muy variadas (unas más esencialmente indígenas, otras más mixtas y menos indígenas, lo que genera enormes conflictos a la hora de delimitar competencias jurisdiccionales).

- Una última dificultad sería de índole económico, esto es, el diseño de autonomías indígenas sin presupuestos

---

25 La LMAD establece: *"podrán constituir autonomías indígenas originarias campesinas dentro de los límites de cada uno de los departamentos, estableciendo mancomunidades entre sí, a fin de preservar su unidad de gestión"* (Art. 29, III). Por tanto, si la jurisdicción indígena trasciende los límites departamentales –esto es, desborda la demarcación territorial establecida por el Estado desde un punto de vista administrativo-, la solución legal es establecer AIOC dentro del ámbito y de los límites departamentales, para luego proceder a establecer mancomunidades indígenas, a fin de preservar la unidad de gestión. Pero el problema radical de fondo no es una cuestión de gestión (administrativa), sino de soberanía territorial, conscientes de que los ámbitos de jurisdicción territorial indígena difícilmente son trasladables a un mapa estatal. La gestión no puede subsumir un tema de soberanía territorial colectiva; la soberanía trasciende materialmente la gestión, siendo ésta un mero recurso, una herramienta para la canalización de la soberanía. Sin embargo, aquí se invierten los procesos y la gestión es utilizada como una vía de expropiación territorial, jurisdiccional y de soberanía indígena. Este era un problema ya avistado desde el principio: cómo traducir interculturalmente la territorialidad indígena al Territorio estatal y cómo amoldar a éste a los reclamos soberanos de aquella. Para una consideración en profundidad de todas estas cuestiones puede consultarse, FUNDACIÓN TIERRA BOLIVIA, *op. cit.*, pp. 321-333; TAMBURINI, L., *"Contexto constitucional y legal de las autonomías indígenas"*, en *Artículo Primero. Separata sobre autonomía indígena*, N° 20, Santa Cruz, 2013, pp. 10-31.

que las respalden e impulsen; así como la ausencia de reconocimientos competenciales, fundamentales para el afianzamiento y consolidación de la autonomía indígena, como la educación intercultural, o la capacidad de control, gestión y regulación territorial, base material de cualquier forma de autonomía indígena. A todo ello habría que añadir las dificultades procedimentales y procesales que el complejo sistema de construcción de las autonomías ha diseñado en Bolivia[26].

B. Ecuador

La regulación de los procesos de construcción autonómica en Ecuador queda recogida en la nueva Constitución del 2008, complementando dicho proceso el Código Orgánico de organización territorial, autonomía y descentralización, de 19 de octubre de 2010, que se encarga de desarrollar la parte más procedimental de esta dinámica.

El origen político de los procesos autonómicos en Ecuador hay que localizarlos en la acción proactiva del movimiento in-

---

26 La autonomía, tal y como es entendida en la LMAD, exige la elaboración de un Estatuto, en el caso de los Departamentos, y de una Carta Orgánica, en el supuesto de los municipios. Estos instrumentos normativos, como mediación necesaria a la autonomía, deben pasar por el control de constitucionalidad del Tribunal Constitucional Pluricultural (TPC). En el marco del proceso autonómico boliviano, más de 15 municipios han puesto en vigencia sus cartas orgánicas, mientras que dos departamentos (Tarija y Pando, Estatutos Departamentales), tres pueblos indígenas (Estatutos IOC) y la autonomía regional del Gran Chaco (Estatuto Regional) hicieron lo mismo con la aprobación de sus estatutos autonómicos jurisdiccionales. A ello hay que sumar que una cuantía muy amplia de municipios, con sus Cartas Orgánicas redactadas, esperan el referendo de los mismos; muchas Cartas Orgánicas municipales están sometidas a control de constitucionalidad parcial, y otras tantas han sido rechazadas, tanto por cuestiones formales como materiales.

dígena ecuatoriano, movilizado por influencia política de la Constitución colombiana de 1991. Ello llevó a introducir la categoría de Circunscripciones Territoriales Indígenas (CTI) como expresión que pudiese reflejar, expresar y contener las formas autónomas de gobierno territorial indígena, los regímenes especiales de gobierno, así como otras formas específicas de administración del territorio indígena. Otras jurisdicciones incluidas en dichos regímenes fueron las circunscripciones territoriales afroecuatorianas y montubias, así como la provincia de Galápagos. Sin embargo, las CTI, en cuanto expresión normativa-administrativa para la articulación de la autonomía indígena en Ecuador, no llegaron a fraguar ni a funcionar por múltiples factores. Algunos tienen que ver con la falta de compromiso estatal con este proceso. Así, puede hablarse de la ausencia de una sistemática legislación secundaria que creara los procedimientos y las mediaciones necesarias para la articulación de la autonomía indígena; de la ausencia de las competencias necesarias para la implementación real de un modelo autonómico; así como la carencia de financiación suficiente para llevar a buen término la construcción del proceso autonómico en el Ecuador.

Otros factores, sin embargo, son imputables al propio movimiento indígena. Así, el temor y el recelo que las propias organizaciones indígenas han mostrado sistemáticamente ante las CTI, tenía que ver con la posibilidad de perder el poder conquistado por ciertos pueblos indígenas, debido a su especial capacidad de negociación para la instauración de "autonomías de hecho", lo que refería a la fortaleza y la articulación interna de estos pueblos para negociar con el Estado; o a la recelosa actitud de cierto liderazgo indígena a la cooptación estatal, lo que podría traducirse en una incómoda dependencia normativa y financiera del Estado y de su estructura jurídica, orientada más a la recentralización estatal, que a una consideración plurinacional de las autonomías indígenas.

Las CTI fueron diseñadas normativamente, por primera vez, en la Constitución de 1998, y retomadas como posibilidad real en la Constitución de 2008. En el 2010 se promulgó el Código Orgánico de Organización Territorial, Autonomía y Descentralización (COOTAD) que aborda cuestiones más específicas y concretas sobre la construcción e implementación de las autonomías indígenas[27].

Sin embargo, son varios los elementos y circunstancias que determinan que este espectacular intento de construcción de las autonomías (indígenas), a partir de la carcasa administrativa de las CTI, no fraguara, o, antes bien fracasara[28]. Entre ellos están:

1. La debilidad del movimiento indígena ecuatoriano, seccionado por múltiples luchas y fracturas internas, así como por estrategias políticas mal diseñadas. Toda negociación autonómica seria requiere fortaleza interna, así como una buena estructuración orgánica del movimiento indígena (ecuatoriano)[29]. Aquí se produce una

---

27 Una mirada más profunda y dilatada de estos procesos puede verse en MARTÍNEZ DE BRINGAS, A., "Tierras, territorios y recursos naturales en el Ecuador. Un análisis del contexto y la legislación", en APARICIO, M. (ed.), *Los derechos de los pueblos indígenas a los recursos naturales y al territorio. Conflictos y desafíos en América Latina,* Icaria, Madrid, 2011, pp. 329-362.

28 ORTIZ, P., "Dilemas y desafíos de la autonomía territorial indígena en Latinoamérica", *op. cit.*; *Territorialidades, autonomía y conflictos. Los kichwa de Pastaza en la segunda mitad del siglo XX,* UPS, Quito, 2016, pp. 60-85; "Entre la cooptación y el simulacro: la lucha por el derecho de autodeterminación de las nacionalidades indígenas del centro sur amazónico del Ecuador", en GONZÁLEZ, M., et. al., *op. cit.*, pp. 455-508.

29 En palabras de Patricia Gualinga, lideresa del Pueblo Kichwa de Sarayaku, "las CTI no pueden funcionar si los pueblos indígenas se encuentran débiles y estima que ahora la mayoría de ellos están endebles. Si la CTI se construye solo en los papeles pero sin la participación de los pueblos, sin su aporte, será una propuesta frágil. Para que las cosas prosperen debe basarse en una

tensión interna, de difícil manejo y gestión, entre la dimensión táctica y estratégica, ambas necesarias para la construcción e implementación de las autonomías por parte del movimiento indígena. Lo estratégico es la imperiosa necesidad de caminar hacia procesos de construcción autonómica; lo táctico pasa por la valoración de criterios de oportunidad política, entre los que resulta clave la fortaleza del sujeto político indígena para movilizar y accionar un proceso que exige solidez y entereza.

2. La excesiva atomización del territorio indígena, escindido y fragmentado entre población indígena y no indígena, así como por múltiples intereses en conflicto sobre los territorios, lo que imposibilita la construcción de procesos con continuidad territorial y jurisdiccional netamente indígenas.

3. El tendente proceso de urbanización y abandono del territorio ancestral por parte de los pueblos indígenas produce la relocalización y reorganización en las formas de entender y ejercitar el territorio y la jurisdicción; en definitiva, de la propia autonomía indígena.

4. La existencia de una fuerte fractura -dentro del propio movimiento indígena ecuatoriano- para desarrollar estrategias que coadyuven a la construcción de las autonomías. Por un lado, irrumpe una concepción densa y férrea de la autonomía, orientada a profundizar en modelos de gestión territorial y jurisdiccional (sistema de justicia indígena), proponiendo estrategias que implican cambios radicales en la distribución del poder en el marco del Estado. La construcción de la autonomía indígena

estructura colectiva". CHIRIF, A., *Comparación de la normativa sobre los territorios indígenas y de su implementación. Bolivia, Colombia, Ecuador, Perú, Paraguay*, Programa Pro-indígena, Quito, 2015, p. 101.

exige redistribución del poder territorial y de la soberanía del Estado; ello supone una reconfiguración territorial, normativa y administrativa de la estructura del mismo. La plurinacionalidad es un insumo necesario para la implementación de todo el proceso autonómico indígena[30]. Por otro lado, aparecen procesos de construcción autonómica más tenues, orientados a la negociación y concertación del poder en el marco del Estado, poniendo énfasis en la descentralización competencial entre el Estado y las autonomías indígenas.

5. La existencia de un gran vacío legal en Ecuador que otorgue claridad para entender y allanar el camino hacia la implementación de las autonomías indígenas. Como consecuencia de todo ello –la desconfianza estructural y la falta de una legislación garantista al respecto- es necesario interrogarse sobre la viabilidad y factibilidad real de las CTI como instrumento normativo necesario para la construcción de la autonomía indígena. Cabe preguntarse problemáticamente: ¿quién tiene el poder para constituir, en última instancia, una CTI? ¿Es ello una cuestión que corresponde determinar a los poderes del Estado?, ¿O es algo que forma parte consustancial de las formas de organización política del movimiento indígena, elemento esencial en la negociación con el Estado?; ¿Qué medios para la explotación del territorio van a corresponder realmente a los pueblos indígenas, en cuanto habilitación normativa para ejercer el derecho a la autonomía?; El reconocimiento de las autonomías, con sus formas de gestión territorial, ¿implica, también, reconocimiento superpuesto de los sistemas de justicia

---

30 MARTÍNEZ DE BRINGAS, A., "Selva viviente. El corazón de la autonomía Kichwa en Sarayaku, *Revista d`estudis autonòmics i federals*, nº 34, 2021, pp. 85-111.

indígena?, ¿o esta es una competencia exclusiva del Estado de imposible transferencia y adjudicación a las autonomías?; ¿La autonomía indígena implica la disposición y gestión de los recursos naturales del subsuelo territorial, o es esta una competencia exclusiva del Estado que no es susceptible de ser compartida o cogestionada por las dos partes implicadas en la negociación? Todas estas cuestiones no han sido planteadas ni afrontadas en toda su radicalidad.

6. Otra problemática nuclear en todos los procesos de construcción autonómica en América Latina, y que se reitera como una transversal, con diferentes formatos, en los diferentes países que venimos analizando, es la existencia de territorios indígenas fragmentados por jurisdicciones estatales. En el caso de Ecuador, si tomamos como ejemplo la Sierra, nos encontramos con enormes dificultades para la implantación de CTI con base municipal, ya que los municipios en la Sierra tienen una composición netamente indígena, lo que ha permitido la construcción *de facto* de procesos de autogestión y autonomía, más allá de las posibilidades que podrían otorgar las CTI. Las CTI resultarían una imposición administrativa que se agrega a una manera indígena de habitar el territorio que ya funciona de manera autónoma. Se trata, en definitiva, de una imposición del procedimiento normativo sobre los procesos de autonomía ya en curso. La base municipal de la autonomía indígena en la Sierra está consolidada, siendo superflua la estructura de las CTI. Sin embargo, en la Costa, la situación es justo la contraria. Las CTI no podrían funcionar debido a la baja densidad de población indígena en esta geografía del país, lo que daría territorios enormemente fragmentados a nivel poblacional. Por último, en la Amazonía, existen territorios indí-

genas contiguos que, sin embargo, están fragmentados por múltiples jurisdicciones, estatales e indígenas.[31]

7. Finalmente, no existe una comprensión territorial global que permita una consideración sostenible y estructural de los procesos ambientales. Esa es otra de las grandes dificultades para la construcción de procesos autonómicos en el Ecuador.

C. Colombia

Colombia es el país que ha consolidado más tierras y territorios a los pueblos indígenas. Hablaríamos de más de un 35% del territorio nacional colombiano titulado. Varios son los factores que han influido favorablemente en el reconocimiento de derechos indígenas y que han impulsado los procesos normativos para la consolidación de la autonomía indígena: i) el carácter receptivo y generoso de esta cuestión en la Constitu-

31 En el caso de los Huaroani, estos se encuentran ubicados en tres provincias, ocho cantones y un número grande de parroquias. En el caso de los pueblos Shuar, Achuar y Kichwa la situación es diferente y las CTI podrían funcionar como una herramienta útil para avanzar en los procesos autonómicos. A los Shuar, desde hace años, lo que les interesaba era legalizar su territorio de manera contigua, ya que sus territorios habían sido titulados como comunas separadas. Ahora las cosas han cambiado y los Shuar pueden legalizar sus territorios e incluso ampliarlos. El tema de la autonomía, tal y como es planteada desde el Estado, no les interesa, ya que disponen de ella de facto; son fuertes como pueblos en su implantación y en la manera de expresar sus formas de lucha. La presencia del Estado en sus territorios es débil, con lo cual, la amenaza para estos pueblos es de menor intensidad. Sin embargo, estas condiciones no son así para otros pueblos. Lo que sí es una frecuente en todo Ecuador son los continuos cambios de perspectiva y de enfoque en la manera de afrontar las cuestiones autonómicas por parte de los diferentes pueblos indígenas. Ello forma parte de la dificultad a la hora de entender y afrontar la cuestión autonómica. CHIRIF, A., *Estudio Regional,* op. cit., pp. 104 y ss.

ción de 1991, y la incorporación a la misma, y a leyes secundarias que la desarrollan, de los derechos indígenas establecidos en el Convenio 169 de la OIT y en la Declaración de la ONU sobre los derechos de los pueblos indígenas; ii) el desarrollo de una jurisprudencia muy favorable para los pueblos indígenas por parte de la Corte Constitucional de Colombia; iii) la definición de los territorios indígenas como entidades territoriales indígenas (ETI)[32], funcionando con gobiernos indígenas autónomos y recibiendo fondos del Estado para su consolidación y conformación.

Sin embargo, la conformación de territorios indígenas como ETI no ha tenido desarrollo legal posterior. En los primeros años de entrada en vigor de la Constitución se planteó como un proyecto revolucionario importante: darle participación activa a los pueblos indígenas para que pudieran asumir el control y manejo de sus territorios. Esto no se ha cumplido por falta de compromisos explícitos del Estado, tanto a nivel de gobierno central como regional[33]. A día de hoy, los resguardos

---

32 La Constitución de Colombia establece: "Son entidades territoriales los departamentos, los distritos, los municipios y los territorios indígenas", señalando que ellas "gozan de autonomía para la gestión de sus intereses, dentro de los límites de la Constitución y la ley", atribuyéndoles una serie de derechos importantes para la consolidación de las autonomías, como son: gobierno propio; ejercicio de competencias; capacidad para administrar recursos y establecer los tributos necesarios, así como participar en las rentas nacionales para el desarrollo de las competencias suficientes para la consolidación de las ETI (artículos 286-287). Posteriormente establece que las Entidades Territoriales Indígenas se conformarán de acuerdo a lo dispuesto en la Ley Orgánica de Ordenamiento Territorial (Art. 329) y da pautas generales sobre los Consejos que deberán gobernar esas Entidades, los cuales estarán "conformados y reglamentados según los usos y costumbres de sus comunidades" (Arts. 329-330).

33 ROLDÁN, R., y SÁNCHEZ, BOTERO, E., *"La problemática de tierras y territorios indígenas en el desarrollo rural"*, en OXFAM, *Reflexiones sobre la ruralidad y el territorio en Colombia. Problemáticas y retos actuales*, Oxfam, Bogotá, 2013, pp.

indígenas ocupan más de 400 municipios y, de crearse las ETI, esas áreas serían segregadas de los municipios, lo que implicaría que estos perderían su capacidad impositiva y, por tanto, su capacidad de gestión económica. Además, no se ha pensado qué pasaría con territorios indígenas que están en más de un departamento, esto es, aquellos que tengan una implantación territorial y jurisdiccional que desborda el marco y la estructura administrativa del Estado[34]. Las ETI proyectan a los pueblos indígenas en Colombia una problemática similar a la analizada en Bolivia y Ecuador: el miedo que su reconocimiento pueda conllevar una pérdida de la autonomía de facto que han conseguido y de la que disfrutan algunos pueblos indígenas[35].

189-273; HOUGHTON, J. C., "Desterritorialización y pueblos indígenas", en CECOCIN-OIA, *La tierra contra la muerte. Conflictos territoriales de los pueblos indígenas en Colombia*, CECOIN-OIA, Bogotá, 2008, pp. 15-55.

34 El territorio del Resguardo Predio Putumayo contiene más de seis millones de hectáreas, espacio que desborda el territorio de muchos departamentos del Estado. ¿Cómo proceder en supuestos como estos? De nuevo nos encontramos ante una problemática común, transversal a muchos países en América Latina en su manera de gestionar la autonomía indígena. Esto es, cómo adaptar el territorio indígena al territorio estatal, y éste al territorio indígena.

35 La territorialidad indígena, anclada eminentemente en base municipal, corre el peligro de diluirse, de perder contenido y competencias, si transita hacia la conformación de ETI. Las problemáticas que asisten a los pueblos indígenas con relación a esta cuestión –problemática que es estructural a toda comprensión de la autonomía indígena- son: si las ETI tuvieran una implantación trans-muncicipal, ¿cómo se gestionaría la autonomía en estos supuestos?; ¿Todas las ETI se configurarán normativamente a partir de un patrón común, lo que implica un sistema de competencias homogéneos para todas ellas?, ¿O asistiremos a una construcción asimétrica e irregular, en contenido y funciones, de las diferentes ETI?; ¿Qué pasaría con aquellas ETI que transcienden el ámbito territorial de más de un resguardo?; ¿O de aquellas que se constituyen sobre la base de resguardos todavía no titulados? Todas estas cuestiones flotan como dudas fantasmales que no hacen más que alimentar el escepticismo de las organizaciones indígenas ante la viabilidad

Pese a ello, Colombia ha consolidado el Resguardo[36] como categoría normativa para el reconocimiento de la propiedad colectiva indígena no enajenable (art. 329 de la Constitución Política de Colombia, CPC), cualificada, desde este marco de protección, como inalienable, imprescriptible e inembargable (art. 63 CPC).

En Colombia, la Consulta[37] –en cuanto factor coadyuvante a la consolidación de las autonomías indígenas-, no ha desarrollado una legislación propia, ni dispone de un mecanismo específico para su implementación; pero se ha venido configurado como una acción constitucional de tutela, recogido así en la CPC. La Corte de Constitucionalidad ha venido jugando un papel importante en la innovación y creación de instrumentos normativos de protección para los pueblos indígenas, a partir de las exigencias que la Consulta establece y propone, tanto en el Convenio 169, en la Declaración, o en los pronunciamientos del ex Relator Especial sobre los derechos de los pueblos

---

y efectividad de las ETI, como modo de construir y gestionar la autonomía indígena.

36 El resguardo es una figura legal reconocida por la ley 89 de 1890, donde se establecían las condiciones necesarias para la protección de los salvajes hasta que pudieran civilizarse. El Estado pondría en manos de la Iglesia Católica esta misión civilizatoria. En este sentido, la gran movilización indígena de los años 80, abanderada por el Consejo Regional Indígena del Cauca (CRIC) se orientó a la recuperación de los resguardos en cuanto categorías normativas que ayudarían a la construcción y consolidación de la autonomía indígena, lo que implicaba competencias en materia de educación indígena, salud, igualdad, entre otras. CHIRIF, A. y GARCÍA, P., *Marcando territorio. Progresos y limitaciones de la titulación de territorio indígenas en la Amazonía,* IWGIA, Copenhague, 2007, p. 71 y ss.

37 MARTÍNEZ DE BRINGAS, A., "El derecho a la consulta en la Declaración de las Naciones Unidas sobre los derechos de los pueblos indígenas. Naturaleza, elementos y procedimiento para su aplicación en el marco del Estado", *Revista Vasca de Administración Pública,* nº 93, 2012, pp.127-150.

indígenas[38]. La Corte ha recreado un contenido material concreto para poder entender el derecho a la consulta como un derecho-instrumento para la protección de los territorios, la jurisdicción y los modos de autonomía indígena[39]. Todo ello hay que considerarlo junto con la matización garantista que establece el artículo 330 de la CPC, que reconoce el derecho de las comunidades y pueblos indígenas a participar en la toma de decisiones relacionadas con la autorización de la exploración y explotación de los recursos del subsuelo, con el fin de evitar la vulneración de su integridad cultural, social y económica.

---

38 ANAYA, J., Doc. A/HRC/12/34, 15 July 2009, para. 41; *Report of the Special Rapporteur on the situation of human rights and fundamental freedoms of indigenous people*; Report of the former Special Rapporteur on the rights of indigenous peoples; *Report of the former Special Rapporteur on the rights of indigenous peoples*; *The situation of the indigenous peoples affected by the El Diquís hydroelectric project in Costa Rica.*

39 La CORTE CONSTITUCIONAL DE COLOMBIA (CCC) ha desarrollado una jurisprudencia singularmente rica y progresista sobre el derecho a la consulta de los pueblos indígenas. Destaca el desarrollo jurisprudencial del derecho al consentimiento previo, libre e informado, y su compatibilidad con lo señalado por la CORTE IDH, Caso del *Pueblo Saramaka Vs. Surinam*, op. cit.; Sentencia T-769 de 2009, Sentencia T-129 de 2011 y Sentencia T-376 de 2012. La CCC ha señalado que "si bien el deber general del Estado en materia de consulta previa consiste en asegurar una participación activa y efectiva de las comunidades con el objeto de obtener su consentimiento, cuando la medida representa una afectación intensa del derecho al territorio colectivo, es obligatoria la obtención del consentimiento de la comunidad previa la implantación de la medida, política, plan o proyecto", Cf. Sentencia T-376 de 2012, párr. 25. En un sentido parecido, la CCC ha declarado la violación del derecho a la Consulta porque los planes o proyectos no han sido previamente consultados con los pueblos indígenas. El caso del proyecto Mandé Norte en los departamentos de Antioquia y Chocó, Sentencia T-769 de 2009; el Proyecto de Puerto Multipropósito de Brisa de la Sierra Nevada, Sentencia T-547 de 2010; el proyecto para la construcción y mejoramiento de la vía transversal de Barú de Consorcio Vial Barú, Sentencia T-745 de 2010; la construcción de la carretera Unguía-Acandí o Titumate-Balboa-San Miguel-Acandí, Sentencia T-129 de 2011, entre otras.

La Corte Constitucional ha establecido que la consulta previa es un derecho fundamental que garantiza la integridad cultural y la subsistencia de las comunidades étnicas[40]. También ha establecido una serie de principios desde los que articular y guiar cualquier forma de consulta para poder garantizar su efectiva materialización y protección. Cualquier Gobierno está obligado, por tanto, a realizar procesos de consulta previa, careciendo de esta competencia las empresas, que en ningún momento podrán liderar o articular la misma. De aquí se infiere que ninguna reunión que mantengan las empresas con las comunidades podrá considerarse como un proceso legítimo de consulta. Para la Corte, todo proceso de consulta exige una preconsulta que permita definir los términos, el procedimiento, así como el ámbito territorial de su aplicación, teniendo en cuenta las particularidades culturales y cosmovisionales de las comunidades consultadas[41]. Las únicas partes autorizadas para concertar decisiones en el proceso de consulta son las autoridades representativas de las comunidades, cuya legitimidad se puede acordar y consensuar en los procesos de preconsulta, pero no por cualquier miembro del grupo o la comunidad[42]. Además, debe proveerse a las comunidades de información precisa, plena, concreta y verídica sobre las consecuencias de las exploraciones e impactos que las empresas produzcan sobre el territorio[43]. La consulta debe tener una teleología clara: la de proteger los derechos fundamentales de las comunidades consultadas[44]. En los casos en los que no pueda llegarse a un acuerdo entre las diferentes partes enfrentadas, serán las autoridades gubernamentales quienes deberán tomar una deci-

---

40 Sentencia SU-039, 1997.

41 Sentencia SU-383, 2003; Sentencia C-175, 2009.

42 Sentencia T-737,2005.

43 Sentencia C-030, 2008.

44 Sentencia, C-175, 2009.

sión final, razonada, objetiva y proporcionada a los intereses y conflictos de la zona. Además, si la decisión pudiese afectar, en alguna medida, a la producción, reproducción y desarrollo de la vida de las comunidades y pueblos indígenas, será necesario obtener el consentimiento previo, libre e informado de las comunidades y pueblos[45].

Sin embargo, pese a estos esfuerzos, aún no se ha regulado el derecho a la consulta indígena a través de una Ley Estatutaria, instrumento normativo necesario para darle forma. Las demoras en su negociación se dilatan en el tiempo, careciendo, por tanto, todavía, de un dispositivo normativo que regule íntegramente el derecho a la Consulta previa. Recientemente, la Corte Constitucional ha expresado la necesidad de obtener el consentimiento de la comunidad consultada si las disposiciones normativas pudieran implicar la extinción física y cultural de la comunidad; o implicase el uso de materiales peligrosos en sus territorios[46].

Sin embargo, como también ha venido informando la Corte Interamericana, existe, en Colombia una estrecha conexión entre los intereses extractivos y los desplazamientos de los pueblos indígenas fuera de sus territorios. De hecho, el desplazamiento es promovido como una estrategia de despojo territorial y desarraigo comunitario para garantizar el acceso a las tierras, a los megaproyectos[47], descomponiendo, con ello, todo proceso de construcción de la autonomía indígena.

---

[45] Sentencias T-769,2009; T-129; T-601, 2011 y T-693, 2011.

[46] Sentencia SU-217 del 2017.

[47] CIDH, *op. cit.*, p. 170.

D. Perú

Perú, es, posiblemente, del marco comparativo que aquí proponemos, el país más regresivo en cuanto a instauración y reconocimiento de procesos de autonomía indígena. Con relación al reconocimiento y protección del sujeto jurídico-político de las autonomías indígenas, se reconoce el concepto de comunidad nativa y comunidad campesina, expurgando de su contenido normativo el estatus de "pueblo indígena". El propio Comité de Expertos de la OIT llamó la atención sobre la necesidad de un reconocimiento formal y jurídico de "pueblos indígenas", concepto normativo que transciende la idea de mera comunidad.

Siendo esto así, el espacio de gobierno y control territorial indígena es más bien un espacio atomizado, segregado en islas, ofertándose la territorialidad indígena como un espacio discontinuo, fragmentado y desconectado que no permite establecer un vínculo estructural entre el territorio y los pueblos indígenas. De ahí la utilización meditada del concepto de comunidad por parte del Estado, orientado a fracturar y segmentar una consideración sólida, colectiva y continua de territorio como proponen los pueblos indígenas.

En Perú fue una ley de 1974 la primera en reconocer derechos de propiedad a los pueblos indígenas en la Amazonía, llamados oficialmente comunidades nativas. Esta ley se modificaría más tarde por otra aún vigente, Ley de Comunidades Nativas, aunque ésta se encuentra parcialmente recortada a partir de las políticas neoliberales implementadas por Fujimori. En esta Ley se reconoce la integridad de la propiedad territorial de las "comunidades nativas", que tienen un carácter inalienable, imprescriptible e inembargable. Sin embargo, estas garantías se han ido diluyendo, permaneciendo tan sólo el carácter de imprescriptibilidad de los territorios en la Constitución del 1993. Todos estos derechos colectivos han sido atacados desde el despliegue de una legislación anti indígena desarrollada, a partir de 1995, por Fujimori. Eran leyes que limitaban y amenazaban la integridad y seguridad de los territorios indígenas, proponiendo la total supresión de un concepto de titularidad territorial colectiva propuesto por las comunidades indígenas[48].

El derecho social agrario peruano ha procedido a una fragmentación de la propiedad colectiva indígena al diferenciar entre tierras agropecuarias, sobre las que sí cabe la propiedad y la titulación; y tierras forestales, sobre las que sólo cabe el uso[49]. Aunque la Ley reconoce que tanto unas como otras son parte de los territorios comunales, y, por tanto, sólo estas comunidades (nativas) podrán determinar su uso, en la práctica, todo ello se presta a interpretaciones arbitrarias y abusivas por parte de los miembros del Estado y otros operadores jurídicos.

Desde el año 2000, con la promulgación de la nueva Ley Forestal y de Fauna Silvestre, se han dejado de otorgar contratos de cesión de uso sobre territorios comunales clasificados como forestales. Ello se fundamenta en una práctica política desarrollada en el Perú, cada vez más limitativa de los derechos de los pueblos indígenas, y orientada a la promoción e incentivación de la actividad privada en territorialidad indígena. Ilegalidad, junto con promoción estatal de la misma, son las dos variables necesarias para poder entender el recorte sistemático en las formas de posesión y gestión de la territorialidad indígena en Perú, y por extensión, de las formas de autonomía. Además de la exclusión de territorios de cualidad forestal del ámbito de la territorialidad indígena, se ha venido produciendo la exclusión de los pueblos indígenas sobre la propiedad de los re-

---

48 GARCÍA, P., García, *Territorio, autogestión territorial y derechos de los pueblos indígenas en la Región Andina*, Cooperación Alemana, Ecuador, 2016.

49 GARCÍA, P., *Territorios indígenas y la nueva legislación agraria en el Perú*, IWGIA, Lima, 2015; DEFENSORÍA DEL PUEBLO DEL PERÚ, *Análisis de la normatividad sobre la existencia legal y personalidad jurídica de las comunidades nativas*, Defensoría del Pueblo, Lima, 1998.

cursos del subsuelo. Esta es una cuestión fundamental para la consolidación y sostenibilidad de los procesos de autonomía; o para su descomposición. Actualmente, más del 75% de la región amazónica peruana está dividida en lotes, con situaciones y regímenes diferenciados –unos en procesos de negociación; otros en prospección y explotación[50]. Sólo han escapado a esta dramática situación áreas naturales de protección estricta –como parques y santuarios nacionales-, aunque con intentos de explotación por parte del capital privado[51].

La tendencia en Perú ha sido el no reconocimiento de los derechos de propiedad-posesión sobre territorialidad indígena, junto con un incremento, en paralelo, de la inversión privada sobre los territorios. Se viene desarrollando una estrategia legislativa que, con carácter estructural, apunta a fraccionar, dividir y atomizar la propiedad comunal, a partir de la modificación de su estructura organizativa, esto es, afectando, medularmente a las formas de autonomía y gestión indígena. Diluir los vínculos ancestrales, la dimensión colectiva del territorio indígena, para convertirlo en espacios territoriales de personas y empresas, un espacio fracturado, donde lo comunitario –y sus modos ancestrales de cosmovisión en la comprensión de los usos y gestión del territorio- da paso a una interpretación individualizante de la tierra, por asociación de personas e intereses productivos y empresariales. Los Decretos de Gobierno de la época de Alán García vienen a apuntalar todo este proceso, descomponiendo los reconocimientos territoriales de los derechos indígenas que se habían venido produciendo por mediación del Derecho Internacional de los derechos humanos. La legislación estatal institucionaliza una dinámica que tiene que ver con la utilización regresiva de los procesos de

---

50 CHIRIF, A., y GARCÍA, P., *Marcando territorio,* op. cit., pp. 75 y ss.

51 CHIRIF, A., *Estudio Regional,* op. cit, p. 124.

Consulta, recortando drásticamente los intereses de los derechos indígenas.

Finalmente, la Ley de consulta previa, aprobada en agosto de 2011, constituye el paroxismo de este proceso de retroceso y limitación de los derechos indígenas, al introducir una serie de medidas que implican una auténtica inversión respecto a cómo estaba regulada la consulta en el Convenio 169 de la OIT. Mientras las organizaciones indígenas plantearon que la consulta debería ser previa a la celebración de contratos que otorguen derechos para explotar recursos naturales -al igual que los estudios de impacto ambiental deberían ser sometidos a procesos de consulta antes de su aprobación-; el Estado impuso en la Ley que la consulta debería realizarse después de la firma de los contratos de exploración y explotación. La Ley excluye la Consulta en la construcción de grandes infraestructuras (salud, educación, servicios públicos, etc.), que, en coordinación con los pueblos indígenas, estén orientadas al beneficio de los mismos, bajo la ingenua afirmación de que estos proyectos no producen impactos sobre los pueblos. Tampoco requiere el consentimiento en aquellos proyectos de inversión, que, afectando al desarrollo de los pueblos, impliquen un gran impacto sobre sus formas de vida. La Consulta, que funcionaba como una estructura garantista en favor de los pueblos indígenas, se convirtió, por arte de la negociación estatal, en un mecanismo para la instrumentalización de los derechos indígenas[52]. El estado condicionó quién podría ser sujeto del derecho a la Consulta, dejando fuera de esta condición a las comunidades campesinas; excluyendo situaciones de desposesión territorial, análogas a la situación de los pueblos indígenas, de este mecanismo de protección; y proyectando el conflicto sobre la titu-

---

52 SAMON, E., *La consulta previa, libre e informada en el Perú: hacia la inclusión del interés indígena en el mundo de los derechos humanos*, Fundación Konrad Adenauer, IDEHPUCP, 2012, pp. 121 y s.

laridad del derecho a la Consulta, a los pueblos indígenas, invirtiendo lo que era en principio un derecho, en un privilegio conflictivo.

Finalmente, es importante destacar que el reconocimiento de Parques Naturales en Perú se había utilizado como elemento estratégico fundamental para la protección de los derechos indígenas. En el caso del Parque Nacional Ichigkat Muja, en la Cordillera del Cóndor, su creación fue objeto de consulta a la población Awajun, a través de sus organizaciones representativas. Sin embargo, una vez que las partes llegaron a un acuerdo, el gobierno procedió arbitrariamente a recortar el Parque Nacional, que constituía, para los Awajun, la garantía de que en ese espacio territorial no se realizarían actividades extractivas, entregando, la parte recortada, a empresas mineras.

CONCLUSIONES

Este capítulo ha tratado de mar medida de las dificultades que los procesos de construcción de la autonomía indígena implican para la consolidación de un Derecho intercultural entre el Estado y los pueblos indígenas en América Latina. Como se anticipó, el texto exponía una orientación dialéctica-conflictiva y eminentemente política, para poder dar medida de las complejidades, que, de manera genérica y sistemática, afectan a muchos procesos de autonomía indígena. Procederemos ahora a sintetizar algunas de esas dificultades, junto con las dimensiones positivas encontradas, para poder articular, en el futuro, una estrategia política real para la construcción de las autonomías.

1. De los países analizados, ninguno de ellos ha culminado, en cuanto proceso articulado en el marco del Estado, la declaración formal (mucho menos material) para la construcción de las Autonomías Indígenas Originarias Campesinas (Bolivia); de las Entidades Territoriales Indí-

genas (Colombia); de las Circunscripciones Territoriales Indígenas (Ecuador). Ha habido avances significativos que han implicado transformaciones importantes en la organización territorial de los Estados. Sin embargo, ello no es suficiente. Es paradigmático, además, que pese al gran giro normativo operado en Bolivia y en Ecuador, el proceso, en estos países, está absolutamente estancado. En Colombia, en cambio, el Estado, en coordinación con las organizaciones indígenas, ha dado pasos en los procesos de descentralización autonómica indígena, transfiriendo fondos y competencias a los Resguardos para poder avanzar en este aspecto.

2. En algunos Estados (Ecuador y Colombia), y de la mano de algunos pueblos, las organizaciones indígenas no comprenden la autonomía como un simple traspaso de funciones y fondos del Estado; esto es, como una mera descentralización que no conlleve serias trasformaciones en la manera de organizar y estructurar el Estado, así como de entender las relaciones entre el Estado y los pueblos indígenas. Las autonomías indígenas tienen que ver con un salto cualitativo en las maneras de comprender el Estado de Derecho y las relaciones de poder. La simple transformación administrativa, con ribetes de descentralización, está muy lejos del proceso autonómico diseñado por algunas organizaciones indígenas. Ello genera fractura intra-pueblos al implicar una forma muy polarizada y poco unificada de entender los procesos autonómicos –desde el punto de vista ideológico y funcional-, lo que deja un marco de negociación general para el consenso muy bajo con el Estado, siendo, más bien, las opciones de pueblos concretos, dentro de cada Estado, lo que está permitiendo constituir procesos autonómicos, muchas veces sin permiso, y sin el aval de la dimensión normativa; así como sin diálogos interjurisdiccionales e interculturales con el Estado.

3. La atomización y fragmentación de los territorios indígenas ha sido una estrategia instituida para descomponer y fracturar la dimensión colectiva indígena en su manera de habitar y apropiar el territorio, así como para diluir, paulatinamente, otros elementos nucleares de la autonomía, que tenían su condición de posibilidad y su fundamento último en la territorialidad indígena. A ello hay que añadir el alto grado de urbanización indígena que se viene produciendo en estos países, diluyendo las maneras clásicas de entender los derechos indígenas, fundamentalmente la territorialidad, la autonomía y la jurisdicción; deslocalizando las formas indígenas de entender la política (modos de organización y participación); recolocando el énfasis, en el proceso de construcción de las autonomías, en las entidades administrativas del Estado (la municipal), y en las formas estatales de participación y organización (sistema electoral estatal). Todo ello fragiliza las condiciones necesarias para la construcción de autonomías indígenas a partir de una manera no indígena de entender la política y sus procesos.

4. La creación de circunscripciones indígenas, con base municipal, viene generando fuertes tensiones y conflictos (Bolivia, Ecuador), ya que el proceso indígena de construcción autonómica supone una redimensión de la organización territorial del Estado, lo que implica que la jurisdicción indígena, y sus formas de demarcación y asiento, superan y transcienden las maneras estatales de entender el territorio, la jurisdicción y el ámbito local de gobierno municipal. Ello genera una lógica diferente en la manera de entender el poder, los procesos electorales y las maneras de organización y representación en el marco del Estado.

5. Se puede constatar un fuerte retroceso en las dinámicas de construcción autonómica y de fortalecimiento del poder indígena en algunos países (Bolivia, Ecuador), a par-

tir de un proceso complejo de tecnificación y burocratización en la manera de entender el proceso autonómico. A ello se suma una seria limitación en el reconocimiento de los derechos indígenas que se había venido produciendo por la influencia del Derecho Internacional de los Derechos Humanos, como la ratificación del Convenio 169 de la OIT y la aprobación de la Declaración de Naciones Unidas sobre los derechos de los pueblos indígenas.

6. Se han venido desarrollando formas y modos para construir la autonomía indígena sin reconocimiento estatal, como una interesante salida a las vías estancadas y paralizadas de implementación de la autonomía en América Latina. Proyectos como los de Raquypampa en Bolivia han constituido un impulso interesante para ejercer la autonomía, saliendo del bloqueo oficial y el entrampamiento en el que ha caído el Estado boliviano. Ello no significa abandonar la vía legal para la construcción autonómica; sino buscar alternativas ante un proceso generalizado de estancamiento. De manera análoga podría hablarse, en Perú, del proyecto de Datém Marañón, expresión de la necesidad de buscar una vía autonómica alternativa a la falta de propuestas y a la falta de disposición del Estado para construirlas. Este proyecto pretendía crear unas condiciones de gobierno territorial indígena que sintetice una constelación rica de pueblos, entendiendo el proceso autonómico como una dinámica en construcción que reclama múltiples consensos intra-indígenas, con independencia del reconocimiento estatal.

7. La calidad y cualidad normativa, en el reconocimiento de las autonomías indígenas, es muy diferente en los distintos países objeto de comparación. Colombia ha desarrollado una normativa propicia para el reconocimiento indígena en materia autonómica; a lo que habría que añadir todo el trabajo de construcción y facilitación desarrollado por muchos operadores jurídicos, entre los que

estaría la Corte de Constitucionalidad y la Corte Interamericana. Bolivia y Ecuador mantienen una situación paradigmática: siendo los dos países cuyas regulaciones constitucionales son las más avanzadas en materia de reconocimiento de derechos indígenas, y cuya legislación secundaria y de desarrollo permitía creer, en un principio, un renovado y cualitativo avance en el reconocimiento de las autonomías, la práctica y voluntad política, años después, ha configurado una situación fuertemente polarizada y conflictiva: fuertes y sólidos reconocimientos normativos, en sede constitucional, junto con una ausencia de desarrollo de legislación primaria y secundaria que permita implementar esos reconocimientos constitucionales. En Perú, por contraposición, el atropello y apabullamiento de los derechos indígenas, desde sede legislativa, ha sido una práctica sistemática y continuada. Las autonomías indígenas son unas de las dimensiones sacrificadas en estos países.

8. Finalmente, con relación a los Parques Naturales, estos se han utilizado como estrategia de protección o desprotección, según los países. La normativa de Parques naturales ha sido interpretada de manera flexible, selectiva y táctica según procesos y momentos. Colombia y Perú han desarrollado una praxis de respeto a la intangibilidad de los Parques Naturales y de protección territorial, con la excepción comentada de los Awajun en Perú, y la tendencia a delimitar y constituir estos espacios de intangibilidad con población no indígena. En Bolivia (Isiboro Sécure) y Ecuador (Yasuní) la debilidad de los Parques como estrategia para la protección de la territorialidad indígena ha sido clamorosa y creciente. Todo ello reclama repensar la descolonización frente a las nuevas formas de pensar la protección medioambiental, soportada sobre la estrategia de construcción de Parques naturales que afectan a territorios indígenas, imponiendo prácticas y maneras

de recuperación ambiental que desplazan y pisotean la manera indígena de pensar la sostenibilidad.

9. Finalmente, ha sido común a los cuatro países analizados la inexistencia de una comprensión territorial que incluyera la totalidad cosmovisional del espacio-territorio reclamado por los pueblos indígenas. No se ha producido una reflexión global sobre estas cuestiones; más bien se procedido, por vía legislativa y administrativa, a descomponer la comprensión cosmovisional y colectiva de los pueblos indígenas en relación con el territorio, para proceder a una consideración desterritorializada, fragmentada e individualizante de la autonomía. La lógica de comprensiones territoriales sustentadas por títulos individuales; o en dinámicas territoriales en las que confluyen la articulación de múltiples regímenes de propiedad (comuneros, páramos fiscales, propiedades agrícolas privadas, etc.), ha hecho imposible caminar hacia una comprensión holística y compleja de las autonomías indígenas.

CAPÍTULO VII.

PUEBLOS INDÍGENAS EN AISLAMIENTO VOLUNTARIO. UNA IDENTIDAD EMERGENTE ENTRE LA MEMORIA PISOTEADA Y LOS DERECHOS PERDIDOS

"Los superfluos no son tan solo un cuerpo extraño, sino un brote canceroso que corroe los tejidos sanos de la sociedad y enemigos declarados de nuestra forma de vida y de aquello que defendemos.
Zigmunt Bauman

"En el fondo, los colonos y pioneros han tenido la justicia de su lado: este gran continente no podía seguir siendo un mero coto de caza para salvajes mugrientos"
Theodore Roosevelt

INTRODUCCIÓN

Los pueblos indígenas constituyen una de las reivindicaciones de derechos más lastrada y pisoteada por el marchamo de la historia colonial y sus epígonos. La larga noche del colonialismo ha caído sobre las cenitales reivindicaciones indígenas con toda su furia y potencia. El colonialismo, en cuanto imposición de un estilo de vida concreto, pautado por las deformadas tendencias del eurocentrismo[1], ha devorado los hábitos y formas de vida de otros pueblos y comunidades. El paradigma

1 CASTRO-GÓMEZ, S., *El tonto y los canallas: Notas para un republicanismo transmoderno*, Universidad Javeriana, Bogotá, 2019.

de ese genocidio expropiante de vidas, territorios y recursos naturales, como condiciones indispensables para la producción, reproducción y desarrollo de la identidad indígena, lo han sufrido los pueblos indígenas sobre su corporalidad.

Este relato de expropiaciones –que tiene los contornos que dibuja y expresa la historia colonial- ha venido caracterizado por la desposesión de la dignidad corporal del sujeto indígena (cuya expresión más clara han sido los regímenes de esclavitud y semi esclavitud sufridos por los pueblos indígenas), así como de los territorios y recursos naturales que ocupan y habitan. Estos últimos elementos han situado a los pueblos indígenas en una situación de gran vulnerabilidad y fragilidad. Su especial sensibilidad en la protección y sostenibilidad de los territorios los ha llevado a confrontar las agencias depredadoras del neoliberalismo que anhelaban sus territorios como nuevas posibilidades extractivas.

Los pueblos indígenas son un factor limitante para los procesos de desarrollo neoliberal en la medida que los santuarios naturales que ocupan, grávidos de recursos y posibilidades, son anhelados por la razón económica del mercado. El mercado entiende los recursos naturales, la territorialidad indígena, como recursos productivos, explotables, rentables. Escapa a su mirada la dimensión fundamental que esta territorialidad tiene para la conservación y la reproducción de la Vida.

Son, por tanto, las condiciones de vida de los pueblos indígenas el fundamento motivante de este capítulo. Para ello, vamos a poner especial énfasis en la condición y situación de los pueblos indígenas en situación de contacto inicial, de aislamiento voluntario o de no-contacto con el resto de la sociedad civil. Esta variedad de posicionamientos y ubicaciones las denominaremos genéricamente como pueblos indígenas en aislamiento voluntario. El objetivo será enfocar la mirada sobre el estatuto cosmovisional de estos pueblos que, ante la presión extractiva que afecta a sus territorios, deciden aislarse como estrategia para proteger sus derechos.

La situación de aislamiento voluntario es una manera de ejercer los derechos de propiedad comunal y territorial por parte de estos pueblos. El derecho al reconocimiento legal de sus formas propias de control sobre territorios y recursos naturales se expresa como derecho a permanecer aislados, no-contactados, expresión definitoria de su identidad. El fundamento de este derecho viene dado por la necesidad de desvincularse y desligarse de la convivencia e interacción con otras culturas humanas como mediación necesaria para poder vivir. Quieren seguir siendo eco-dependientes, pero no interdependientes con otras sociedades humanas. Ello es condición para su supervivencia como pueblos y culturas. El aislamiento, no es una condición adjetiva, superflua; sino sustantiva, y, en cuanto tal, define y concreta el derecho a permanecer aislados. Esta condición existencial, este estatuto cosmovisional y habitacional en la manera de apropiarse del territorio y los recursos, constituye una especificidad que pauta y regula la manera de encarnar los derechos de los pueblos indígenas en situación de aislamiento voluntario.

Si hoy asistimos a la proclamación de derechos emergentes como consecuencia de la irrupción de nuevas necesidades, nuevas vulnerabilidades que dan forma y estructuran el discurso de los derechos, será importante tener en cuenta la situación de vulnerabilidad que salpica, penetra y corrompe otras lógicas cosmovisionales, como la de los pueblos indígenas en aislamiento voluntario. El aislamiento, como se ha dicho, es condición de posibilidad para ejercer una interpretación intercultural de los derechos humanos en contextos indígenas. Los criterios interpretativos fundamentales para poder entender interculturalmente la realidad de estos pueblos, es, precisamente, su condición de aislamiento (voluntario). Se aíslan, se desvinculan para poder vivir la vida, para disponer de derechos.

Una interpretación material (que no materialista) de los derechos humanos para los pueblos indígenas en situación de aislamiento, deberá apoyarse, necesariamente, en esta condición vital, ya que el aislamiento configura su cosmovisión, lo que permite concretar y delimitar la textura que los derechos colectivos indígenas adquieren en esta nueva situación existenciaria.

Obviar las especificidades vitales, cosmovisionales e identitarias con las que los diferentes pueblos indígenas se asoman al mundo de la vida en la globalización, supone incurrir en nuevas formas y prácticas de colonialismo. Argumentar que los pueblos indígenas en aislamiento voluntario no son sujetos de derechos -como se ha venido haciendo- por el carácter montaraz y bárbaro que estos pueblos exhiben al desvincularse de políticas estatales orientadas a su integración, a facilitarles derechos, a promocionar la convivencia, constituye un sofisma que no tiene en cuenta las dinámicas de coactiva asimilación y las políticas de exterminio y desposesión a las que han sido sometidos. Con ello, asistimos al retorno de un enhiesto universalismo, opaco a las diferencias y clausurado para las identidades más necesitadas y vulnerables de nuestra globalización, como es la de los pueblos indígenas en aislamiento voluntario.

El capítulo lo estructuraremos en tres tiempos, tres estratos que se van superponiendo y resultan interdependientes.

Un primer estrato, en el que trataremos de explorar la historia de la indignidad indígena; es decir, explicar, en breves trazos, cómo se ha ido construyendo el relato de la exclusión indígena y cómo esta condición, una vez consolidada, resulta poco porosa para la inclusión de estos pueblos en una historia propia con derechos colectivos diferenciados. Lo sempiternamente excluido de la historia, de los modelos de desarrollo creados y construidos según los antojos de una Modernidad occidental, difícilmente podrá encontrar su espacio y sus modos de participación en unas consideraciones de vida proyectadas desde una manera colonial de entender la universalidad, alérgicas a propuestas de derechos en donde que la diferencia indígena tenga un papel autónomo, y a la vez coordinado con otras consideraciones de Verdad y de Bien culturalmente situadas.

Un segundo estrato, en el que prestaremos atención a la realidad específica de los pueblos indígenas en régimen de aislamiento voluntario. Trataremos de establecer una analogía metafórica de los pueblos indígenas en régimen de aislamiento, con la arcaica figura del derecho romano -*homo sacer*-, para comprender cómo este constructo jurídico, no pensado nunca para dar formato a la realidad y situación de los pueblos indígenas, podría tener cabida para definir las ancestrales formas de exclusión a las que han sido sistemáticamente sometidos.

Un tercer estrato, en el que desarrollaremos parte de las cuestiones ya anticipadas sobre la condición y el estatuto de los pueblos indígenas en aislamiento voluntario, en cuanto sujetos cualificados de derechos. Para ello habrá que destruir las falacias argumentativas construidas para negar la condición de sujetos de derecho a estos pueblos; así como las aporías retorizantes solidificadas para dar salida a un rancio universalismo liberal empeñado en la continua exclusión de los grupos y pueblos más vulnerados: aquellos que, desde nuestra perspectiva, son condición constituyente de la universalidad de los derechos humanos.

1. COLONIALISMO Y EXCLUSIÓN INDÍGENA. LA HISTORIA CONSTRUIDA COMO PROBLEMA

La historia del colonialismo moderno y postmoderno se ha encargado de ubicar correctamente el lugar político y epistemológico que ocupan y deben ocupar los pueblos indígenas. No es ya una sorpresa que su desplazamiento de los mundos de la vida hacia los inframundos de ésta, haya sido el habitáculo tempo-espacial más cómodo para situarlos. Sin embargo, ésta no es una cuestión contingente o accidental, sino la médula de un proyecto político densamente arraigado en el corazón de la Modernidad cuyo blasón idiosincrásico pasaba, en América Latina, por una codificación social dualizada de las dinámicas civilizatorias, bárbaros (indígenas) y civilizados (no indígenas), lo que suponía y supone, hoy todavía, una especificidad en las formas de exclusión, más allá del *adagio* político schmittiano por el que la esencia de lo político pasaba necesariamente por una clasificación de la realidad social estructurada en torno a conceptos como amigo y enemigo. El binomio civilizado/bárbaro es una manera de profundizar en la exclusión y la desposesión.

Para dar medida de las pretensiones enunciadas, trataremos de establecer cómo se ha configurado la exclusión indígena a partir de lo que se ha venido denominando políticas indigenistas en América Latina. Éstas han institucionalizado el lado oscuro de la Modernidad, la Modernidad colonial, refundando un nuevo pacto social para América Latina articulado en torno a los beneficios y réditos que se obtenían de la explotación de ese constructo civilizatorio -bárbaro/civilizado- cuyas principales víctimas han sido los pueblos indígenas[2]. Trataremos de establecer, de manera abstracta y genérica, los lineamientos generales que permitan entender cómo se establece y se hace sostenible, en el imaginario colonial, la exclusión irredenta de los pueblos indígenas del espacio público latinoamericano, lo que supone, en un proceso más avanzado de la Modernidad colonial, que los pueblos indígenas queden radicalmente excluidos como sujetos de derechos. Finalmente, trataremos de ver cómo todas estas limitaciones y lastres, históricamente construidos y consensuados, son recombinados y afrontados como retos por todo un movimiento social indígena con carácter emergente.

---

2 MARTÍNEZ DE BRINGAS, A., *Los pueblos indígenas y el discurso de los derechos*, Cuadernos Deusto de Derechos Humanos, nº 24, Bilbao, 2003.

Comprender la situación de exclusión radical indígena, como punto de partida naturalizado con la que estos pueblos se enfrentan en la construcción de su identidad y en la propuesta de sus reivindicaciones cosmovisionales y jurídicas, pasa por establecer una serie de hipótesis que han caracterizado la dinámica del colonialismo en América Latina. Sólo a partir de estas hipótesis se pueden concretar los elementos que caracterizan, de manera específica, la exclusión de las reivindicaciones indígenas en torno a cuestiones tan fundamentales como cultura, territorio, desarrollo, autonomía, sistemas normativos indígenas, etc. Asumiendo que la historia colonial se ha fraguado ahuyentando cualquier especificidad cosmovisional indígena del ámbito del reconocimiento público y privado, es posible entender la situación con la que hoy se enfrentan los pueblos en aislamiento voluntario; y las razones, aporías y falacias que se construyen para desvanecer sus reivindicaciones, apoyados, para ello, en una argumentación obscena y cínica, como la del carácter bárbaro y salvaje de estos pueblos; fabricando la necesidad imperiosa de integrarlos en un proceso reglado de convivencia y en esquemas de desarrollo diseñados por los Estados en los que se integran.

De manera situada, ciertas políticas indigenistas exhortan y exigen a los pueblos en aislamiento voluntario, la necesidad de activar relaciones con otros procesos culturales que ayuden al contacto y a la mezcla; reclaman abrirse a la necesaria convivencia con la sociedad civil, con el Estado, con otros pueblos indígenas que ya han transitado por estadios del desarrollo, lo que pasa, necesariamente, por la mixtura y la hibridación con otros grupos humanos. En este repertorio de consejos patrio-estatales, los pueblos indígenas en aislamiento voluntario adolecen de un estatus de salvajismo y de montaraz animalidad que es necesario atemperar y educar bajo el formato de la ciudadanía. Lo de menos es la voluntad de estos pueblos por seguir manteniendo su condición de aislamiento y sus necesidades de arraigo a los territorios y recursos que ancestralmente han ocupado.

Como pórtico habilitante de las hipótesis que en breve relataremos, habría que fijar -como fulcro del colonialismo- la responsabilidad que ha tenido el liberalismo moderno-colonial en la expulsión de cualquier cromaticidad indígena del espacio público, a través de lo que históricamente se ha venido construyendo como políticas indigenitas en América Latina. Las políticas indigenistas han funcionado como dispositivos para integrar, disciplinar y aquilatar la "cuestión indígena" en América Latina, sin contar con la opinión ni participación de estos pueblos en el diseño e implementación de las mismas. Estas políticas exigían una total pasivización del destinatario de las mismas; una postración tutelada y agradecida, donde "lo indígena" era incluido como una transversal más en el cúmulo de intereses estatales. Exigían, por tanto, la desaparición de los pueblos indígenas como sujetos de derecho. Se trataba de políticas indigenistas para indígenas, pero sin participación indígena. Un dispositivo de poder estatal orientado a la asimilación monocultural de los pueblos indígenas en la institucionalidad del Estado. Desde estos dispositivos, la diferencia indígena no es reconocida; más bien es tratada como mero apéndice y prolongación de la clausurada unidad estatal. Este es un tema trasversal a todo el libro: la falta de reconocimiento de los pueblos indígenas como sujeto de derechos en cuanto titulares de los territorios que ocupan; soberanos, respecto a sus formas de organización y autonomía propia; agentes privilegiados de sus propios sistemas normativos ante el Estado.

Las características fundamentales con las que se definen y perfilan los pueblos indígenas, en estos dispositivos públicos de poder que son las políticas indigenistas, son: homogeneización en la manera de entender las identidades, los registros culturales y la pluralidad dentro de un Estado, frenética asimilación en la forma de regular normativamente el reconocimiento de los pueblos indígenas que han mostrado resistencia ante políticas estatales de integración y asimilación; la racialidad como patrón de codificación de la realidad social, criterio discriminante con el que se ha construido el contrato social con los pueblos indígenas en América Latina; aplicación de un férreo monoculturalismo de estado como patrón desde el que forjar la inclusión y la ciudadanía, desde donde entender toda veta de pluralismo, cuya disidencia, o fractura, es considerada como provocación inconstitucional que pone en peligro la seguridad jurídica y la unidad del Estado. El monoculuturalismo predicado ha funcionado como un dispositivo de asimilación sancionado constitucionalmente para los pueblos indígenas.

Por tanto, el contrato social que se va configurando en América Latina es un pacto patriótico, primero, y constitucional, después, entre los conquistadores y sus descendientes, dejando fuera del orden de representación y participación a los pueblos indígenas. Ello lleva a una clasificación de todos los órdenes sociales en torno a categorías excluyentes y clausuradas. Transitar, sin embargo, de una categoría a otra es condición de posibilidad para el acceso pleno a la ciudadanía. La delimitación de la exclusión indígena vendrá regulada por las formas de mediación que existen entre el adentro y el afuera de una comunidad de ciudadanos, todo ello, pautado, a su vez, por las especificidades que la exclusión adquiere desde la ideología del eurocentrismo. Las construcciones sociales erigidas y sustentadas en torno a límites y demarcaciones (como las territoriales), diferencian siempre entre el ámbito interno de una comunidad estatal y una variedad de extraños que viven afuera, allende de los registros territoriales del nosotros, lo que les convierte irreversiblemente en bárbaros y salvajes. Se construye, de esta manera, una distancia espacial (más allá de las grandes urbes latinoamericanas), territorial (en los resguardos, circunscripciones indígenas) y social (pautado por la racialidad) propiciando un abismo identitario entre el no-indígena y el indígena.

A ello habría que añadir el lastre eurocéntrico en la manera de entender e interpretar el desarrollo, por el que se instaura un pacto social constituyente que sanciona definitivamente la exclusión indígena. El formato con el que se articula este pacto social se asienta en la dislocación temporal que existe en la manera de entender el desarrollo, la productividad, la rentabilidad, la utilidad entre diferentes paradigmas societales; entre el mundo indígena y el marco estatal. Por ello, las formas de producción, de organización política y de desarrollo cultural indígenas guardan una situación de postergación y retraso respecto a lo que se considera y asume como un proceso normalizado de desarrollo, un desarrollo ajustado a la Modernidad, a los ideales de vida y evolución que establece y fija el modo occidental de vida y existencia.

Este desfase evolutivo entre el civilizado y el bárbaro sólo podrá ser mitigado y equilibrado por medio de ensayos rituales de asimilación –cuyo paroxismo serán las políticas indigenistas-, por los que estos pueblos deberán ser integrados en la Sociedad Mayor –no indígena-, a través de disciplinas educativas, evangelizadoras y militares. Ello cobra mayor relevancia si se tiene en cuenta el valor estratégico que el territorio tiene en la cosmovisión indígena (como se ha demostrado ya), lo que entra en conflicto con la manera estatal de demarcar espacios y territorios; con la delimitación de fronteras para la construcción y la consolidación de un Estado sin fisuras ni disidencias.

Las políticas indigenistas han ido evolucionando en sus estrategias por asentar la asimilación. Se transita, en ciertos ámbitos, de la coerción asimilativa clásica, a procesos por los que el excluido-indígena pasa retórica y ficticiamente a ser considerado, por la intelectualidad latinoamericana, como lo auténtico, lo original, lo esencial, adjetivaciones todas ellas que dan medida de la prístina y originaria identidad americana: la identidad indígena. Ello posibilita un cierto extrañamiento de lo civilizado y un acercamiento estético y contemplativo de lo bárbaro-indígena. Este escape romántico en la consideración de lo indígena, lejos de capacitarlo con derechos y reconocerlo como sujeto, lo pasiviza, lo reduce a una mirada folclórica, adjetiva. Ello ha sido una constante en el trato y asunción de lo indígena por parte de la alta cultura latinoamericana y por la academia. Además, estas miradas eran compatibles y complementarias con formas de desposesión territorial y de esclavización indígena. Admiración romántica y exclusión material indígena son los dos rostros macabros y entrelazados con los que se presentan y se asientan las políticas indigenistas. Esencializar para poder excluir son dos facetas de un mismo proceso; el reverso del mismo conflicto.

En todo ello, el liberalismo moderno y colonial ha construido una aporía fundamental en la manera de tratar la diferencia indígena con consecuencias y efectos contemporáneos. Esta aporía conlleva una suerte de ambivalencia a la hora de reconocer, o de ocultar, las diferencias culturales. Por un lado, dadas las necesidades económicas del colonialismo y de su gerencia política, era necesario mantener, delimitar y enfatizar la diferencia indígena para poder disponer de una mano de obra barata en régimen de servidumbre o semi servidumbre; por otro lado, dadas las necesidades culturales con las que la Modernidad colonial y el constitucionalismo se ha venido construyendo en América Latina, era necesario anular la diferencia cultural de los pueblos indígenas, para afrontar con éxito la situación de subdesarrollo en la que se encontraban las sociedades latinoamericanas. En este sentido, las formas de vida indígena, su cosmovisión, constituían un freno enérgico a las políticas desarrollistas que se querían implementar para modernizar América Latina.

En síntesis, las políticas indigenistas están de una u otra manera presentes en toda la etapa colonial y postcolonial, desde la conquista hasta nuestros días, aunque con fisonomías nuevas; mutaciones y torsiones que tratan de evitar, sólo formalmente, los desagravios en que incurrían las mismas.

Enunciaremos, ahora, cinco tesis que permiten vislumbrar algunas de las dificultades con las que se enfrentan los pueblos indígenas en el ámbito de la macro política latinoamericana para la implementación de sus derechos colectivos:

1.- La construcción de los Estados-nación en América Latina ha sido un proceso complejo que ha simultaneado la ausencia de estructuras democráticas, con la perdurabilidad del imaginario colonial en la forma de entender, estructurar y diseñar la Política, la Economía y la Cultura. La implantación de la más preciada criatura moderna –el Estado-nación-, se hace de manera impostada, sin que se haya dispuesto del tiempo necesario para que las deformaciones antidemocráticas de esta parte del continente, prolongaciones necesarias y estructurales del colonialismo, se desvanezcan. La convivencia del Estado-nación con estructuras e imaginarios coloniales impide liberar y reconocer la principal víctima del colonialismo: los pueblos indígenas. Acostumbrados a una exclusión sancionada a través de un contrato social construido entre el conquistador (colonialismo externo) y el criollo (colonialismo interno), los pueblos indígenas difícilmente podrán ser considerados parte de la sociedad civil; actores activos y participativos en la construcción del pacto social; parte diferenciada, y a la vez integrada mediante derechos, en el Estado.

2.- Se puede constatar la existencia de una doble conciencia en la manera de ser, comprender y pensar con la que se ha venido construyendo y consolidando todo un sector de sociedad no-indígena en América Latina, desde las estructuras empresariales, hasta las élites políticas, pasando por las agencias culturales y las universidades. Esta doble conciencia es el resultado práctico de cómo se ha construido y consolidando el proceso colonial. La dimensión ideológica del colonialismo ha desarrollado una impresionante labor de inoculación de sus prácticas estigmatizantes en la estructura cognitiva y en el imaginario de la identidad latinoamericana, lo que la lleva, esquizofrénicamente, a representarse de manera dual, a través de dos rostros que resultan en muchos sentidos contradictorios y contraproducentes. Esta dualidad de consciencia tiene que ver con el hecho de ser americano sin dejar de ser, o anhelar ser, occidental. Esta doble identidad se ha expresado y posicionado a través de dos vectores: por un lado, hacia fuera, como emulación mimética de la manera de ser Occidente–una ontología de la frustración-; por otro lado, hacia dentro, hacia la propia geografía latinoamericana, en forma de colonialismo interno que proyecta sobre al exterior la responsabilidad de los males que reproduce, sin reconocerlos ni asumirlos como propios[3].

La Teoría de la Dependencia, en cuanto análisis político-económico que trataba de explicar las causas del subdesarrollo endémico que vivía América Latina, quiso remarcar la importancia que la combinación de factores externos e internos tienen para poder analizar el proceso colonial de manera estructural. Una interpretación en contrapunto con estas enseñanzas, pero aplicada a cuestiones de identidad y política en América Latina, permite inferir conclusiones semejantes, como el hecho de que es necesario dejar de buscar un culpable externo, lejano, anatematizado, para poder explicar los males coloniales que sufre América Latina. No es el imperialismo externo el único factor explicativo del colonialismo. El colonialismo interno, asumido como patrón de funcionamiento por las élites latinoamericanas -de derechas y de izquierda- ha reproducido de manera diferencial muchas de las prácticas y sesgos coloniales que criticaba, y contra los que agitaba la bandera de la emancipación, profundizando, en muchas ocasiones, algunos de ellos.

Una analítica del proceso colonial exige asumir, de manera insoslayable, la incidencia e injerencia de los viejos y nuevos colonialismos. La sociedad civil latinoamericana no puede sa-

3 Véase el Capítulo III.

cudirse la responsabilidad histórica que le corresponde por no haber canalizado procesos de emancipación inclusivos en América Latina, especialmente, los que hacen referencia a pueblos indígenas, a grupos negros y otros grupos étnicos discriminados y excluidos del proceso colonial. Por tanto, la mentalidad colonial en la manera de diseñar espacios de emancipación en América Latina, junto con la lacerada discriminación racial de ciertos grupos étnicos, como los pueblos indígenas, son elementos que permiten entender por dónde ha transitado la taumatúrgica liberación latinoamericana. Es necesario hacer un intenso esfuerzo de autocrítica histórica que no desplace y proyecte la responsabilidad colonial hacia un tercero-exterior (el occidental europeo), construyendo relatos donde la exclusión de las diferencias culturales indígenas se explique, exclusivamente, como responsabilidad de las dinámicas imperiales que subyugaron al continente latinoamericano. Es imperativo reflexionar sobre la responsabilidad histórica que la sociedad civil latinoamericana tiene y ha manejado para reproducir la exclusión y discriminación de los pueblos indígenas y sus derechos.

3.- Asumiendo todo lo enunciado, habría que tener en cuenta las prácticas de dilución que se han ejercido en América Latina sobre quienes han sido las primeras y principales víctimas del colonialismo: los pueblos indígenas. Los procesos de independencia, emancipación y liberación se han realizado pasando por encima de las expectativas de estos pueblos. La sociedad civil latinoamericana y los movimientos sociales apenas ha mostrado inquietudes por contemplar la perspectiva indígena como parte fundamental y necesaria para articular procesos de liberación en el pasado. Las dinámicas sociales con carácter emancipatorio que se han realizado en América Latina, se han hecho sin contar con el sufrimiento indígena y sin reconocer las cicatrices que el licántropo colonial ha ejercitado en la corporalidad de estos pueblos, tanto en sus cuerpos físicos, como mano de obra esclava o semi esclava; como en sus cuerpos naturales, destazando los recursos, tierras y territorios que ocupan, y obligando a estos pueblos a desplazarse y a desubicarse; forzándoles a la pérdida de la identidad indígena, como condición de posibilidad para la emancipación real. La proletarización ha funcionado como un mecanismo de asimilación que imponía la des-indigenización como factor necesario para asegurar un proceso emancipatorio exitoso. Herederos de esta situación son los pueblos indígenas en aislamiento voluntario.

4.- La racialidad, como se ha anticipado, ha funcionado como un factor limitante y determinante en la construcción de los procesos nacionales. En América Latina apenas hemos asistido a procesos revolucionarios antirracistas que permitieran fracturar el modo de clasificación social y relacional que se venía construyendo. Las revoluciones latinoamericanas han estado incapacitadas para abordar uno de los grandes conflictos coloniales, el racismo estructural latinoamericano. Este es un proceso emancipatorio que está por hacerse con los pueblos indígenas. Una sociedad racista, desprovista de procesos de descolonización, está incapacitada para poder asumir y reconocer la conculcación de derechos que se han proferido sobre los pueblos indígenas.

5.- América Latina ha venido caracterizada por una situación de dependencia histórica estructural. Más allá de la literalidad de la frase, la dependencia refiere a una situación de intenso conflicto en el desarrollo de estructuras productivas, agencias culturales e infraestructuras políticas, que no sólo tenían que ver con las imposiciones de un colonialismo interno (expresado como imperialismo), sino que tenía, también, mucha conexión con la naturaleza de los conflictos internos. Ello se vincula estructuralmente con el papel, función y estatuto que se les ha concedido a los pueblos indígenas a lo largo y ancho de toda la Modernidad colonial. El maltrato proferido, de manera constante, sobre los procesos de vida y reproducción cultural de los pueblos indígenas, da medida perfecta de los conflictos estructurales internos, lo que limita las posibilidades de avanzar hacia procesos de madurez social en América Latina.

Toda la estrategia asimilacionista desarrollada para domesticar la diferencia indígena ha tenido claras connotaciones normativas. Así, el colonialismo ha destruido todo vestigio y expresión normativa que los propios pueblos indígenas habían mantenido en los primeros momentos de la colonia, reconocidos y avalados por el propio Derecho Indiano. El corolario más radical de todo ello ha sido la expulsión de los pueblos indígenas de la historia como sujetos de derecho, al disolver los sistemas normativos indígenas, sus instituciones jurídicas y sus derechos. No es una sorpresa sobrevenida que las argumentaciones respecto a los pueblos indígenas en aislamiento voluntario se fundamenten en su incivilidad, su falta de adaptación al Estado, su incapacidad para comportarse de acuerdo al paradigma de ciudadanía que se venía construyendo.

Las condiciones para negar la condición de sujetos jurídicos activos a los pueblos indígenas en las sociedades latinoamericanas se han venido construyendo a lo largo de toda la historia colonial. La exclusión generalizada e históricamente fundamentada exige ser descompuesta para poder avanzar hacia una protección y garantía de los pueblos indígenas desde la perspectiva de sus derechos colectivos. Es necesario, por tanto, desarrollar investigaciones multidisciplinares que exploren genealógicamente la manera en que la articulación jurídica y normativa en América Latina se ha ido construyendo fundamentada en la exclusión de los pueblos indígenas del ámbito público y normativo. Para ello será necesario operar críticamente contra ciertas fundamentaciones de derechos humanos que se han construido invisibilizando el "sujeto indígena"; sacralizando una historia sin indígenas.

Para diluir las posibilidades de los pueblos indígenas como sujetos de derecho, era necesario, previamente, proceder a la desaparición de la organización normativa y política indígena, presentes, de alguna manera, en el primer momento colonial, a través de instituciones y otras expresiones jurídicas. Su descomposición supone clausurar toda posibilidad de existencia de un pluralismo jurídico real, lo que hubiera exigido el mantenimiento de los derechos colectivos durante el proceso colonial. Por ello, tomarse el pluralismo jurídico en serio supone asumir este proceso de extinción de los sistemas normativos indígenas desde el Estado. Su reconstrucción exige reconocer las violencias ejercidas por el Derecho para poder alumbrar otra manera de entender el derecho y las formas jurídicas. Es necesario, por tanto, la justicia transicional para restaurar el pluralismo jurídico exterminado por el proceso colonial.

Todas estas alambradas históricas con las que se topa la construcción y el reconocimiento de la identidad indígena encuentran un paso hacia la luz, abriendo posibilidades a procesos auténticamente emancipatorios, con la irrupción de un movimiento social indígena emergente desde mediados del siglo XX. La erupción de lo pisoteado levanta su voz y su rostro y plantea un nuevo reto cultural a las blindadas sociedades latinoamericanas. La movilización crítico-política de la conciencia indígena, siempre perenne, aunque pisoteada, expresada y dinamizada por medio de lo que venimos llamando movimiento social indígena, suponen un replanteamiento de la cuestión, así como la exigencia de abrirse a un nuevo paradigma que surque el espacio y otorgue subjetividad, actividad y protagonismo específico a los pueblos indígenas. El reto es fundamentalmente cosmovisional; demanda, por tanto, un diálogo intercultural que recoja y canalice las provocaciones disruptivas de pluriversos, como los indígenas.

El rebrote de un movimiento social indígena puede situarnos ante un nuevo paradigma político científico; puede implicar un importante impulso correctivo al discurso de derechos humanos, obligándole a trascender su concepción individual y atomizada de los derechos, para abrirse a dimensiones colectivas. Es aquí, en la manera de articular un discurso de derechos, donde la práctica occidental tendrá que echarse a un lado para poder entender y atender otras maneras situadas de universalidad, como la indígena.

El incipiente y, en alguna medida, compacto movimiento social indígena, se levanta airado frente a las "políticas indigenistas" por la manera en que éstas han tratado y gestionado "lo indígena", reduciéndolo a mero objeto de intercambio y explotación. Estas políticas indigenistas, de corte liberal-emancipatorio, han troquelado las diferencias culturales (indígenas) con el formato de una homogeneidad ciega a las diferencias e indiferente a la diversidad originaria de América, todo ello ribeteado con las maneras de una abstracción que excluyen los atributos, especificidades y las exigencias culturales de un pluralismo diferente y heterodoxo.

La asimilación indígena supuso empacar las dinámicas culturales de estos pueblos en una concepción de Estado jurídicamente cerrada. El cierre de la nación no-indígena se va produciendo en cada una de las esferas de la acción social. Lo indígena quedó excluido de la esfera económica y reducido a la condición de indigencia; desplazado de la esfera cultural; pisoteado en la esfera militar; devorado en la esfera jurídica y constitucional. Para todo ello se elaboró un federalismo *á* la americana que pretendía integrar un nacionalismo blanco (anti indígena) con firmes creencias republicanas y democráticas.

Esta aporía -la del federalismo americano- mostrará sus mayores fisuras y ejercicios de desmesura en la manera de tratar con los pueblos indígenas. El federalismo americano se utilizó como técnica administrativa para el control de un territorio hostil, ocupado y habitado por códigos de sentido iliberales. Esta técnica facilitó un control efectivo del territorio y una redistribución del mismo según la rúbrica liberal del colonizador: pasando por encima y por debajo de los derechos colectivos indígenas.

La manera de entender y posibilitar el libre despliegue de la identidad indígena pasa por hacer efectiva y real la proclamada versatilidad republicana en la forma de concretar lo constitucional. En este sentido, una comprensión sensata del pluralismo jurídico empeñado en una real convivencia de culturas, deberá, necesariamente, abrirse a propuestas de multiconstitucionalidad federal para los pueblos indígenas, no de manera asimilativa, como hasta ahora, sino considerando a los pueblos indígenas sujetos con capacidad constituyente. Por ello, el nuevo movimiento social indígena tendrá que enfrentarse y deconstruir un modelo de organización nacional que unifica y aglutina a los mismos en un único e idéntico cuerpo; bajo un mismo modelo de organización jurídica, donde lo indígena ha sido siempre tratado como una nota incompleta, desviada del proceso de construcción nacional. La deconstrucción se dirigirá principalmente a la impuesta nacionalidad común ejercitada por medio de férreos y densos mecanismos disciplinarios con los que se construye el Estado-nación, como la imposición de modelos educativos y *currículas* de formación; de símbolos patrios e institucionales; de lenguas oficiales; de demarcaciones territoriales por medio de unidades administrativas clausuradas; de modelos culturales sancionados por la pontificia presencia del Estado-nación; de órdenes normativos ajenos a las expectativas de vida y modos de organización de los diferentes grupos existentes; e, incluso, por la imposición de un discurso muy concreto de derechos humanos, lo que supone una apropiación del *demos* y del Estado por parte de quien funge como nación hegemónica en el proceso de construcción del Estado, vinculando estructuralmente las nociones de ciudadanía y nacionalidad; cerrándose sistemáticamente a las reivindicaciones de derechos espetadas desde otras lógicas culturales y cosmovisionales.

Un pluralismo jurídico que se arraigue y comprometa con lo indígena, deberá promocionar y fomentar una reconstrucción histórico-crítica de lo que ha sido y de cómo se ha comportado el colonialismo en su trayectoria y despliegue, desentrañando, que el tropo fundamental sobre el que se ha apoyado este ejercicio de represión ha sido "la sistemática dominación y exclusión del indígena" lo que permitirá, en un momento constructivo y propositivo, recuperar la propia historia pisoteada y la identidad cultural mancillada, para proceder a la capacitación normativa de las expectativas de los pueblos indígenas. Sin embargo, no será posible revalorizar y recuperar el estatuto cultural de los pueblos indígenas sin una reconstrucción histórico-crítica del colonialismo que recomponga la veracidad narrativa de aquellos relatos que den cuenta del proceso de depredación sufrida por los pueblos indígenas y establezcan las bases para una reconstrucción normativa postcolonial.

Para tal ejercicio de hermenéutica jurídica será necesario evitar destapar el tarro de las esencias indígenas como estrategia desde donde iniciar un posible diálogo intercultural. La recuperación de la historia, la cultura, así como la revalorización de la cosmovisión indígena, no puede suponer una negación radical de lo occidental; no puede llevar a una reconfiguración de las categorías políticas tal y como éstas se venían compaginando en la Modernidad, entendiendo la dialéctica cultural y la lucha por los espacios de soberanía, desde las posibilidades que otorga la calificación y división del espectro social en amigos y enemigos, cosmovisión indígena confrontada a la cosmovisión occidental. Ello supondría desplazar el campo de la lucha por la hegemonía desde la totalidad occidental liberal –hasta ahora único campo posible de lucha y gestión soberana- a otros momentos iliberales y descentrados que pugnarán con aquélla por sostener el báculo del Leviatán. El conflicto y la pugna entre totalidades ya no es un esquema adecuado para interpretar el ámbito de posibilidades políticas. No se trata de que una exterioridad indígena, con carácter periférico y subalterno, se movilice políticamente para arrebatar el mando y el bando a la totalidad liberal occidental que impide producir, reproducir y desarrollar la vida de otras formas y maneras de tratar con lo humano, para poder reconstruir un nuevo monolito político y rescribir el palimpsesto de la identidad con iconografía netamente indígena. El pacto intercultural, constitutivamente agónico, deberá tener otras claves: la de los derechos humanos en clave colectiva. Para ello, ya no será válida la forma liberal de relatar el discurso de los derechos, ya que, en este formato, no cabe el diálogo con interlocutores culturalmente distintos, como los pueblos indígenas.

Sin embargo, el liberalismo es más versátil y fructífero que la reducción esclerótica a la que es sometida actualmente para interpretar, comprender y normativizar los derechos humanos. Sólo desde la ductilidad de una tradición dispuesta a dialogar por la consecución de un nuevo pacto intercultural de derechos, será posible localizar y situar realmente la universalidad de éstos. Sólo desde este ejercicio de descentramiento podrá entenderse que la Declaración de Naciones Unidas sobre los Derechos de los Pueblos Indígenas de 2007 es un ejercicio concreto de universalización e inculturación de los derechos humanos; una interpretación creativa de las exigencias inherentes a la Declaración Universal de los Derechos Humanos de 1948, adaptado, sin embargo, a un espacio distinto –el indígena- en un momento temporal diferente, desde una episteme colectiva de derechos.

En definitiva, es necesario recuperar otra cosmovisión de derechos humanos en donde la universalidad de los mismos sólo tiene sentido si se considera con fundamentalidad la presencia indígena. Los pueblos indígenas otorgan a la universalidad de los derechos su carácter constitutivo, a partir de la integración en ésta de sus propias expectativas y reivindicaciones en forma de derechos colectivos. Los derechos humanos, entendidos como procesos y dinámicas sociales que se van construyendo y articulando, surgen y nacen para la protección y garantía de los grupos más vulnerables. Si los derechos así entendidos, no son capaces de integrar la interpretación intercultural que de éstos realizan los pueblos indígenas, quedarán hueros en sus contenidos y exigencias. Lo que nació para dar solución a las situaciones más frágiles y de mayor indignidad, acabará incluyendo la exclusión como parte de sus fundamentos. Por ello es necesario abrirse imaginativamente a otras lógicas culturales que posibiliten una fundamentación material de los derechos colectivos, otorgando prioridad a las dinámicas de los sectores más excluidos, como la de los pueblos indígenas en aislamiento voluntario.

2. LOS PUEBLOS INDÍGENAS EN AISLAMIENTO VOLUNTARIO. *HOMO SACER* DE LA CIVILIZACIÓN OCCIDENTAL

Hemos venido describiendo cómo se ha ido construyendo históricamente la exclusión del sujeto colectivo "pueblos indígenas", y en qué medida ese proceso de exilio normativo de lo indígena no es una cuestión coyuntural, sino estructural e históricamente consolidada. Ese carácter estructural, de densa voluntad política, resulta difícil de descomponer y reconvenir. La expresión contemporánea de que las pandemias generalizadas son de difícil profilaxis, es, por analogía cruel, aplicable a la situación de los pueblos indígenas en aislamiento voluntario en cuya subjetividad se institucionalizan densas formas de exclusión social, a partir de una serie de rítmicas consideraciones concatenadas, como son: los pueblos en aislamiento voluntario son pueblos no existentes; su no existencia implica falta de subjetividad y capacidad para ejercitar y poseer derechos; la falta de subjetividad jurídica se sintetiza como ausencia de dignidad para estas colectividades; siendo esto así, no es posible considerar a estos pueblos como víctimas; por tanto, las violencias que se ejerzan sobre ellos, no serán consideradas violaciones de derechos humanos.

Esta concatenación de barbaridades lógicas y axiológicas tendrían relativa relevancia si habláramos de cuestiones cuya trascendencia fuera residual. Sin embargo, en el supuesto de los pueblos indígenas en aislamiento voluntario, estamos hablando de comunidades humanas cuya disponibilidad se deja al arbitrio de los órdenes normativos vigentes; a la vez que se excluye a estos sujetos de la nómina de derechos que les corresponde, de acuerdo con el Derecho Internacional de los Derechos Humanos y las diferentes normativas constitucionales[4].

Vamos a proceder estableciendo una analogía, en las formas y los contenidos, entre una figura recogida en el derecho arcaico romano –*homo sacer*- y la situación de los pueblos indígenas en aislamiento voluntario. La figura del *homo sacer* simboliza las condiciones de una humanidad disponible y explotable; aquellos grupos humanos, que, por no alcanzar la cualidad de lo digno, resultan prescindibles y exterminables. En complementaria analogía estaría la figura de los pueblos indígenas, como pueblos-residuo en la lógica interna del colonialismo.

En el derecho arcaico romano *homo sacer* era un concepto jurídico que se traducía como: "aquél que el pueblo ha juzgado por un delito; cuyo sacrificio no es lícito, pero quien lo sacrifique no será condenado por homicidio"[5]. De una manera más explícita, *homo sacer* refiere a todos aquellos que, pese a ser humanos, eran excluidos de la comunidad, por lo que no podían ser aniquilados impunemente; tampoco podían ser sacrificados, al no constituir una ofrenda digna de ser entregada en sacrificio. Dar muerte a un *homo sacer* no es ni un crimen ni un sacrilegio y, por la misma razón, no puede ser una ofrenda. Como se puede observar, existe un fuerte paralelismo entre esta figura y la situación contemporánea de los pueblos indí-

---

4 Véase el Informe CIDH, *Pueblos Indígenas en aislamiento voluntario y contacto inicial en las Américas,* OEA&IWGIA, 2013.

5 Para estas reflexiones nos basamos en las consideraciones de AGAMBEN, G., *Homo Sacer. El poder soberano y la nuda vida,* Pre-textos, Valencia, 1998; *Medios sin fin. Notas sobre la política,* Pre-textos, Valencia, 2000.

genas en situación de aislamiento voluntario. Estos pueblos, aun siendo humanos, son no-existentes, es decir, se les sitúa fuera de la comunidad de vivientes. Esta situación habilita hoy la plena disponibilidad biopolítica de estos pueblos por parte de madereros, colonos, petroleras, etc., con la finalidad de desplazarlos, desterritorializarlos, perseguirlos, eliminarlos. El proceso de aniquilamiento de los pueblos en aislamiento voluntario ha tenido una secuencia clamorosa, como ocurrió a lo largo de los años 70´ en la Amazonía ecuatoriana con el pueblo Huaorani; con los Tetetes, a finales del siglo pasado; con los Tagaeri, cuyo progresivo aniquilamiento se da en las dos últimas décadas del siglo XX; o las grandes matanzas realizadas sobre los Taromenani, en abril de 2003[6].

Los pueblos indígenas en aislamiento voluntario, en cuanto *homo sacer*, vienen caracterizados por dos elementos: la total impunidad para darles muerte y la prohibición de su sacrificio, dada la indignidad inmanente que les caracteriza. La impunidad total para darles muerte se ha venido evidenciando a lo largo de todo el régimen colonial, persiguiendo y masacrando a los pueblos indígenas con voluntad férrea desde políticas diseñadas por el Estado; implementado políticas de genocidio que resultaban amparadas por la plena disponibilidad pública de "lo indígena", pueblos cuya eliminación no constituían violaciones de derechos, sino exigencias de seguridad nacional. Las prácticas de genocidio ejercitadas sobre los Taromenani en el Ecuador[7] son una clara expresión de que el contenido

---

6 CABODEVILLA, M.A., *El exterminio de los pueblos ocultos*, Cicame, Ecuador, 2004; *La selva de los fantasmas errantes*, Cicame, Ecuador, 1997.

7 La COMISIÓN INTERAMERICANA DE DERECHOS HUMANOS (CIDH) presentó el 30 de septiembre de 2020 ante la Corte Interamericana de Derechos Humanos el caso de los Pueblos Indígenas en Aislamiento Voluntario Tagaeri y Taromenane en Ecuador. Se trata del primer caso relativo a pueblos indígenas en aislamiento voluntario. El caso hace referencia a la responsabilidad internacional del Estado por violaciones de derechos colectivos de

semántico y denotativo del *homo sacer* puede aplicarse con estricta corrección a la situación de los pueblos indígenas en aislamiento voluntario.

---

los pueblos Tagaeri y Taromenane, en el marco de proyectos que afectan sus territorios, recursos naturales y prácticas culturales de vida. Afecta, también, de manera complementaria, a una serie de matanzas sistemáticas producidas sobre estos pueblos en momentos temporales diferentes: 2003, 2006 y 2013; así como a la falta de medidas adecuadas de protección con relación a dos niñas Taromenane, tras los hechos de 2013. Los Tagaeri y Taromenane son pueblos indígenas en aislamiento voluntario ("PIAV") que han optado por vivir sin mantener contacto ni vínculo con el resto de la población. Son conocidos como pueblos ecosistémicos que viven en estricta relación de dependencia con su entorno ecológico. Habitan según un patrón de movilidad estacional, en un territorio amplio, que les permite ejercitar su actividad de recolección y caza, así como la búsqueda de lugares relacionados con sus ancestros. Debido a esta estricta dependencia con el ecosistema, cualquier cambio en el hábitat natural puede perjudicar la supervivencia física de sus miembros. La Comisión concluyó que el territorio ancestral de los pueblos Tagaeri y Taromenane excede los límites de la "Zona de Intangibilidad Tagaeri y Taromenane" ("ZITT"). Que el Estado no demostró ni protegió la correspondencia existente entre la delimitación de la ZITT y el territorio ancestral de los pueblos Tagaeri y Taromenane. Determinó, además, que no se respetan los patrones estacionales de siembra y recolección de estos pueblos, generando contactos forzosos; afectando su subsistencia y autorizando la concesión y explotación de sus territorios intangibles a empresas. La Comisión consideró que el artículo 57, 21), 2° de la Constitución, que protege la intangibilidad del territorio de los PIAV, es, en principio, consistente con el nivel de protección internacional que requieren los PIAV. Sin embargo, consideró que dicha protección se ve disminuida por el artículo 407 de la Constitución que establece la posibilidad de realizar actividades extractivas sobre recursos no renovables, así como permitir la explotación forestal en territorios intangibles si así lo exigiera el "interés nacional". La CIDH estableció que, tomando en consideración el principio de no contacto y el de autodeterminación de los PIAV, no es posible intervenir sus territorios, con fines de explotación económica, cuando ello pueda entrar en tensión con la salvaguarda de la subsistencia colectiva de estos pueblos.

La plena disponibilidad de la vida de estos pueblos, la relajación normativa para darles muerte impunemente, se complementa, macabramente, con otra máxima, como es, la imposibilidad de sacrificarlos mediante los rituales oficialmente sancionados. Con ello se estructura un tratamiento y una relación de excepción al incluir a los pueblos indígenas en los perímetros del Estado, por medio de procedimientos de exclusión sistemática. El pacto social que se había venido configurando en América Latina permitía formas extraordinarias de violencia a través de una inclusión que excluye a los pueblos indígenas. Esta paradoja se enriquece sobre sí misma y actúa con máxima intensidad en el supuesto de los pueblos en aislamiento voluntario. El dinamismo histórico del colonialismo, caracterizado por un tratamiento de los pueblos indígenas como material plenamente disponible para los apetitos y las voracidades de los no-indígenas, ha permitido configurar un estatuto de indignidad para estos pueblos.

La disponibilidad se ha asentado sobre el libre usufructo y disfrute del derecho a la vida de estas comunidades, al condenar el trabajo indígena a situaciones de servidumbre e intolerable esclavitud; al destruir y aniquilar el régimen natural (tierras, territorios y recursos naturales) en el que se estructura su vida individual y colectiva. De esta manera se quiebran las relaciones de interdependencia que mantenían con la territorialidad que ocupan; se descomponen los vínculos culturales, espirituales y políticos que mantenían con los territorios y lugares en los que han vivido ancestralmente.

La segunda caracterización del *homo sacer* es la que da especificidad concreta a la situación en la que se encuentran los pueblos indígenas en aislamiento voluntario. La imposibilidad de dar muerte al *homo sacer* por los rituales establecidos tiene que ver, en nuestro caso, con la perdida de dignidad humana a la que son sometidos. No resultan dignos ni para ser sacrificados, término que debe reservarse para otro tipo de actividades más elevadas. Los pueblos indígenas en aislamiento voluntario son un subproducto de la Modernidad colonial; desconectados de las actividades y de los ejes de relación que las comunidades no-indígenas han venido estableciendo y forjando, condenados a ignotas formas de existencia y de identidad.

El aislamiento voluntario es prueba de su resistencia a un pacto cultural que les excluye, ofertado unilateralmente bajo la cobertura de un Estado extraño y depredador de su cosmovisión e identidad cultural. La resiliencia indígena produce, como reacción, una cerrazón de estado que implica la invisibilización radical de estos pueblos para la cosmovisión occidental. Su idiosincrasia como humanos desencadena la imposibilidad de hablar de sujetos de derechos. Quien resiste al pacto intercultural ofertado por el Estado es como el terrorista que vulnera las reglas del juego democrático liberal. Si alguien no es sujeto de derechos, es una entelequia jurídica sin agencia ni capacidad procesal.

La descomposición de la dignidad de estos pueblos nos lleva a una fractura en las relaciones de causalidad: cualquier forma de violencia ejercida sobre ellos no será considerada, en ningún caso, ni violencia, ni vulneración de derechos. Quien carece de capacidad procesal para ser sujeto de derechos, no podrá sufrir vulneración de los mismos por encontrarse en un estatuto existencial de a-juridicidad, de vacío normativo, en un espacio de no derecho. En este sentido, la máxima del *homo sacer* se cumple: plena disponibilidad de la vida de "aquellos" cuya existencia no se considera digna, debido a la resistencia civilizatoria que han mostrado y al heterodoxo formato de existencia elegido, el aislamiento voluntario. La capacidad procesal de estos pueblos se quiebra en un doble sentido: de manera activa, al carecer de dignidad, de derechos, de capacidad para ejercitar reclamaciones, demandas, exigencias, quejas, esto es, de ser activos jurídicamente hablando; de manera pasiva, ya que la plena disponibilidad a la que estos residuos son sometidos, permite concluir que no hay vulneración de derechos cuando se sacrifique la vida de "los que viven en aislamiento voluntario"; o cuando se les desplace, se les extermine, o se otorguen licencias privadas de explotación en los lugares en los que desarrollan sus modos de vida, estructuren su organización comunitaria, aquellos espacios sin los que su vida colectiva carecería de sentido. El paroxismo de la desposesión pasa por la suspensión de la tutela judicial efectiva frente a cualquier tipo de vulneración. Al no resultar dignos para ser sacrificados se produce una ausencia total de mecanismos de protección sobre sus cuerpos y vidas.

Un último elemento explicativo que da medida de este proceso de anulación de la dignidad de los pueblos indígenas en aislamiento voluntario tiene que ver con la ausencia de mecanismos preventivos orientados a garantizar su viabilidad y sostenibilidad como vivientes. La desprotección se retuerce sobre sí misma y la ausencia de tutela judicial efectiva adquiere tintes alérgicos a la comprensión occidental del Derecho. El régimen de aislamiento voluntario en el que viven, supone la irrupción de nuevas formas de desprotección, como las de enfermedades, las de contagios producidos por pandemias hasta ahora desconocidas, todo ello promocionado por el libre acceso de terceros -con pasiones mercantiles y voluntad de mercadería- a los territorios que ocupan y en los que viven.

El no reconocimiento de procesos sociales y modos de vida dignos en las prácticas de estos pueblos lleva a bloquear medidas garantistas (en el sentido que demanda y exige un correcto pluralismo jurídico, donde la roma figura de la tutela judicial efectiva exige pensarse de otra manera y con otra lógica para este tipo de situaciones) que los protejan de las incursiones e injerencias en el hábitat que ocupan. El reconocimiento territorial tendría que ir aderezado con medidas preventivas que prohíban la incursión en esos espacios naturales; o mediante la regulación estricta de dichas intromisiones, admitiendo el acceso en situaciones excepcionales y exhaustivamente regladas.

Como hemos ido viendo, la paulatina descomposición de la titularidad de derechos de estos pueblos, nos retrotrae muy atrás en la posibilidad de argumentar medidas garantistas para los mismos. Es esta suspensión –la capacidad jurídica- la que instaura una lógica de impunidad imparable.

3. ENTRE LA MEMORIA EJEMPLAR Y EL OLVIDO SELECTIVO. UNA MIRADA HACIA LOS DERECHOS DE LOS PUEBLOS EN AISLAMIENTO VOLUNTARIO

Una vez expuestas las principales líneas de fuerza que afectan a la problemática real y descarnada en que viven los pueblos indígenas en aislamiento voluntario, considerando de una manera especial el reto anómalo y novísimo que esta realidad presenta para los mecanismos locales, nacionales e internacionales de protección de derechos humanos, queremos detenernos en algunos elementos y profundizar en algunas cuestiones que consideramos sustantivas para poder hablar de procesos de justicia real en lo que hace referencia a la situación de estos pueblos. Vamos a proceder analíticamente desde consideraciones más generales y abstractas, hacia otras más concretas y específicas en relación con la situación de estos pueblos.

1. En primer lugar, habría que ubicar como principio y fundamento de estas reflexiones el carácter originario que los pueblos indígenas poseen en cuanto moradores de Amerindia. En estridente paradoja con esta afirmación habría que añadir que, a la vez que han sido poseedores y propietarios originarios de estas tierras, han constituido las principales y más dramáticas víctimas del colonialismo, lo que la Filosofía de la Historia que la Modernidad colonial ha narrado ha pretendido oscurecer y abstraer en todo momento. Ello les sitúa en una situación privilegiada para proceder a una reconstitución de la universalidad de los derechos, desde un lugar de enunciación diferente: el de la vulnerabilidad. Si existe una universalidad cons-

titutiva de los derechos humanos -más retórica e imaginaria, que real-, deberá darse o existir una universalidad estratégica o contingente orientada a aupar las condiciones de exclusión y vulnerabilidad de las personas y los grupos. Los derechos colectivos son pertinentes para esta labor de reconstrucción de la universalidad impostada, perdida, quebrada, para lo que será importante dar prioridad táctica y asumir un compromiso especial, más intenso, con los pueblos en aislamiento voluntario.

Ello exige un esfuerzo por normativizar sus exigencias y promocionar instituciones que permitan la protección de sus derechos y las garantías de sus reivindicaciones. En síntesis, será necesario realizar una hermenéutica de la universalidad que tenga en cuenta: por un lado, el carácter de extrema vulnerabilidad y fragilidad que estos pueblos poseen, las heridas y violencias que han sufrido como consecuencia del yugo colonial; por otro lado, la diferencia cultural y cosmovisional que estos pueblos aportan para interpretar la universalidad de los derechos y ubicarla contextualmente. Es aquí donde resulta fundamental la regulación e implementación de los derechos colectivos como límites al poder público y privado.

2. Siendo esto así, es necesario rescatar lo que Todorov ha llamado memoria ejemplar, para enfocarla y restañar todas las consecuencias posibles sobre la historia que han sufrido los pueblos indígenas. Se impone, por tanto, hacer un esfuerzo por revitalizar lo que se ha mantenido en un olvido trágico e intencional y proceder a la reactivación de formas de memoria ejemplar que tengan capacidad de restablecer plenamente los derechos colectivos indígenas. La memoria restaurativa por los daños sufridos, nos ayudará a establecer y recuperar prácticas culturales, formas de autoorganización comunitaria y de gobierno, lugares sagrados, referencias ceremoniales, prácticas sociales olvidadas o perdidas. Es decir, utilizar el pasado como propedéutica para un presente que necesita olvidar estratégicamente la tragedia y recordar para no repetir.

La memoria restaurativa también permite establecer nuevas comprensiones del presente; por qué se hicieron o dejaron de hacer dinámicas y procesos, y, en qué medida, el momento actual, debe entenderse y proyectarse desde la exigencia de "nunca más" un pasado histórico como el sufrido por los pueblos indígenas. La memoria restaurativa nos abre a nuevos retos, dimensiones y cosmovisiones, donde el estatuto y situación de los pueblos en aislamiento voluntario oferta una posibilidad y un referente histórico inmejorable para reparar heridas y violencias del pasado. La memoria es, por tanto, un ejercicio fundamental para combatir injusticias pasadas tal y como estas se instalan y comprenden en nuestro presente. Ahora bien, no es posible la justicia transicional para los pueblos indígenas sin el reconocimiento de su identidad y cultura, esto es, del carácter específico y sustantivo de sus derechos colectivos. Tampoco será posible si no avanzamos hacia procesos participativos estructurados a través de espacios paritarios que convoquen a representantes indígenas, representantes de los Estados y representantes de los organismos de Naciones Unidas encargados de velar por la salud y sostenibilidad de los derechos indígenas; que posibiliten la discusión, delimitación y consenso de todas las cuestiones que atañen y hacen referencia a sus formas de vida y derechos.

3. Tanto la universalidad real de los derechos humanos como la necesidad de articular una memoria restaurativa nos llevan, como exigencias de justicia, a plantearnos la cuestión de la responsabilidad colectiva por los daños causados en la estructura cosmovisional de los pueblos indígenas. Todo planteamiento público de responsabilidad exige el desarrollo de políticas públicas de restitución (de territorios y recursos usurpados); de compensación (por el daño sufrido, por lo que resulta imposible restituir); y de reconocimiento (de derechos colectivos).

Hablar de responsabilidad colectiva supone hacerse cargo de las violencias producidas por el proceso colonial, con carácter intergeneracional: interrogarse cómo los daños sufridos por generaciones pasadas producen efectos en las actuales condiciones de vida de los pueblos indígenas.

La responsabilidad colectiva, como lugar desde donde plantear prácticas restaurativas para los pueblos indígenas, exige tener en cuenta una serie de ideas eje. Entre ellas:

- La diferencia colonial -las heridas producidas por el colonialismo- nos impele a establecer un análisis diferenciado de las responsabilidades y los deberes, elemento fundamental para abordar cómo se han producido los procesos de exclusión y desposesión indígenas. Ello obliga a establecer diferentes niveles de responsabilidad y reclamo entre sociedades humanas, en función del estatuto de mando mantenido por la estructura colonial del poder. La diferencia colonial resulta fundamental para poder pensar diferenciadamente las alternativas políticas de restauración y memoria, dando un protagonismo fundamental, para ello, a los derechos colectivos. Estos se fundamentan en la necesidad de restitución de los bienes y derechos de los que fueron desposeídos los pueblos indígenas por el colonialismo. El desarrollo productivo de ciertas sociedades humanas ha implicado la dependencia de otras, con un impacto agravado sobre sus niveles de vida, sobre su bienestar global, pero también, y, sobre todo, sobre sus territorios, lo que exige ser valorado para establecer formas de responsabilidad asimétricas. Esa sería, precisamente, la situación de los pueblos en aislamiento voluntario. La diferencia colonial, junto con una teoría de las responsabilidades diferenciales, resultan fundamentales para evitar construir una Teoría de la Historia ciega a las fracturas del colonialismo, invisibilizando el impacto que ciertas sociedades humanas han producido sobre otras; lo que se traduce en una responsabilidad mayor, de algunas de ellas, en la producción y reproducción de la exclusión y la violencia. Ha sido la diferencia colonial la que ha propiciado una diferente responsabilidad inter-sociedades en la comprensión de la fractura ecosistémica que vivimos; es, también, ella, la que ha hecho sostenible un paradigma productivo desaforado como condición para entender la emancipación humana. Todo ello ha tenido un impacto reduplicado sobre los pueblos indígenas. Descolonizar la conservación, el ambientalismo y las transiciones implica tener en cuenta la diferencia colonial, como una manera específica y cualificada de violación de derechos[8].

- La razón colonial es innatamente desigual e injusta, tanto desde el punto de vista individual como colectivo. La responsabilidad colectiva para con los pueblos indígenas es la exigencia política y normativa más importante que contienen los derechos colectivos indígenas. Pensar las responsabilidades exige concretar los beneficios brutos obtenidos por el proceso colonial; otorgar morfología a la dimensión y expresión de las privaciones sufridas por los pueblos indígenas (museos indígenas, desposesiones territoriales, recursos expoliados, patrimonio indígena desplazado o apropiado, depredación de espacios naturales indígenas y nunca restituidos, y un largo etc.). Pero también deconstruir discursos y propuestas ideológicas que han servido para justificar el colonialismo con ribetes postmodernos, como las maneras de entender el desarrollo y los derechos por diferentes agencias, empresas, academias e instituciones que han obtenido sendos réditos de la empresa colonial. Explorar en qué medida los beneficios del pasado siguen produciendo ventajas

8 MARTÍNEZ DE BIRNGAS, A., "La política del Antropoceno. Hacia un fundamento común de las responsabilidades planetarias", *Derechos y Libertades*, nº 49, Época 2, junio 2023, pp. 149-150.

hoy en los Estados-nación postcoloniales y cuáles son las instituciones que son hoy beneficiarias de eso réditos[9].

- La responsabilidad colectiva debe ser valorada, de una manera primordial, desde la perspectiva de las víctimas. Por ello, una forma indiciaria de establecer los fundamentos de esta responsabilidad es analizar en qué medida la trasgresión y los daños propiciados por el régimen colonial tienen un carácter transgeneracional -como se ha dicho-, existiendo una relación de continuidad entre desposesiones pasadas y violencias contemporáneas. Los pueblos en aislamiento voluntario son un ejemplo paradigmático de ello. La razón del aislamiento tiene mucho que ver con el daño histórico causado en generaciones anteriores, cuyos traumas y heridas hoy heredan los pueblos en aislamiento voluntario. Por ello, habría que preguntarse hasta qué punto el aislamiento buscado, intencional, asumido, no es más que una estrategia para poder producir, reproducir y desarrollar la vida de la comunidad; una opción vital aprehendida como mecanismo de garantía y protección de la vida y los derechos colectivos frente a injerencias de terceros (colonos, otros pueblos indígenas, Estado, trasnacionales...).
- Otro eje importante es considerar el carácter colectivo del daño causado sobre los pueblos indígenas, para poder pensar categorías de responsabilidad colectiva. La identificación clara de las formas de daño colectivo resulta fundamental para la sutura de las violencias causadas y la restitución de bienes y derechos extirpados. Ese es el sentido y fundamento último de los derechos colectivos indígenas. Esto nos exige ir más allá de la forma que

---

9 MARTÍNEZ DE BRINGAS, A., "Los Derechos de los pueblos indígenas como estrategias para la descolonización. Un análisis de sus potencialidades", *Política y Sociedad*, vol. 60, nº 3, 2024, pp. 40-68.

tiene el discurso de derechos individuales para pensar el daño, la violencia y la restitución.

Recapitulando todo lo anterior, se podría decir que la existencia de un pasado colonial atroz como el que se ha sufrido en América Latina, cuyas principales víctimas han sido los pueblos indígenas, debería generar alguna forma de responsabilidad colectiva en los Estados-nación postcoloniales. La propia estructura y dinámica del colonialismo -por la magnitud de los daños causados- fundamenta y posibilita el reconocimiento de derechos colectivos para los pueblos indígenas, como el derecho a la cultura, al territorio, al desarrollo propio, a los recursos naturales, a la autonomía, a los modos de organización jurídica propia y un largo etc. Las exigencias de justicia global tramitadas en forma de responsabilidad colectiva, no hacen sino reconocer lo que ya existía: la inmanencia de los derechos colectivos indígenas con carácter pre-estatal, como rubrica la Corte Interamericana. Por tanto, la responsabilidad colectiva tiene la virtualidad de un nuevo garantismo jurídico: reconocer la identidad colectiva de estos pueblos y de sus derechos, mediaciones fundamentales por las que esta identidad se explique. Situamos, por tanto, el ámbito de extensión y aplicación de la responsabilidad colectiva en el reconocimiento de lo ya existente: los pueblos indígenas, sus derechos, sus formas de vida y ubicación soberanas. De ahí el sentido y la importancia de términos como plurinacionalidad, horquilla conceptual desde la que articular los derechos colectivos indígenas en el marco del Estado.

4. Abrirse a la realidad de los pueblos, en general, y a la de los pueblos en aislamiento voluntario, en particular, supone tomarse en serio el reto y las exigencias del pluralismo jurídico que su propia cosmovisión connota. Por ello, los diferentes ordenamientos jurídicos multinivel, deben hacer aprehensión de las diferentes lógicas normativas con la que se organiza una cosmovisión como la indígena. Ordenes cosmovisonales diferentes exigen ordenamientos jurídicos diferenciados. Por ello,

no es posible -si no es a través de una hermenéutica intercultural muy fina- trasponer las exigencias y lógicas normativas indígenas a las de los ordenamientos jurídicos estatales. Consideraciones como quiénes son sujetos de derechos; cuáles son las garantías jurídicas de las que efectivamente se dispone; de qué derechos humanos hablamos; cuándo se puede hablar de víctimas por violación de derechos humanos o quién posee legitimidad procesal de acuerdo con el sentido que fijan los ordenamientos jurídicos occidentales, exigen hacer una interpretación intercultural de la Declaración de Naciones Unidas sobre los derechos de los pueblos indígenas, para poder entender otra lógica de enunciar y vivir los derechos (derechos colectivos *vs.* Derechos individuales); otras maneras de entender lo normativo y sus funciones; otras formas de entender el daño y la reparación. La brecha intercultural se hace más aguda, desde el punto de vista de los derechos, si se tiene en cuenta que el ordenamiento jurídico estatal se ha construido sobre la perenne exclusión de los pueblos indígenas. El derecho estatal se ha caracterizado por condenar a estos pueblos a una situación de exclusión inclusiva a través de las políticas indigenistas (como se ha señalado), pero sin abrirse nunca a las posibilidades normativas que su propio orden produce. La lógica de la exclusión se proyecta hoy de manera mordaz y postmoderna sobre los pueblos en aislamiento voluntario, considerados pueblos sin agencia y sin existencia, sin dignidad para ser portadores de derechos. Se revitaliza, con ello, el contenido semántico del viejo *homo sacer.*

El derecho estatal no sólo ha estado empeñado en no integrar las posibilidades normativas de los pueblos indígenas; sino que las prácticas normativas que hoy se ensayan para realizarlo, están desde el principio inhabilitadas para poder articular la sensibilidad indígena. Los marcos normativos estatales, empeñados en regular el monoculturalismo, por medio del blindaje constitucional, han reducido la "cuestión indígena" a meros capítulos o apéndices, dejando recortado el derecho a la autodeterminación indígena y el carácter co-soberano que los sistemas normativos indígenas poseen respecto a los regímenes constitucionales. Mientras se insista con encono en seguir enclaustrando la "cuestión indígena" en espacios constitucionales rígidos, ficticiamente interculturales, son muy pocos los avances normativos que puedan darse para alcanzar una situación de pluralismo jurídico real entre los sistemas normativos indígenas, los sistemas constitucionales y el derecho internacional de los derechos humanos.

Como ha sido ya extensamente comentada, la sentencia Awas Tingni[10] establece como condición necesaria para su aplicación la necesidad de otorgar fundamentalidad a otros sistemas normativos y cosmovisionales, como el indígena, el Derecho Internacional de los derechos humanos, sustentos normativos que otorgan centralidad a la vulnerabilidad indígena en cualquier conflicto territorial. Una complejificación evidente de estos conflictos es la que presentan los pueblos en aislamiento voluntario.

El reconocimiento del derecho de propiedad colectiva indígena instaura un principio general de derechos humanos para los pueblos indígenas en el orden del Derecho Internacional. Este principio, que reconoce formas de propiedad colectiva para estos pueblos, inaugura una consideración diferente de entender la propiedad en el orden internacional, desbordando la manera civilista y patrimonial que tiene el Estado de explicarla.

Este reconocimiento abierto que establece la sentencia, podría aplicarse a la situación de aislamiento voluntario con la que viven muchos pueblos, especificidad y concreción del

---

10 CORTE IDH, *Caso de la Comunidad Mayagna (Sumo) Awas Tingni Vs. Nicaragua.* Fondo, Reparaciones y Costas, Sentencia de 31 de agosto de 2001. Serie C No. 79

reconocimiento del derecho de propiedad que se deriva de la naturaleza de la sentencia. Las tierras ocupadas y habitadas por estos pueblos son una expresión concreta con la que se manifiesta el derecho de propiedad comunal; a ello habría que añadir la intención y la voluntad de vivir en aislamiento frente a otras formas de vida humanas. Ello determina la naturaleza y el sentido con la que esa propiedad ha venido ocupándose y usándose ancestralmente, teniendo en cuenta las diferentes situaciones vitales, geoestratégicas o culturales con las que habitan estos pueblos. Un paso más en ese proceso de uso y habitabilidad del territorio es el deseo expreso de aislamiento, cualidad necesaria para vivir en él.

La Corte Interamericana de Derechos Humanos establece un momento basal, constituyente, desde donde dimanan nuevos derechos, aunque desde otra lógica y otro orden cosmovisional, reconociendo, de manera contundente, a los pueblos indígenas como sujetos soberanos de su territorio. La sentencia reconoce el derecho a la propiedad colectiva de los pueblos indígenas con carácter pre-estatal. Este reconocimiento originario fija la existencia de una soberanía ancestral, constituyente, para los pueblos indígenas, precediendo la de los Estados. La soberanía estatal es constituida y derivada frente a ese reconocimiento instituyente, el de los pueblos indígenas como propietarios originales del territorio. La soberanía instituyente, que brota de otro orden cosmovisional, reside en los habitantes originarios. Esta soberanía los convierte en sujetos de derecho sin necesidad de reconocimiento o sanción estatal. Para ello es necesario que se establezca, como venimos reclamando, una relación dialógica entre ordenes cosmovisionales: el de los Pueblos indígenas, el del Estado en el que se insertan y el del Derecho Internacional de los Derechos Humanos, trascendiendo los principios estado céntricos en la manera de entender el Derecho y los derechos.

Esta interpretación constituyente de la soberanía de los pueblos indígenas con carácter pre-estatal debe ser necesariamente aplicada a los pueblos en aislamiento voluntario, para quebrar las aporías y las falacias que los configuran como entidades sin subjetividad, comunidades sin derechos. De lo expuesto se deduce que su subjetividad deriva de otro orden de reconocimiento y es ese orden el que instituye, precede y fundamenta el orden soberano del Estado. El hecho de fundamentarlo, no sitúa a los Estados en una relación de postración o subordinación; los impulsa, más bien, a desarrollar una interpretación intercultural, elástica y pluricosmovisional de la tutela judicial efectiva, lo que se traduce, necesariamente, en la necesidad de reconocer derechos colectivos junto con soberanía indígena, mediaciones interculturales necesarias para dialogar con los ordenamientos jurídicos estatales.

5. Asumiendo que el lugar de enunciación y abordaje de la situación de los derechos de los pueblos en aislamiento voluntario tiene que hacerse, necesariamente, desde la cosmovisión indígena, vamos a tratar de concretar y especificar la necesidad e idoneidad de los derechos colectivos como garantías para la protección de estos pueblos. En primer lugar, es necesario matizar la perspectiva y el enmarque desde donde consideramos los derechos. Por ello, los derechos humanos son conquistas sociales, el resultado de luchas y movilizaciones que las dinámicas sociales indígenas desarrollan. No nacen de una situación de idealidad o de estados de naturaleza. Si esto fuera así, los pueblos indígenas carecerían de derechos; su dignidad vendría timbrada por la barbarie y la incivilización; lo que se traduce normativamente en la imposibilidad de considerar a estos pueblos como sujetos aptos, capacitados para poseer derechos. Por eso, si los derechos humanos surgen como exigencias para dar soluciones a situaciones complejas de exclusión y vulnerabilidad, los pueblos indígenas en situación aislamiento voluntario, dada la extrema vulnerabilidad que padecen, deberían ser objeto prioritario de protección. Estos pueblos dan auténtico sentido a la universalidad de los derechos, precisamente, porque sus reclamaciones son un intento de recomponer la maltrecha

e ideológica universalidad eurocentrada. Sin un compromiso prioritario con la causa de estos pueblos, la universalidad de los derechos estará en peligro de extinción.

Esta nueva lógica de derechos que reclamamos supone quebrar fundamentos naturalizados e imposiciones asumidas como evidentes para integrar y construir los derechos humanos. Para ello es necesario desvincular los derechos de la nacionalidad, del lugar de nacimiento de una persona o colectivo. La soberanía de los derechos arraigada en la Nación, lleva a una consideración reductiva de esta mediación al reconocer derechos sólo a los ciudadanos. La gran desviación consiste en situar el fundamento de la soberanía en el nacimiento. La naturalización de la secuencia lógica estructurada como Nación-ciudadanos-derechos, arroja a la exclusión, a situación de vulnerabilidad extrema y, en el caso de los pueblos en aislamiento voluntario, a la extinción, a muchos grupos humanos. Estos pueblos, según hemos ido reflejando, no existen; carecen, por tanto, de dignidad y, en última instancia, son *homo sacer*, no existentes, ajenos a la configuración nacional que reconoce y construye derechos. Carecen de ciudadanía, por ello se les niega capacidad para ejercitar derechos. En consonancia, los pueblos en aislamiento voluntario son entidades absolutamente disponibles, susceptibles de ser asesinados, expulsados, desplazados, desalojados, desposeídos de sus territorios.

Es necesario realizar una desconexión del maridaje que se produce entre nacimiento y Estado-Nación, para dar cabida a los derechos colectivos indígenas, asentados en otros tipos de premisas, como el vínculo territorial o la dimensión relacional de estos pueblos con la Naturaleza. Es pertinente, por ello, otorgar capacidad constituyente a otros órdenes jurídicos –como los Sistemas Normativos Indígenas[11]- para poder funda-

---

11 Véase Capítulo V.

mentar derechos y abrir un diálogo intercultural desde donde consensuar puntos de convergencia suficientes para caminar hacia una situación de universalidad real, lo que pasa, por el establecimiento de mecanismos de garantía y protección para todos aquellos cuya existencia está negada, expulsada, perseguida.

Admitiendo la validez de ordenamientos jurídicos plurales y, por tanto, de núcleos de emanación jurídica donde existen prácticas, formas y modos diferentes de vivir y ejercitar los derechos humanos, parece necesario desvincular la relación entre Estados y pueblos, ya que este artificio, nos arrastra a la macabra consideración de pueblos sin Estados, aquellos a los que se les ha arrebatado la dignidad y la soberanía, como los pueblos en aislamiento voluntario. El pluralismo real que venimos afirmando se constituye necesariamente desde el dinamismo soberano de los pueblos que luchan por sus derechos. Así se cierra la circularidad entre derechos humanos como conquistas sociales y conquistas articuladas desde Pueblos soberanos que no son Estados, como los pueblos indígenas.

Teniendo en consideración todo lo afirmado, pasaremos a concretar algunas criterios y medidas que mejorarían la situación de los pueblos indígenas en aislamiento voluntario, desde la lógica de derechos que venimos desarrollando. Es necesario asumir, para ello, que los derechos colectivos indígenas quiebran la lógica de la legitimidad procesal manejada por Occidente. Ello puede entenderse si se tiene en cuenta que los derechos indígenas tienen una dimensión netamente colectiva y comunitaria, de difícil demarcación y delimitación según la lógica positivista; mientras que, por contraste agresivo, el Derecho estatal, en su versión liberal, viene caracterizado por su carácter individual y personalísimo, por su dimensión privatizante y atomística, ajena a una comprensión holística e interdependiente de la vida. La propia definición de sujeto indígena (de derechos) entra en estridente conflicto con la manera estatal de definir y fundamentar la subjetividad de los derechos. Lo que nos interesa es cómo damos solución al hecho de que los pueblos en aislamiento voluntario puedan ser considerados sujetos plenos de derecho ante los conflictos y la violencia que acontece.

Teniendo en cuenta lo anterior y asumiendo las referencias a los derechos específicamente indígenas que quedan recogidos en el Convenio 169 de la OIT, en la Declaración de Naciones Unidas sobre los Derechos de los Pueblos Indígenas, así como en la Declaración Americana sobre Derechos de los Pueblos Indígenas, sería necesario establecer un estatuto específico de reconocimiento para los pueblos indígenas en aislamiento voluntario. Este estatuto debería: 1) definir qué se entiende por pueblos en aislamiento voluntario de una manera soberana y constituyente; 2) reconocer que el carácter de pueblos aislados es una especificidad propia de su identidad; una cualidad colectiva que los define y caracteriza soberanamente. No son un subproducto, una tipología diferente de "pueblos indígenas"; su cualidad de pueblos aislados es un determinante propio de su identidad colectiva. Se es indígena y sujeto de derechos en la medida, también, que se está en situación de aislamiento. Para ello ayudaría formular este estatuto en forma de derecho sustantivo a permanecer aislado; como una prolongación material del derecho a la autodeterminación indígena. Ésta adquiere especificidades y rostros distintos, según los diferentes pueblos y nacionalidades. La autodeterminación de estos pueblos viene perfilada por el aislamiento voluntario como elemento definitorio de las maneras de existir y de las formas que adquiere la organización política de estos pueblos.

Este estatuto específico de identificación podrá articularse en dos momentos:

I) Un primer momento, donde, reconociendo la idiosincrasia de estos pueblos, asumiendo la situación de especial vulnerabilidad que sufren, se establezca la existencia de una serie de medidas con un triple objetivo: preventivo, protector y garantista. Estos tres objetivos guardan una unidad inescindible, de tal manera que, dadas las condiciones de vulnerabilidad de estos pueblos, sea difícil establecer y saber hasta dónde llega la prevención, dónde empieza la protección y cuál es el ámbito de las garantías. El carácter preventivo tiene que ver con elementos que definen su identidad colectiva: su carácter de aislamiento voluntario y su deseo de no-contacto. Exige que se establezcan las medidas necesarias para evitar injerencias frente a terceros (colonos, empresas, Estado, trasnacionales, otros pueblos indígenas) en estos espacios vitales, medidas que derivan del derecho a permanecer aislados como grupo. Las injerencias se pueden traducir en: agresiones, matanzas masivas, desplazamientos forzosos, desubicaciones territoriales, desposesión de recursos, contagio de enfermedades desconocidas que puedan resultar deletéreas para la comunidad teniendo en cuenta el régimen de aislamiento que las caracteriza y un largo etc.

La dimensión protectora y garantista pasa por el establecimiento de mecanismos específicos ante la situación de precariedad con la que viven estas comunidades. Algunos de esos mecanismos podrían ser: la regulación constitucional y legal del Derecho al aislamiento y al no-contacto, lo que tendría que ir acompañado de un procedimiento de sanciones frente terceros, cuando la injerencia se produce sin el consentimiento de estos pueblos; el establecimiento de demarcaciones preventivas para evitar el contacto y colisión con terceros, que funcione como espacio de resolución de conflictos (Estado, pueblos indígenas, colonos, empresas); la aplicación de todas las posibilidades de las que dispone el Estado para lograr una protección garantizada de los derechos fundamentales y de los derechos específicamente indígenas reconocidos por el Derecho Internacional de los Derechos Humanos.

II) Un segundo momento, orientado al establecimiento de criterios para la coordinación y resolución de conflictos de competencia entre el Derecho Estatal y los Sistemas Normativos Indígenas, desde la específica competencia y perspectiva de los pueblos en aislamiento voluntario. Dichos criterios podrían exigir el establecimiento de organismos y agencias orientadas a resolver conflictos ante una posible colisión de derechos entre diferentes partes implicadas. Estos organismos deberían tener una estructura multipartita en la que estén presentes: representantes de los pueblos aislados, representantes del Estado; especialistas en mediación de conflictos; representantes de cualquier otra parte en conflicto (empresas, colonos, pueblos indígenas).

Entre los criterios que podrían fijarse para la resolución de conflictos de competencia estarían: a) el establecimiento de mecanismos para integrar las disposiciones de los Sistemas Normativos Indígenas; b) la remisión a éstos en caso de conflicto; c) el fortalecimiento de las autoridades indígenas como mediadoras y partes privilegiadas en el conflicto; d) el establecimiento de mecanismos de colaboración entre las partes afectadas, con carácter multinivel (local, regional, estatal, internacional).

El mecanismo de colaboración que se cree será también el competente para establecer, mediando consulta y consentimiento previo de estos pueblos, en qué condiciones sería posible intervenir en esos territorios. Los criterios que se establezcan deberán emanar de una interpretación intercultural de los derechos humanos. Por ello, el mecanismo estará legitimado para intervenir ante la existencia de pandemias que puedan poner en peligro la vida o dañar seriamente la salud de estas comunidades; ante graves situaciones de colapso ecológico que puedan provocar un deterioro importante en los territorios que ocupan, afectando a sus estructuras y posibilidades de existencia; ante la injerencia violenta de terceros en estas zonas protegidas, sin mediar autorización, consentimiento o algunas de las medidas extraordinarias que hayan quedado previamente consensuadas.

CONCLUSIONES

Uno de los objetivos de este capítulo era describir las formas y las maneras con las que se ha expresado la exclusión y la desposesión indígena en América Latina. Narrar cómo se han venido construyendo las políticas indígenas con sesgos estructuralmente discriminatorios. Para ello, focalizábamos el trabajo en la figura de los pueblos indígenas en aislamiento voluntario, estableciendo un símil de éstos con la arcaica figura romana del *Homo Sacer*. Igual que el *Homo Sacer*, estos pueblos resultan plenamente disponibles y sacrificables para los poderes, públicos y privados. En el marco de muchos estados latinoamericanos, los pueblos en aislamiento voluntario son despojados de su dignidad y agencia debido a la necesidad que exhiben de desvincularse, de rehuir las formas de sociabilidad que el proceso civilizatorio propone. Ello resulta un reto descomunal para la doctrina de los derechos humanos que necesita pensar y sentir otras maneras de ser viviente y humano; otras formas de resultar protegidos por derechos, adaptándose a las condiciones existenciales de estos pueblos. Para poder dar profundidad analítica a la problemática relatada hemos realizado un meditado estudio que los efectos de la historia colonial ha producido y produce sobre los pueblos indígenas, con una especial mirada sobre la situación de los pueblos en aislamiento voluntario, describiendo, de manera meticulosa, los daños, desposesiones y vulneraciones que esta historia colonial (pasada y presente) ha producido sobre el desarrollo de los pueblos indígenas, a través del modelo asimiliatorio que las políticas indigenistas han implementado.

Conclusiones

Este trabajo ha hecho pivotar toda su estructura teórica en torno a dos ideas centrales: colonialismo y derechos colectivos indígenas. Su eje de desarrollo ha consistido en plantear que los modos de vida indígena, articulados a través de formas de buena vida que se arraigan y cimentan en los especiales vínculos culturales y espirituales que los pueblos indígenas tienen con sus territorios, han quedado configurados formalmente como derechos colectivos, la otra dimensión de los derechos, una avenida interesante para la descolonización del ser, del saber y del poder.

Tras la larga e intensa propuesta teórica desarrollada, podemos inferir una serie de ideas fuerza que dan medida de la naturaleza y potencialidad de los derechos colectivos indígenas:

- Los derechos indígenas implican una crítica radical al pensamiento binario, proponiendo, en su lugar, una lógica de la complementariedad y la relacionalidad: chacha-warmi. En la comprensión aymara, *chacha* significa hombre y *warmi* mujer. Es un concepto que implica complementariedad entre hombres y mujeres, más allá del dimorfismo de género, diferencia profundamente institucionalizada y remarcada en Occidente, como un patrón que ontologiza y esencializa el ser hombre y mujer. Las mujeres, serían en este sentido, "la mitad del todo", de cada comunidad y cada pueblo, expresión de mitad de la igualdad, expresión de un principio como la complementariedad horizontal, donde la comunidad funcione como punto de llegada y partida para ejercitar dicha complementariedad. En este sentido, abandonan la tradicional escisión que el discurso clásico de derechos construye entre sujeto-objeto; hombre-mujer; racionalidad-corporalidad; tierra-territorio; naturaleza-cultura. La corporalidad del saber es una praxis y metodología necesaria para la existencia y aplicación real de los derechos indígenas. Se trata de aplicar la sensibilidad-intelectiva, el senti-pensar, la corpo-política, como exigencias metodológicas para el acceso a los derechos y su aplicación. Ello implica ya una alternativa al desarrollo. Conlleva, también, una crítica radical del dualismo cartesiano que inferioriza formas de vida no humana, prácticas vitales que otorgan importancia a la corporalidad, a la territorialidad, a la espiritualidad, a las tramas culturales.

- Los derechos indígenas hacen pivotar el eje de su mirada sobre una comprensión de la territorialidad que implica complejas relaciones ecosistémicas. La territorialidad es condición de posibilidad para el acceso y el ejercicio de otros derechos, como la autonomía o los sistemas normativos indígenas. Por ello, constituciones como las Ecuador o Bolivia han intentado ubicar en sede normativa una consideración biocéntrica de la existencia y los derechos, lugar desde donde entender cualquier configuración normativa que especifique el derecho a la vida. El biocentrismo exige la experimentación y dosificación de todos los derechos desde las posibilidades que ofrece la territorialidad en cuanto cuerpo político. El modo de habitar, ocupar y gobernar el territorio, da sentido y orientación a los derechos, y constituye el enclave desde donde entender la interdependencia de todos ellos. Desde ahí adquiere sentido una nueva consideración de las subjetividades colectivas, como la de los pueblos indígenas, trabada desde la relación sujeto-comunidad-cuerpo-territorio.

- Los derechos indígenas incorporan una consideración diferente del tiempo procesal, coordenada desde las que tasar y pautar los derechos. Ello implica una manera distinta de comprender las garantías, la responsabilidad, los deberes, la extinción y caducidad; en general, los tiempos de existencia y protección de los derechos. Frente al tiempo lineal clásico con el que se articula el derecho procesal y administrativo estatal, la propuesta indígena funciona arqueada sobre la lógica de un tiempo circular, transgeneracional y transpersonal, lo que nos confronta con otras maneras y lógicas de entender la norma, la validez, el deber, el daño, el dolo, la sanción, la reparación, etc. Por ello, la comprensión de los derechos indígenas es inasumible e inaplicable sino es desde las posibilidades heurísticas que ofrece el Pluralismo Jurídico, desbordando el marco normativo estatal, lo que nos abre a otras maneras de dialogar con el Derecho y los derechos.

- Los derechos indígenas implican, también, una manera diferente de entender el espacio. Este es más circular que lineal (lógica estatal); se expresa de manera transfronteriza (más allá de los estrechos marcos con los que se entienden los derechos de ciudadanía en el ámbito del Estado-nación delimitado por fronteras); se proyecta de manera transpersonal (más allá del sujeto individual como centro de imputación del Derecho, y con una durabilidad diferente) y transgeneracional (incluyendo generaciones pasadas, presentes, futuras, así como las sinergias y las lógicas de interdependencia y reciprocidad entre ellas), lo que nos abre a nuevas formas de entender y garantizar los derechos. Una consecuencia fundamental de lo afirmado es una re-interpretación de la lógica de las fronteras como condición de posibilidad para la existencia de los derechos y la distribución de las relaciones de poder. La territorialidad indígena obliga a repensar y reformular la ciudadanía en cuanto centro de imputación de derechos dentro de un orden normativo dado. La mirada indígena de los derechos trasciende las bases estatales de fundamentación del Derecho.

- La manera indígena de pensar los derechos no viene pautada por la secuencia causa-efecto, aferrada a una consideración teleológica de lo normativo. La propuesta indígena es relacional, irrumpe desde la complementariedad del cuerpo, la inserción de lo colectivo en la vida y la importancia del territorio como contrapunto para entender en sentido del Derecho. La relacionalidad descompone las clásicas construcciones normativas en torno a las titularidades; la división jurídica clásica entre derechos reales y personales; la manera de entender el daño y la reparación; la lógica de la sanción; la manera de pensar los principios normativos como igualdad, libertad, seguridad jurídica; la forma de entender la ciudadanía, la nacionalidad, la extranjería, y un largo etc.

- Los pueblos indígenas posicionan una consideración biocéntrica de los derechos y la Vida, lo que implica ubicar como fundamento de los mismos, individuos, especies y ecosistemas, un proceso donde se reconozcan valores intrínsecos que sean propios de la Vida, tanto humana como no humana. Esto implica tomarse en serio los derechos de la Naturaleza. Una lógica que haga de la Vida el centro de la epistemología de los derechos, permitiendo un diálogo normativo intercultural entre particularidad humana y totalidad ecológica, a partir del reconocimiento del principio de igualdad biocéntrica, donde todas las especies vivientes tengan la misma importancia, generando obligaciones con las mismas a partir del inherente valor que se les reconoce.
- Desde el punto de vista epistemológico, el conocimiento indígena funciona de manera acumulativa, a partir de los saberes comunitarios, pensando desde los intersticios de los contextos y los territorios. Por tanto, no se trata de un conocimiento segmentado, atomizado, especializado, sino holístico. Ello resulta de vital importancia para entender disciplinas como la educación intercultural bilingüe indígena y las prácticas indígenas de salud. Exige

pensar los derechos económicos sociales y culturales desde otra lógica y sentido.

- La cultura y espiritualidad indígena son un vector clave de interpretación y sentido de los derechos indígenas. Las prácticas espirituales y culturales, los rituales, las estructuras mitológicas indígenas, no forman una dimensión privada de la vida, sino que son prácticas de sostenimiento de la misma. Frente a la dicotomía occidental, que otorga un lugar privado a las religiones y sus prácticas, para los pueblos indígenas, como para otras cosmovisiones religiosas, la espiritualidad atraviesa la Vida y la manera de entender todos los derechos: desde la territorialidad, al trabajo; desde la salud, a la educación, pasando por los derechos personales y por la comprensión de la vida comunitaria y familiar. A Ello hay que añadir un elemento importante: la oralidad como modo fundamental de expresión y articulación de los derechos, frente a la tiranía de la ley escrita como condición de posibilidad para la existencia de una norma. En una lógica jurídica, como la Occidental, donde las prácticas no escritas adolecen de valor normativo y, por tanto, de validez y seguridad jurídica, irrumpe la propuesta indígena de entender los derechos desde la oralidad, la cultura y la espiritualidad.
- Finalmente, habría que hablar de la importancia que las personas mayores y tienen para la trasmisión del conocimiento como prácticas para el sostenimiento de lo colectivo, para el ejercicio del Derecho indígena, y para garantizar las diferentes formas de autogobierno. Frente a estilos de vida que apartan a las personas mayores del centro de la vida, las deslegitiman, las degradan y cosifican, la perspectiva indígena les otorga una centralidad importante para el buen gobierno de lo común. Nos encontramos ante otras formas de organizar, estructurar, transmitir y administrar el conocimiento y el poder.

Bibliografía Básica

ACOSTA, A., *El Buen Vivir. Sumak Kawsay, una oportunidad para imaginar otros mundos,* Icaria, Madrid, 2013.

ACOSTA A. y MARTÍNEZ E., *La Naturaleza con derechos. De la filosofía a la política,* Abya Yala, Quito, 2001.

AGAMBEN, G., *Medios sin fin. Notas sobre la política,* Pre-textos, Valencia, 2000.

Homo Sacer. El poder soberano y la nuda vida, Pre-textos, Valencia, 2003.

ALBÓ, X., "Las flamantes autonomías indígenas en Bolivia", en GONZÁLEZ, M. et. al., *La autonomía a debate. Autogobierno indígena y estado plurinacional en América Latina,* Flacso, Ecuador, 2010, pp. 355-390.

ALBÓ, X. y BARRIOS, J., *Por una Bolivia pluricultural e intercultural con autonomías,* PNUD, Bolivia, 2006.

ALBÓ, X. y ROMERO, M., *Autonomías indígenas en la realidad boliviana y su nueva Constitución,* Vicepresidencia de la República, La Paz, 2009.

ANAYA, J., *Los pueblos indígenas en el derecho internacional,* Trotta, Madrid, 2005.

"El derecho de los pueblos indígenas a la libre determinación tras la adopción de la Declaración" en CHAMBERS C. y STAVENHAGUEN, R., *El desafío de la Declaración. Historia y futuro de la Declaración de la ONU sobre Pueblos indígenas,* IWGIA, Dinamarca, 2010, pp. 194-209.

ARÉVALO G., "Reportando desde un frente decolonial: la emergencia del paradigma indígena de investigación", en ARÉVALO G. y ZABALETA I. (eds.), *Experiencias, luchas y resistencias en la diversidad y la multiplicidad,* Asociación Intercultural Mundu Berriak, Bogotá, 2013.

AVILA R., *La utopía del oprimido. Los derechos de la naturaleza y el buen vivir en el pensamiento crítico, el derecho y la literatura,* Akal, Madrid, 2019.

AYLWIN, J., "Pueblos indígenas de Chile: antecedentes históricos y situación actual", en *Instituto de Estudios Indígenas. Universidad de la Frontera,* Documento nº 1, '[en línea] (2004), <http://www.xs4all.nl/~rehue/art/ayl1a.html> [Consulta 12/05/2010]

BACON, F., *Novum Organum,* Ed. Fontanella, Barcelona, 1984.

BARRÈRE, M., "Iusfeminismo y derecho antidiscriminatorio: hacia la igualdad por la discriminación" en MESTRE I MESTRE, R., *Mujeres, derechos y ciuda*danías, Icaria, Madrid, 2008.

"La interseccionalidad como desafío al mainstreaming de género en las políticas públicas", *Revista Vasca de Administración Pública*, nº 87-88, 2010, pp. 225-252.

BARRÈRE M. y MORONDO, D., "Subordinación y discriminación interseccional: elementos para una teoría del derecho antidiscriminatorio", *Anales de la Cátedra Francisco Suárez*, nº 45, 2011, pp. 15-42.

BAUBÖK, R., "Justificaciones liberales para los derechos de los grupos étnicos" en GARCÍA S. y LUKES S. (comps.), *Ciudadanía: justicia social, identidad y participación*, Siglo XXI, Madrid, 1999, pp. 160-169.

BAUMAN, Z., *Modernidad líquida*, Fondo de Cultura Económica, México, 2001.

BAUTISTA, R., *Pensar Bolivia. Del Estado colonial al Estado plurinacional*. Vol. II: "La reposición del Estado señorial: 2009-2012", Rincón Ediciones, La Paz, 2012.

BERRAONDO, M., *El derecho indígena al medio ambiente*, Tesis Doctoral, 2007.

BUTLER, J., ZIZEK, S., LACLAU, E. (eds.), *Contingencia, hegemonía, universalidad*, Fondo de Cultura Económica, México, 2000.

BOLLIER, D. (2016), *Pensar desde los comunes. Una breve introducción*, Traficantes de sueños, Madrid.

BORRAZ, P. (coord.), *La participación indígena en el Convenio sobre Diversidad Biológica*, Watu, Madrid, 2006.

"El Convenio sobre Diversidad Biológica y el conocimiento tradicional de los pueblos indígenas", manuscrito.

CABNAL, L., "Tzk´at, Re de Sanadoras Ancestrales del Feminismo Comunitario desde Iximulew-Guatemala", *Ecología Política*, 54, 2017, pp. 100-104.

CABODEVILLA, M.A., *El exterminio de los pueblos ocultos*, Cicame, Ecuador, 2004; *La selva de los fantasmas errantes*, Cicame, Ecuador, 1997.

CAJETE, G., *Native Science: Natural Law o Interdependence*, Cear Light Publishers, Santa Fe, 1999.

CASTRO GÓMEZ, S., "Ciencias sociales, violencias epistémica y el problema de la invención del otro" en LANDER E. (ed.); *La colonialidad del saber: eurocentrismo y ciencias sociales. Perspectivas latinoamericanas*, Clacso, Buenos Aires, 2000, pp. 88-98.

El tonto y los canallas: Notas para un republicanismo transmoderno, Universidad Javeriana, Bogotá, 2019.

CASTRO-GÓMEZ, S. y GROSFOGUEL, R. (eds.), *El giro decolonial. Reflexiones para una diversidad epistémica más allá del capitalismo global*, Siglo del Hombre Editores, Bogotá, 2007.

CHAKRABARTY, D., *Al margen de Europa. Pensamiento poscolonial y diferencia histórica*, Tusquets, Barcelona, 2000.

"The Climate of History: Four Theses", *Critical Enquiry*, 35, 2009, pp. 197-222.

"Postcolonial Studies and the Challenge of climate Change", *New Literary History*, 43:1, 2012, pp. 1-18.

CHARTES C. y STAVENHAGUEN R. (eds.), El Desafío de la Declaración. Historia y futuro de la Declaración de la ONU sobre pueblos indígenas, Iwgia, Copenhague, 2010.

CHILISA B., *Indigenous Research Methodologies*, Sage, London, 2012.

CHILISA B.& NTSEANE P., "Resisting dominant discourses: Impications of Indigenous African Feminist Theory and Methods for Gender and Education Research", *Gender and Education*, 22 (6), pp. 617-631.

CHIRIF, A., *Estudio Regional. Comparación de la normativa sobre los territorios indígenas y de su implementación. Bolivia, Colombia, Ecuador, Perú, Paraguay*, Programa Pro-indígena, Quito, 2015.

Comparación de la normativa sobre los territorios indígenas y de su implementación. Bolivia, Colombia, Ecuador, Perú, Paraguay, Programa Pro-indígena, Quito, 2015.

CHIRIF, A. y GARCÍA, P., *Marcando territorio. Progresos y limitaciones de la titulación de territorio indígenas en la Amazonía*, IWGIA, Copenhague, 2007.

CIDH, *Pueblos Indígenas en aislamiento voluntario y contacto inicial en las Américas*, OEA&IWGIA, 2013.

Pueblos indígenas, comunidades afrodescendientes y recursos naturales: protección de derechos humanos en el contexto de actividades de extracción, explotación y desarrollo, OEA, 2015.

COICA, "El territorio y la vida indígena como estrategia de defensa de la Amazonía" en *Primer Encuentro Cumbre entre Pueblos Indígenas y ambientalistas*, Coordinadora de Organizaciones Indígenas de la Cuenca Amazonía, Iquitos, 2000.

COMISIÓN INTERAMERICANA DE DERECHOS HUMANOS, *Derecho de los pueblos indígenas y tribales sobre sus tierras ancestrales y recursos naturales*, OEA, 2009.

Caso Mary y Carrie Dann vs. Estados Unidos de Norteamérica, Informe de Fondo nº 75/02 de 27 de diciembre de 2002.

CONNOLLY, W., *The Ethos of Pluralization*, University of Minnesota Press, Minnesota, 1995.

COURTIS, Ch., *Derechos sociales, ambientales y relaciones entre particulares. Nuevos horizontes*, Cuadernos Deusto de Derechos Humanos, nº 42, 2007.

CRAM F., "Manteining indigenous voices" in MERTENS D.M. & GINSBERG P.E. (ed.), *The Handbook of social research ethics*, Sage, CA, 2009, pp. 308-322.

CULLINAN C., *Wild Law. A Manifiesto for Earth Justice*, Chelsea Green Publishing, Vermont, 2011.

DANOWSKY, D. y VIVEIRO DE CASTRO, E., *¿Hay un mundo por venir? Ensayo sobre los miedos y los fines*, Futuros Próximos, Buenos Aires, 2019.

DARREL, P. y DUTFIELD, G., *Beyond Intellectual Property: towards traditional resource rights for indegenous peoples and local communities*, Internacional Developtment Research Center, Ottawa, 1996.

DÁVALOS S., "El Sumak Kawsay y las cesuras del desarrollo", en HIDALGO-CAPITÁN, GUILLÉN GARCÍA y GUAZHA (eds.), *Antología del pensamiento indigenista ecuatoriano sobre Sumak Kawsay*, CIM, Huelva, 2014.

DAVISON, D., "A Unified Theory of Thought, Meaning and Action", in *Problems of Rationality*, OUP, 2004.

DEFENSORÍA DEL PUEBLO DEL PERÚ, *Análisis de la normatividad sobre la existencia legal y personalidad jurídica de las comunidades nativas*, Defensoría del Pueblo, Lima, 1998.

DERRIDA, J., *Políticas de la amistad*, Trotta, Madrid, 1998.

DESCOLA, PH., *Más allá de naturaleza y cultura*, Amorrortu, Barcelona, 2012.

DOMÍNGUEZ R. y CARIA S., L*a ideología del Buen Vivir: la metamorfosis de una alternativa al desarrollo de toda la vida*, UASB-Ecuador, Quito, 2014.

DESCARTES, R., *El Discurso del Método*, Alba, Madrid, 1997.

ELSTER, J., "Marxismo, funcionalismo y teoría de juegos. Alegato en favor del individualismo metodológico", *Zona abierta*, 1984, No. 33, octubre-diciembre, pp. 40-68.

ESTERMANN J., *Filosofía Andina. Sabiduría indígena para un nuevo mundo*, ISEAT, La Paz, 2009.

ESTÉVEZ ARAUJO, J. A., *El revés del Derecho. Transformaciones jurídicas en la globalización neoliberal*, Universidades Externado de Colombia, Bogotá, 2006.

El libro de los deberes. Las debilidades e insuficiencias de una estrategia de derechos, Trotta, Madrid, 2013.

EHRLICH, E. *Escritos sobre sociología y jurisprudencia,* Marcial Pons, Madrid, 2005.

FAO y FILAC (2021). *Los pueblos indígenas y tribales y la gobernanza de los bosques. Una oportunidad para la acción climática en América Latina y el Caribe,* Santiago, FAO.

FOUCAULT M., *El orden del discurso,* Tusquets, Buenos Aires, 1992.

FRASER N. y HONNETH, A., *¿Redistribución o reconocimiento? Un debate político filosófico,* Ed. Morata, Madrid, 2006.

FUKASAKU, K., y HAUSMANN, R., *Democracy, decentralization and deficits in Latin America,* Development Centre of the Organization for Economic Co-operation and Development, Inter-American Development Bank, 1998.

FUNDACIÓN TIERRA BOLIVIA, *Territorios Indígenas Originarios Campesinos en Bolivia, entre la Loma Santa y la Pachamama,* Fundación Tierra, La Paz, 2011.

GARCÍA, L. y BORRAZ, P., "La participación indígena en los Foros internacionales: Lobby político indígena" en BERRAONDO, M. (ed.), *Pueblos indígenas y derechos humanos,* Universidad de Deusto, Bilbao, 2006.

GARCÍA HIERRO, P., "Territorios indígenas: tocando a las puertas del Derecho" en SURALLÉS, A. y GARCÍA HIERRO, P. (eds.), *Tierra adentro. Territorio indígena y percepción del entorno,* IWGIA, Documento nº 39, Copenhague, 2004.

GARCÍA, P., *Territorios indígenas y la nueva legislación agraria en el Perú,* IWGIA, Lima, 2015.

Territorio, autogestión territorial y derechos de los pueblos indígenas en la Región Andina, Cooperación Alemana, Ecuador, 2016.

GARCÍA LINERA, A., *Geopolítica de la Amazonia. Poder hacendal, patrimonial y acumulación capitalista,* Vicepresidencia del Estado Plurinominal-Presidencia de la Asamblea Legislativa Plurinacional, Bolivia, 2012.

GONZÁLEZ, G. y LINCOLN, Y., "Decolonizing qualitative research: Nontraditional forms in academy", *Forum: Qualitative Social Research,* 7 (4), 2006, pp. 1-14.

GONZÁLEZ, M., *La autonomía a debate. Autogobierno indígena y estado plurinacional en América Latina,* Flacso, Ecuador, 2010.

GOODY, J., *El robo de la Historia,* Akal, Madrid, 2021.

GUDYNAS, E., "Los derechos de la naturaleza en serio" en ACOSTA, A. y MARTÍNEZ, E., *La naturaleza con derechos. De la filosofía a la política*, Abya Yala, Quito, 2011, pp. 239-286.

Derechos de la naturaleza. Ética biocéntrica y políticas ambientales, PDTG, Perú, 2014.

Extractivismos. Ecología, economía y política de un modo de entender el desarrollo y la naturaleza, CEDIB, Bolivia, 2015.

GUERRERO, P., *La chakana del corazonar. Desde las espiritualidades y las sabidurías insurgentes de Abya Yala*, Abya Yala, Quito, 2018.

GÓMEZ ISA F. (Dir.), *El caso Awas Tingni. Derechos Humanos entre lo local y lo global*, Universidad de Deusto, Bilbao, 2013.

GONZALEZ, M., "Autonomías territoriales indígenas y regímenes autonómicos (desde el Estado) en América Latina", en GONZÁLEZ, M. *et. al.*, *La autonomía a debate. Autogobierno indígena y estado plurinacional en América Latina*, Flacso, Ecuador, 2010, pp. 35-62.

GONZALEZ G. & LINCOLN Y., "Decolonizing qualitative research: Nontraditional forms in academy", *Forum: Qualitative Social Research*, 7 (4), 2006, pp. 1-14.

GRENIER A., *Working with indigenous Knowledge: A guide for researchers*, International Development Research Center, Ottawa, 1998.

GRIFFITHS, J., "What is Legal Pluralism", en *Journal of Legal Pluralism*, 1, (1986), pp.14-37.

HAYEK, F. A., *Derecho, legislación y libertad, Vol. 2, El espejismo de la justicia social*, Unión Editorial, Madrid, 1979.

HAYEK, F. A., "Individualismo: el verdadero y el falso", *Estudios Políticos*, nº 22, 1986, pp. 1-28.

HERNANDO A., "Identidad relacional y orden patriarcal" en HERNANDO A. (ed.), *Mujeres, hombres, poder. Sobre la reproducción del dispositivo de género en la modernidad*, Traficantes de Sueños, Madrid, 2015, pp. 83-124.

"¿Por qué la arqueología oculta la importancia de la comunidad?", *Trabajos de Prehistoria*, 72, N. º 1, enero-junio 2015, pp. 22-40.

HESS, CH. y OSTROM, E. (eds.), *Los bienes comunes del conocimiento*, IAEN, Quito, 2016.

HINKELAMMERT, F., *El mapa del emperador. Determinismo, caos, sujeto*, DEI, Costa Rica, 1996.

Cultura de la esperanza y sociedad sin exclusión, DEI, Costa Rica, 1995.

El grito del sujeto. Del teatro-mundo del evangelio de Juan al perro-mundo de la globalización, DEI, Costa Rica, 1998.

HONNETH, A., *La lucha por el reconocimiento: por una gramática moral de los conflictos sociales,* Crítica, Barcelona, 1997.

La sociedad del desprecio, Trotta, Madrid, 2011.

HOPPERS C.A., *Indigenous Knowledge and the Integration of Knowledge systems,* NAB, South Africa, 2002.

HOUGHTON, J.C., "Desterritorialización y pueblos indígenas", en CECOCIN-OIA, *La tierra contra la muerte. Conflictos territoriales de los pueblos indígenas en Colombia,* CECOIN-OIA, Bogotá, 2008, pp. 15-55.

HYLTON, F. "El federalismo insurgente: una aproximación a Juan Lero, los *comunarios* y la guerra federal", *Tinkazos. Revista Boliviana de Ciencias Sociales,* año 7, núm. 16, mayo, 2004, pp. 99-118.

ITUARTE LIMA, C., *Derechos indígenas y medio ambienta a la luz del Derecho Internacional,* Tesis de licenciatura de Derecho, Universidad Iberoamericana, 2003.

"Conocimientos tradicionales de la biodiversidad y derechos de los pueblos indígenas", Instituto Nacional de Ecología, México, 2005.

ILO, *Indigenous and Tribal Peoples´Right in Practice. A Guido to ILO Convention,* ILO, Geneve, N°. 169, 2009.

IRIGOYEN, R., "Pluralismo jurídico, derecho indígena y jurisdicción especial en los países andinos" en El Otro Derecho, n° 30, junio 2004, IlSA, Bogotá, pp. 171-195.

-"El horizonte del constitucionalismo pluralista: del multiculturalismo a la descolonización", en RODRÍGUEZ GARAVITO, C., El Derecho en América Latina. Un mapa para el pensamiento jurídico del siglo XXI, Argentina, 2011, pp. 139-159.

- "Vislumbrando un horizonte pluralista: rupturas y retos epistemológicos y políticos" en CASTRO, M., *Los desafíos de la interculturalidad,* Universidad de Chile, Santiago de Chile, 2004, pp. 191-228.

KELSEN, H., *Teoría pura del Derecho,* Ed. Nacional de Buenos Aires, Buenos Aires, 1979.

KINGSTONE, P., "After the Washington Consensus. The Limits do Democratization and Development in Latin America", *Latin American Research Review,* 41, 2006, pp. 153-164.

KONH, E., *Cómo piensan los bosques,* Abya Yala, Quito, 2021.

KOVACH M., *Indigenous Methodologies: Characteristics, Conversations and Contexts*, Toronto University Press, Toronto, 2009.

KYMLICKA, W. *Fronteras territoriales*, Trotta, Madrid, 2006.

- "Beyond the Indigenous/Minority Dicothomy?" in ALLEN, S. and XANTHAKI, A. (eds.), *Reflections on the UN Delaration on the Rights of Indigenous Peoples*, Hart Publishing, Oxford, 2011.

LATOUR, B., "Esperando a Gaia. Componer el mundo común mediante las artes y la política", *Cuadernos de Otra parte, Revista de letras y artes*, n °26, 2012, pp. 67-76.

Cara a Cara con el Planeta. Una nueva mirada sobre el cambio climático alejada de posiciones apocalípticas, Siglo XXI, Buenos Aires, 2017.

Dónde aterrizar. Cómo orientarse en política, Taurus, Madrid, 2019..

LEANUI, P., "Processes of descolonization" en BATTISE M. (ed.), *Reclaiming indigenous voice and vision*, UBC Press, Toronto, 2000, pp. 150-160.

LEFEBVRE H., *La producción del espacio*, Capitan Swing, Madrid, 2013.

LEÓN, C., *El color de la razón. Pensamiento crítico en las Américas*, UASB-Universidad de Cuenca, Editora Nacional, Quito, 2013.

LOA LOZA, E. y DURAND SMITH, L., "Hacia la Estrategia Mexicana de Biodiversidad" en *México y el Convenio de Diversidad Biológica* [en línea], 2000, <http://www.ciepac.org/biodiversity/Biodiversidad%20Estudio/CAP9.PDF>.[Consulta 12/04/2008]

LÓPEZ BÁRCENAS, F., *Autonomía y derechos indígenas en México*, Cuadernos Deusto de Derechos humanos, nº 39, Bilbao, 2006.

LÓPEZ CALERA, N., *¿Hay derechos colectivos? Individualidad y socialidad en la teoría de los derechos*, Ariel, Barcelona, 2000.

MACPHERSON, C. B., *La teoría política del individualismo posesivo*, Fontanella, Barcelona, 1970.

MADARIAGA, I., "Sistema Interamericano de derechos humanos, pueblos indígenas y derecho de propiedad. Breves antecedentes" en COURTIS, Ch., HAUSER, D., RODRÍGUEZ, G. (comps.), *Protección Internacional de Derechos Humanos. Nuevos desafíos*, Ed. Porrúa, México, 2005, pp. 209-228.

MAKKINON, C., *Toward a Feminist Theory of the State*, Harvard University Press, Harvard, 1987, pp. 127-154.

MALDONADO L., "Interculturalidad y políticas públicas en el marco del Buen Vivir" en HIDALGO-CAPITÁN, GUILLÉN y GUAZHA (eds.), *Antología del pensamiento indigenista ecuatoriano sobre Sumak Kawsay*, CIM, Huelva, 2014.

MALDONADO-TORRES, N., "Sobre la colonialidad del ser: contribuciones al desarrollo de un concepto", en CASTRO-GÓMEZ, S. y GROSFOGUEL R. (eds.), *El giro decolonial. Reflexiones para una diversidad epistémica más allá del capitalismo global*, Iesco-Pensar-Siglo del Hombre Editores, Bogotá, 2007, pp. 127-167.

MAMANI, P., "Memoria y geoestratégica social. Apuntes para pensar en otros territorios epistemológicos", en MAKARAN G. (coord.), *Perfil de Bolivia (1940-2009)*. Universidad Nacional Autónoma de México, México D. F., pp. 165-194.

Marko, I. (2017). *Contrepoints.org*.

MARTÍNEZ DE BRINGAS, A., *Los pueblos indígenas y el discurso de los derechos*, Cuadernos Deusto de Derechos Humanos, nº 24, Bilbao, 2003.

"Esbozo de una Teoría de los deberes en tiempos de precariedad y exclusión", *Política y Sociedad*, *54*(3), 2017, pp. 757-776.

"El reto de hacer efectivos los derechos de los pueblos indígenas. La difícil construcción de una política intercultural", en MARTÍ I PUIG, S., *Pueblos indígenas y política en América Latina*, Cidob, Barcelona, 2007, pp. 311-340.

"Naturaleza de la(s) autonomía(s) indígena(s) en el marco de la Constitución boliviana: Una reflexión sobre el contenido de los derechos indígena", *Revista general de derecho público comparado*, Nº. 9, 2011, pp. 1-20.

"Tierras, territorios y recursos naturales en el Ecuador. Un análisis del contexto y la legislación", en APARICIO, M. (ed.), *Los derechos de los pueblos indígenas a los recursos naturales y al territorio. Conflictos y desafíos en América Latina*, Icaria, Madrid, 2011, pp. 329-362.

"El derecho a la consulta de los pueblos indígenas: Naturaleza, elementos y procedimientos para su aplicación en el Estado", *Revista Vasca de Administración Pública*, nº 93, 2012, pp. 127-149.

"La política de lo común. Experiencias y sabidurías para el Buen Vivir", *Pensamiento*, Vol. 72 nº 272, 2015, pp. 593-616.

"Sustratos de los derechos colectivos: razones y argumentos desde la experiencia de los pueblos indígenas, *RGDC*, Nº. 22, 2016, pp. 1-30.

"Esbozo de una teoría de los deberes en tiempos de precariedad y exclusión", *Política y Sociedad*, Vol. 54, Nº 3, 2017, pp. 757-776.

"Autonomías indígenas en América Latina. Una mirada comparada a partir de las dificultades para la construcción de un Derecho intercultural", *REAF-JSG* 28, diciembre 2018, p. 101-138.

"El reconocimiento del genocidio como estrategia instituyente para la reparación de los derechos colectivos y la memoria indígena" en SÁNCHEZ RUBIO, D. y CRUZ ZÚÑIGA, P. (eds.,) *Poderes constituyentes, alteridad y derechos humanos. Miradas críticas a partir de lo instituyente, lo común y los pueblos indígenas,* Dykinson, Madrid, 2020 pp. 193-240.

"Strategic litigation as a framework for the protection of indigenous rights. An analysis of some of the achievements, difficulties and challenges involved", *The Age of Human Rights Journal,* nº. 15, 2020, págs. 117-139.

"Selva viviente. El corazón de la autonomía Kichwa en Sarayaku, Revista d'estudis autonòmics i federals, Nº. 34, 2021, pp. 85-111.

"Hacia una interpretación creativa de los derechos colectivos indígenas. Una especial mirada a la metodología jurídica de la Corte Interamericana de Derechos Humanos", en *La Anatomía de la Justicia Constitucional europea,* GORDILLO, L., (Dir.) ARRIOLA, N. (coord.), Centro de Estudios Políticos y Constitucionales, Madrid, 2022, pp. 255-301.

"Los Derechos de los pueblos indígenas como estrategias para la descolonización. Un análisis de sus potencialidades", *Política y Sociedad,* vol. 60, nº 3, 2024, pp. 40-68.

MARTÍNEZ DE BRINGAS, A. y URRUTIA, G, "Estrategias de resistencia a operaciones mineras en la Amazonía: el caso del Proyecto Mocoa (Colombia)" en ARELLANO, J. y BERNAL GÓMEZ, P. (coord.), Transición energética, expansión minera y conflictos ecosociales en la Amazonía, Universidad de Deusto, Bilbao, 2022, pp. 61-98.

MASSEY, D., *Space, Place and Gender,* University of Minnesota Press, Minneapolis, 1994.

For Space, Sage, London, 2005.

"Power-geometries and the Politics of Space-time", Hettner Lecture, 1998.

"Spaces of Politics" en MASSEY, D., ALLEN, J. y SARRE, P., *Human Geography Today,* Polity Press, Oxford 1999; "A Global Sense of Place" in *From Space, Place and Gender,* University of Minnesota Press, Minneapolis, 1994.

MAYORGA, F., "Bolivia: democracia intercultural y Estado Plurinacional", en *El debate contemporáneo sobre los fundamentos de la democracia en la región: participación popular y arquitectura del Estado,* Seminario Internacional FLACSO, Quito, 2013.

MEDINA, J., "Acerca del Suma Qamaña", en FARAH A. y LUCIANO L. (coords.), *Vivir bien: ¿Paradigma no capitalista?,* CIDES-UMSA, La Paz, 2011.

"La Buena Vida occidental y a vida dulce amerindia" en *Suma Qamaña. La comprensión indígena de la Vida Buena*, GTZ, La Paz, 2008, pp. 31-37.

MENSI, A., *Indigenous Peoples, Natural Resources and Permanent Sovereignty*, Brill/Nijhoff, United Kingdom, 2023.

MERRY, S. E., "Pluralismo Jurídico" en MERRY S., GRIFFITHS J., TAMANAHA B.Z., *Pluralismo Jurídico*, Siglo de Hombre Editores, Colombia, 2007, pp. 89-141.

MORIN E., *Introducción al pensamiento complejo*, Gedisa, Barcelona, 2011.

MOORE S. F., *Law as a Process*, Routledge, Boston, 1978.

MOUFFE CH. y LACLAU E., *Hegemonía y estrategia socialista. Hacia una radicalización de la democracia*, Siglo XXI, Madrid, 1987.

MOUFFE, Ch., *El retorno de lo político. Comunidad, ciudadanía, pluralismo y democracia radical*, Paidos, Barcelona, 1999.

La paradoja democrática, Gedisa, Barcelona, 2003.

En torno a la política, Fondo de Cultura Económica, Buenos Aires, 2007.

NAESS, A. y SESSIONS, G., "Platform principles of the deep ecology movement", pp 69-73, in DEVALL, B. and SESSIONS, G. (eds.), *Deep ecology: living as if Nature mattered*, Smith, Salt Lake City, 1985.

NOGUERA, A. y NAVAS, M., *Los nuevos derechos de participación ¿Derechos constituyentes o constitucionales?*, Tirant Lo Blanch, Valencia, 2016.

NÚÑEZ DEL PRADO, J., *Autonomía indígena truncada.* Proyectos y praxis de poder indígena en Bolivia Plurinacional, Cides/Umsa, La Paz, 2015.

ONIC, *Proyecto de capacitación para el fortalecimiento al proceso de preparación de planes de vida*, ONIC, Bogotá, 1998.

ORESKES, N. y CONWAY, W., *Merchants of doubt.* How a Handful of Scientists Obscured the Truth on Issues from Tobacco Smoke to Global Warming, Bloomsbury Press, 2010.

ORESTES, H., *Carl Schmitt, Teólogo de la política*, Fondo de Cultura Económica, México, 2001.

ORTIZ, P., *"Dilemas y desafíos de la autonomía territorial indígena en Latinoamérica"*, en ORTÍZ, P. y CHIRIF, A., *¿Podemos ser autónomos? Pueblos indígenas vs. Estado en Latinoamérica*, Intercooperación/RRI., Quito, 2010, pp. 10-129.

"Entre la cooptación y el simulacro: la lucha por el derecho de autodeterminación de las nacionalidades indígenas del centro sur amazónico del Ecuador", en GONZÁLEZ, M., et. al., *La autonomía a debate. Autogobierno indígena y estado plurinacional en América Latina*, Flacso, Ecuador, 2010, pp. 455-508.

Territorialidades, autonomía y conflictos. Los kichwa de Pastaza en la segunda mitad del siglo XX, UPS, Quito, 2016.

OVIEDO, A., *Bifurcación del Buen Vivir y el Sumak Kawsay,* Sumak, Quito, 2014.

PAREDES, J., "Despatriarcalización. Una respueta categórica del feminismo comunitario (descolonizando la vida)", *Revista de Estudios Bolivianos,* vol. 21, 2015, pp. 100-115.

PETIT, PH., *Una teoría de la libertad,* Losada, Madrid, 2006.

PISARELLO, G., *Los Derechos sociales y sus garantías. Elementos para una reconstrucción,* Madrid, Trota, 2007.

PRADA, R., "Antecendentes y objetivos de un estado plurinacinal bajo amenaza", en *Memoria del Seminario Nacional 2011. Transformaciones estatales: avances, dificultades y desafíos,* Bolivia, La Paz, 2011, pp. 21-30.

"Articulaciones de la complejidad", [en línea], (2010), <http://www.reduii.org/cii/sites/default/files/field/doc/Estado%20plurinacional%20%20R%20Prada.pdf>. [Consulta 12/03/2018]

QUINE, W.V.O., *World and Object,* MIT Press, Cambridge, 2013.

REPORT OF THE SPECIAL RAPPORTEUR ON THE SITUATION OF HUMAN RIGHTS AND FUNDAMENTAL FREEDOMS OF INDIGENOUS PEOPLE, UN doc. E/CN.4/2006/78/Add.2 (15 December 2005).

RIECHMANN, J., *Otro fin del mundo es posible, decían los compañeros. Sobre transiciones ecosociales, colapsos y la imposibilidad de lo necesario,* MRA, Barcelona, 2019.

RIVERA CUSICANQUI S., *Un mundo ch´ixi es posible. Ensayos desde un presente en crisis,* Tinta Limón, Buenos Aires, 2018.

RODRÍGUEZ-PIÑEIRO, L., "El sistema interamericano de derechos humanos y los pueblos indígenas" en BERRAONDO, M. (coord.), *Pueblos indígenas y derechos humanos,* Universidad de Deusto, Bilbao, 2006, pp. 153-203.

"Justicia y Derecho Indígena", en BERRAONDO M. (ed.), La Declaración sobre los Derechos de los Pueblos Indígenas. Punto y seguido, Alternativa, Barcelona, 2008, pp. 123-138.

"El impacto internacional de la Sentencia" en GÓMEZ ISA F. (Dir.), *El caso Awas Tingni. Derechos Humanos entre lo local y lo global,* Universidad de Deusto, Bilbao, 2013, pp. 163-203.

ROLDÁN, R., "Territorios colectivos de indígenas y Afroamericanos en América del Sur y Central. Su incidencia en el desarrollo" en *Banco Interamericano de Desarrollo,* Washington, 2002.

ROLDÁN, R. y SÁNCHEZ BOTERO, E., *"La problemática de tierras y territorios indígenas en el desarrollo rural"*, en *Reflexiones sobre la ruralidad y el territorio en Colombia. Problemáticas y retos actuales*, Oxfam, Bogotá, 2013, pp. 189-273.

ROMERO BONIFAZ, C., *El proceso constituyente boliviano. El hito de la cuarta marcha de tierras bajas*, CEJIS, Bolivia, 2005.

ROSALES, G., "Autonomía indígena en Bolivia: mecanismo de articulación y dispositivo de complejidad social", *Sociológica*, año 30, número 84, enero-abril de 2015, pp. 143-179.

RUTHERFORD, P., "Ecological modernization and Environmental Risk", en DANIER, E., *Discourses of Environment*, Blackwell Publishers, Oxford, 1999, pp. 95-118.

SÁNCHEZ JARAMILLO, E., *La jurisdicción especial indígena*, Procuraduría General de la Nación y Procuraduría Delegada para minorías Étnicas, Bogotá, 2001.

SAMON, E., *La consulta previa, libre e informada en el Perú: hacia la inclusión del interés indígena en el mundo de los derechos humanos*, Fundación Konrad Adenauer, IDEHPUCP, 2012.

SCHMITT, C., *El concepto de lo político*, Alianza, Madrid, 1991.

El nomos de la tierra en el Derecho de Gentes del Jus Publicum Europaeum, Centro de Estudios Constitucionales, Madrid, 1979

Legalidad y legitimidad, Comares, Granada, 2006.

Teología Política, Trotta, Madrid, 2009.

SIGNORELLI, A., *Antropología urbana*, Anthropos, México, 1999.

SIKES O., "Decolonizing Research and Methodologies; Indigenous Peoples and Cross Cultural Contexts", *Pedagogy, Culture and Society*, 14 (3), 2006, pp. 349-358.

SIMPSON, T., *Patrimonio indígena y autodeterminación*, IWGIA, Copenhaguen, 1997.

SANTOS, B., "Hacia una concepción multicultural de los derechos humanos", *El Otro Derecho*, nº 28, julio 2002, ILSA, Bogotá, pp. 59-83.

Crítica de la Razón Indolente. Contra el desperdicio de la experiencia, Desclee de Brouwer, Bilbao, 2003.

Una epistemología del sur: la reinvención del conocimiento y la emancipación social, Siglo XXI, México, 2009.

El fin del imperio cognitivo. La afirmación de las epistemologías del Sur, Trotta, Madrid, 2019.

SCHVELZON, S., *El nacimiento del Estado plurinacional en Bolivia. Etnografía de una Asamblea Constituyente,* Clacso, Cejis&Iwgia, 2012.

SVAMPA, M., *Las fronteras del neo-extractivismo en América Latina. Conflictos socio ambientales, giro eco territorial y nuevas dependencias,* Universidad de Guadalajara, México, 2018.

TAMANAHA, B. Z., "La insensatez del concepto científico social del pluralismo jurídico" en MERRY S., GRIFFITHS J., TAMANAHA B.Z., *Pluralismo Jurídico,* Siglo de Hombre Editores, Colombia, 2007, pp. 223-276.

"A Non-Essentialist Version of Legal Pluralism", *Journal of Law and Society,* 2000, pp. 296-321.

TAMBURINI, L., "La importancia del territorio y el autogobierno en el sistema jurídico indígena", en *Memoria del Seminario Nacional 2011. Transformaciones estatales: avances, dificultades y desafíos,* Bolivia, La Paz, 2011, pp. 177-186.

"Contexto constitucional y legal de las autonomías indígenas", en *Artículo Primero. Separata sobre autonomía indígena*, N° 20, Santa Cruz, 2013, pp. 10-31.

TAPIA, L., *Política Salvaje,* Muela del Diablo Editores, La Paz, 2008.

TEUBNER, G., "The Two Faces of Janus: Rethinking Legal Pluralism", en *Cardozo Law Review,* n° 13, (1992), pp. 1143-1462.

"The King´s Many Bodies: The Self-Deconstruction of Law´s Hierarchy", *Law & Society Review,* n° 31 (4), (1997), pp. 763-787.

TOLEDO LLANCAQUEO, V., "Políticas indígenas y derechos territoriales en América Latina 1990-2004, ¿las fronteras indígenas de la globalización?," [en línea], (2004), <https://bibliotecavirtual.clacso.org.ar/clacso/gt/20101026125626/5Toledo.pdf> [Consulta, 10/10/2003]

"Todas las aguas. Notas sobre la (des)protección de los derechos indígenas sobre las aguas, el subsuelo, las riberas, las tierras" en *Anuario Liwen,* n° 3, Temuco, CEDM LIWEN, 1997.

"Las tierras que consideran como suyas. Reclamaciones mapuches en la transición democrática chilena" en *Asuntos Indígenas,* IWGIA n°4, 2005.

Pueblo Mapuche, derechos colectivos y territorio. Desafíos para la sustentabilidad democrática, LOM Ediciones, Chile, 2006.

TOMASSELLI, A. "Autonomía Indígena Originaria Campesina in Bolivia: Realizing the Indigenous Autonomy?", *European Diversity and Autonomy Papers, EDAP,* 01/2012, pp. 5-56.

TUHIWUAI L., *Descolonizar las metodologías. Investigación y Pueblos Indígenas*, Txalaparta, Pamplona, 2017.

TZUL, G., *Sistemas de gobierno comunal indígena. Mujeres y tramas de parentesco en Chuime´ena´*, Amaq, México, 2018.

ULLOA, A., *La construcción del nativo ecológico. Complejidades, paradojas y dilemas de la relación entre los movimientos indígenas y el ambientalismo en Colombia*, ICAHN, Bogotá, 2004.

UNDP, *Programming for Justice – Acces for all. A practitioner´s Guide to a Human Rights-Based Approach to Access to Justice*, ONU, 2005.

VIVEIROS DE CASTRO, E., "Cosmological deixis and Ameridian perspectivism", *Journal of the Royal Antropological Institute*, 4, (3), 1998, pp. 469-488.

Metafísicas caníbales. Líneas de antropología postestructural, Katz, Madrid, 2010.

WILSON S., *Research in Ceremony: Indigenous Research Methods*, Fernwood Publishing, Halifax, 2008.

ZÚÑIGA, G., "La dimensión discursiva de las luchas étnicas. Acerca de un artículo de Maria Teresa Sierra" en *Alteridades*, 10 (19), 2000, pp. 55-67.

"Los procesos de constitución de territorios indígenas en América Latina" en *Nueva Sociedad*, n ° 153, enero-febrero, 1998, pp. 141-155.

"Territorios indígenas: lugares de la etnicidad y la política en América Latina" en *Cuadernos de Trabajo sobre América Latina*, n° 1, París, Ecole des Hautes Etudes en Sciencies Sociales, 1998, pp. 60-104.